KB134256

# 와인이 있는 100가지 장면

---

영화 속 와인 안내서

# 와인이 있는 100가지 장면

## 영화 속 와인 안내서

글 · 엄정선, 배두환
그림 · 박이수

bottlepress

# *Prologue*

와인을 만나기 전, 저의 20대는 온통 영화로 가득했습니다. 영화인의 길을 꿈꿨지만 와인과 사랑에 빠져 그때는 상상하지 못했던 소믈리에의 길을 가고 있죠. 재밌는 것은 와인에 빠지게 된 계기도 영화였다는 점입니다. 연출 전공으로 학부 졸업 후 시나리오 작가 교육원을 다닐 때였습니다. 강의를 맡은 감독님이 5년 후 트렌드가 될 만한 시나리오의 소재를 찾아오라고 하셨습니다. 그리고 마침 '칠레 FTA로 칠레 와인의 15% 관세가 5년에 걸쳐 철폐된다'는 뉴스가 소재를 고민하던 제 눈에 띄었습니다. 5년, 그리고 와인. 제도가 바뀔 때마다 뉴스에 소개될 테니 분명 트렌드로 자리 잡을 것이라 생각하며 시나리오 작업을 시작했던 기억이 납니다. 글을 쓰려면 와인을 알아야 하고, 와인을 이해하려면 또 계속 마셔야 하고… 그 끝은 예상이 되시지요. '시작은 영화였으나, 끝은 와인이었다'라고 지난날을 정리해가던 시기에 다시 한번 영화에 빠지는 계기를 만났습니다. 바로 보틀프레스 주소은 편집장의 집필 제안이었어요. 영화와 와인이라니! 반려자이자 최고의 파트너인 배두환 작가와 제가 세상에서 제일 좋아하는 두 가지의 만남이었습니다. (사실은 여행까지 세 가지입니다.) 와인 양조를 공부하는 선후배 사이로 만나 결혼 후 1년간 전 세계 와이너리 투어를 시작할 때 우리는 대체로 설렜고, 가끔 두려웠습니다. 이 책 『와인이 있는 100가지 장면』을 독자 여러분께 띄우는 지금도 공항에 도착한 그때처럼 여러 감정이 뒤엉킨 기분이 듭니다.

원고를 쓰는 동안 영화를 실컷 볼 수 있어 행복했습니다. 물론 고민은 많았습니다. 세상은 넓고 소개하고 싶은 와인은 그만큼 다양한데 영화 감독들이 비슷한 와인을 등장시켰을 때, 보일 듯 말 듯 와인 레이블이 스쳐 지나갈 때, 영화 속 와인 장면은 정말 좋은데 글이 막혀 진도가 나가지 않을 때면 작업실에서 허공에 외마디 비명을 지르곤 했습니다. 그리고 우리가 함께 여행하던 시간을 떠올렸습니다. 여행길에 한 명이 지치면 한 명이 길을 찾으며 앞서거니 뒤서거니 걷는 것처럼, 한 사람이 장면을 수집하고, 다른 한 사람이 와인 정보를 덧대고, 다시 팩트 체크하고, 또다시 문장을 고쳐 쓰기를 반복했습니다. 배두환 작가가 있어서 책을 완성할 수 있었습니다.

집요하게 영화를 뒤지고 와인 이야기를 풀어가던 7개월간 무한한 지지와 응원을 보내준 양가 어머니, 맛있는 커피를 지원해준 카페 두가시의 노경, 예준 부부, 출간을 손꼽아 기다리며 격려해준 서연, 호천 형님 부부께 감사의 마음을 전합니다. 그리고 수시로 영화 속 와인이 있는 장면을 제보해준 온정의 손길도 있었습니다. 꼭 한 분 한 분 찾아뵙겠습니다.

이 책을 읽다 문득 떠오르는 영화 속 와인 신이 있을지도 모르겠습니다. 이번에 아쉽게 포함되지 못한 영화와 와인이 또 100편 모이면 다시 한 권의 책으로 만날 수 있으리라 기대합니다. 무엇보다 이 책은 책장을 넘기다가 영화를 고르고, 또 영화를 보면서 마실 와인을 골라 즐거운 시간을 보내는 독자를 상상하며 썼습니다. 손이 닿는 곳에 두고 가끔 와인 흘린 자국도 남겨가며 읽어주시기를 바랍니다.

2021년 봄,<br>**엄정선**

LAN
RIOJA
GRAN
SSERVA
2011
RUSSIAN JA
RUSSIAN JACK
SAUVIGNON BLANC · 2017
MARLBOROUGH · NEW ZEALAND

# *Prologue*

작업을 마무리하며, '와인이 있는 장면'을 그리는 동안 가장 여러 번 보고 마신 영화와 와인을 그려보았습니다. 원고를 읽으면서 작업한 지난 몇 개월 내내 행복하게도 제 생활에는 영화와 와인이 끊일 날이 없었습니다.

애정을 담아 작업한 만큼 아끼는 책이 될 것 같습니다. 책장을 펼친 여러분께도 그런 책 한 권으로 남기를 바랍니다.

2021년 봄,
**박이수**

**일러두기**

- 인명, 지명, 와인 이름을 비롯한 고유명사의 외래어 표기는 국립국어원 외래어표기법에 따랐으며, 관례로 굳어진 것은 예외로 두었다.
- 단행본은 『 』, 영화와 신문, 잡지는 「 」로 표시했다.
- 챕터 시작 페이지의 와인 이름은 영화 속 와인이 있는 장면에서 명확히 레이블이 식별되는 것만 표기했다.

# 1 ——— 30

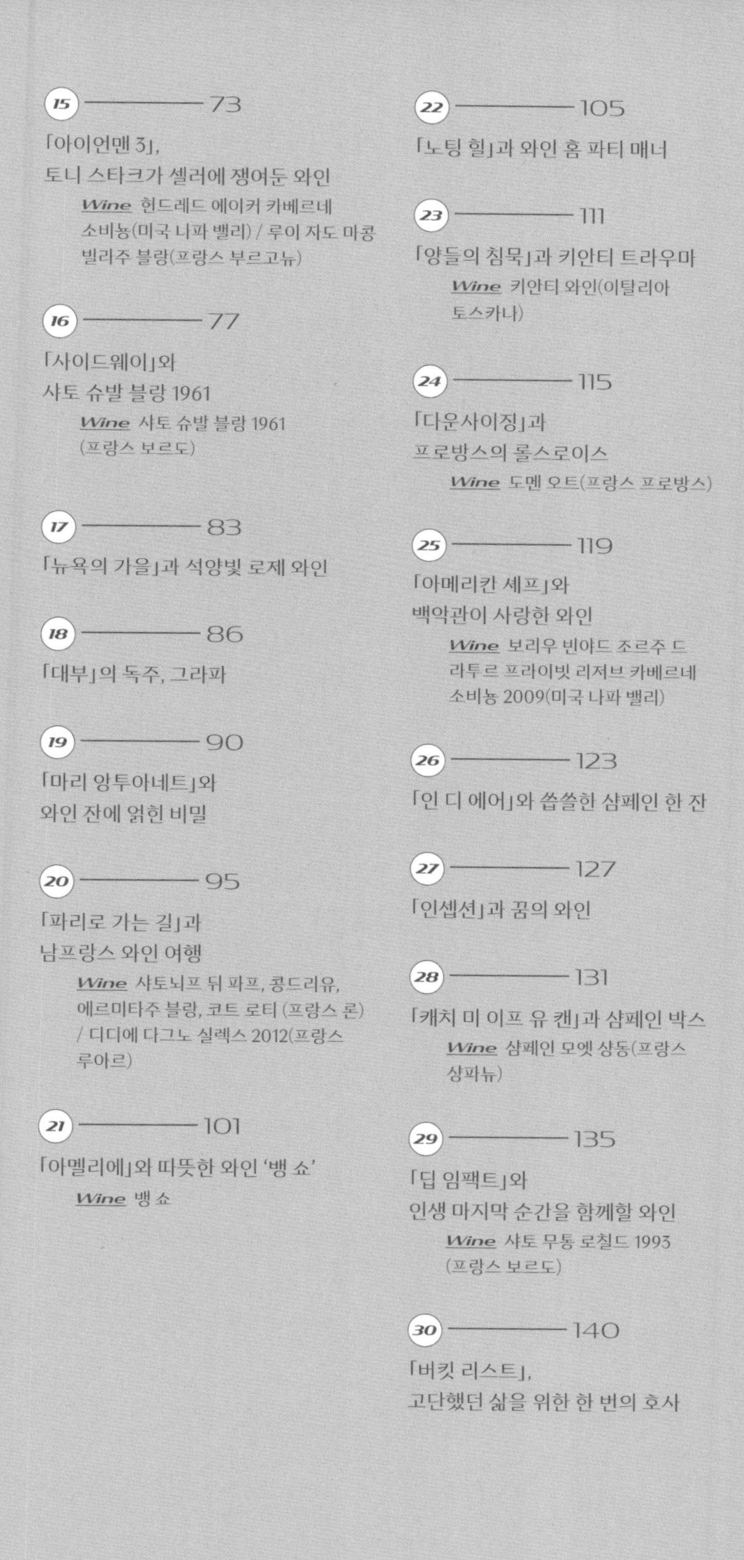

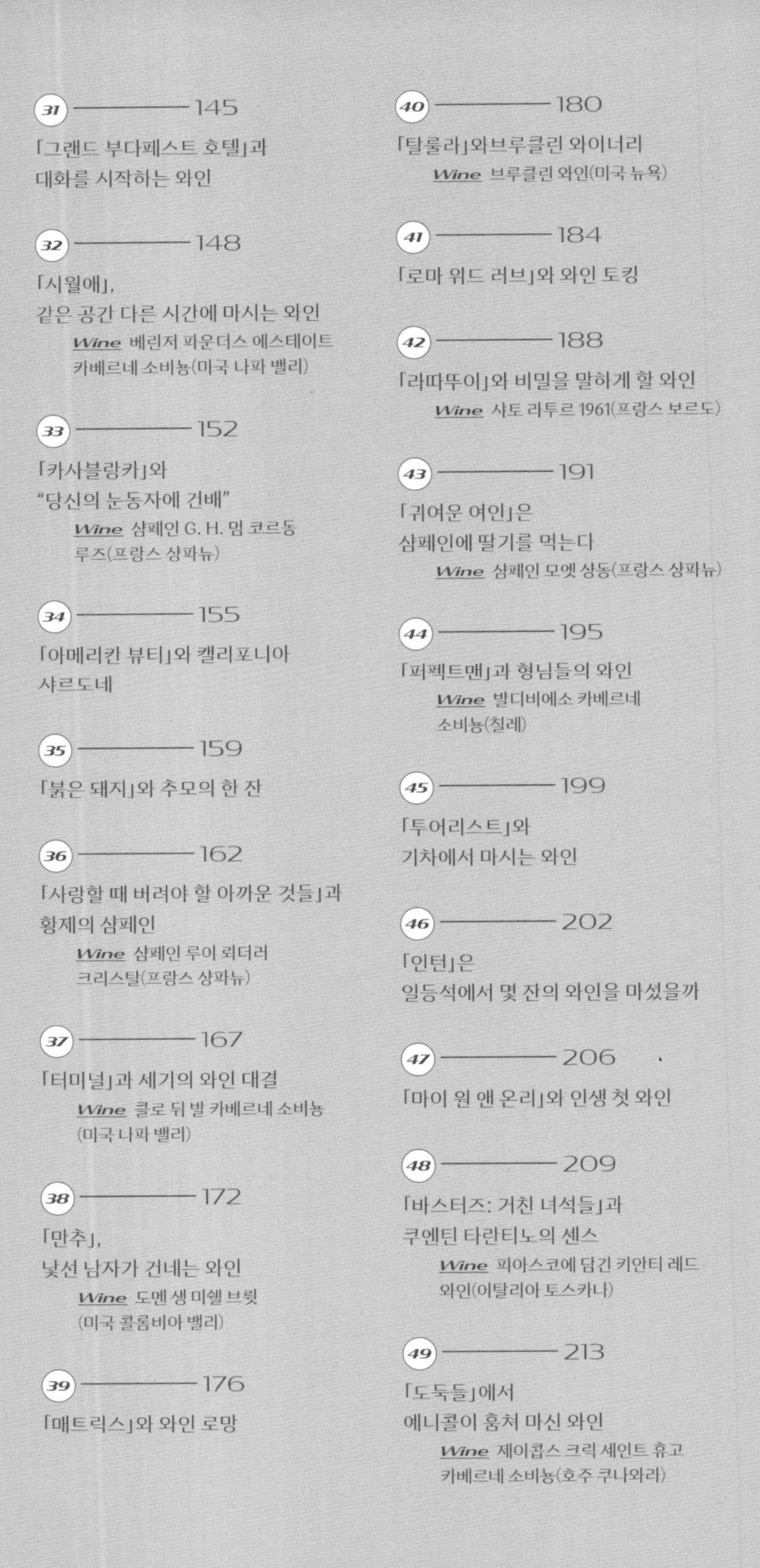

31 — 66

# 67

100

# 「먹고 기도하고 사랑하라」와 치유의 와인

*Eat Pray Love*

**Director** 라이언 머피
**Cast** 줄리아 로버츠(리즈 길버트)
제임스 프랭코(데이빗)
하비에르 바르뎀(펠리프)
**Wine** 이탈리아 하우스 와인

## 지금 우리에게 필요한 한 잔

뉴욕의 여행 저널리스트 리즈. 집, 남편, 직장까지 부족할 것 없어 보이지만, 그녀가 매일 마주하는 일상은 공허함이 가득하다. 리즈는 삶의 균형을 찾고 싶다. 손에 쥔 모든 것을 내려놓을 용기가 생겼을 때 그녀는 이혼을 결심하고 자신의 삶을 채우고 있던 것들을 모두 정리해 나간다. 그렇게 비워낸 삶을 온전한 나로 다시 채우기 위해 1년간 여행을 떠난다.

첫 번째 여행지는 낭만이 가득한 도시 로마. 리즈는 구시가지에 위치한, 낡았지만 낭만적인 테라스가 있는 아파트를 얻은 뒤 이탈리아 사람들처럼 살아보기로 한다. 그렇게 로마에서 인생 2막을 시작한 지 보름쯤 지났을까?

마음과 달리 리즈는 여전히 여행객 티를 벗지 못하고 있다. 그런 리즈에게 먼저 손을 내민 건 카페에서 만난 스웨덴 출신의 소피. 그녀는 리즈에게 자신이 이탈리아를 여행하며 만난 친구들을 소개해주고 리즈는 조금씩 이탈리아인들의 삶에 스며들어 간다.

소피가 소개한 첫 번째 친구는 매력적인 이탈리아어 선생 지오반니. 리즈와 지오반니가 처음 만나는 날 와인에 관한 리즈의 생각을 들여다볼 수 있는 장면이 나온다. 둘은 레스토랑으로 향하며 골목길을 건너는데, 이때 지오반니가 리즈에게 '아트라베르시아모*attraversiamo*'라는 단어를 알려준다. 뜻은 '함께 건너자'. 이 단어의 발음과 의미가 아름답다고 생각한 리즈는 식사 내내 아트라베르시아모를 되뇌다 불현듯 지오반니에게 자기도 영어를 가르쳐주겠다고 제안한다. 그리고 와인이 담긴 병을 들어올리며 지오반니를 향해 자신 있게 내뱉는 한마디.

"테라피스트*therapist*(치료사)."

리즈의 재치 있고 세련된 표현에 박수를 보내고 싶다. 와인은 때로 지친 마음을 어루만지는 치유의 역할을 하기도 한다.

**이탈리아 하우스 와인을 마시는 즐거움**

이탈리아 와이너리를 취재하면서 레스토랑에 들를 때면 지방색이 고스란히 담긴 하우스 와인을 꼭 주문했었는데, 그럴 때마다 와인병이 아닌 이들의 테이블 위에 놓인 것처럼 투명한 유리병에 와인이 담겨 서빙되곤 했다. 몇 가지 이유로 병에 담긴 와인을 마시던 그 순간에 감탄했던 기억이 난다.

첫 번째는 호프집에서 맥주를 주문하듯 "여기 하우스 와인 500mL요" 하며 와인을 용량별로 주문해 마실 수 있다는 문화충격. 두 번째는 한국 소비자의 기준에서 말도 안 되게 저렴한 와인 가격. 세 번째는 와인 잔의 경계가 없다는 점이다. 물론 규격화된 와인 잔을 내주는 곳도 많지만, 영화 속 리즈와 지오반니가 마시던 잔처럼 투명한 물 잔을 거리낌 없이 내주는 곳도 있다.

마지막 네 번째 이유가 가장 놀라웠는데, 그럼에도 불구하고 와인이 맛있다는 것이다. 구색 맞추기가 아니라 훌륭한 이탈리아 음식과 조화를 이루는 향긋한 와인들이었다. 와인 맛이 어느 정도의 감흥이었는지 한 줄로 표현한다면 '이대로 눌러앉아 살고 싶게 만드는 정도'라고 해두고 싶다.

자기 자신을 채워가기 위해 떠난 여행. 로마에서 만난 따뜻한 이탈리아 선생과의 와인 한 잔은 진정 치료사가 되어 리즈의 마음을 어루만져 주었을 것이다. 어쩌면 지금 이 책을 읽는 우리에게도 한 잔의 테라피스트가 필요할지도.

# 「미드나잇 인 파리」, 헤밍웨이와 달리가 마시던 와인

*Midnight In Paris*

**Director** 우디 앨런

**Cast** 오웬 윌슨(길)
마리옹 코티아르(아드리아나)
레이첼 맥아담스(이네즈)
애드리언 브로디(살바도르 달리)
코리 스톨(어니스트 헤밍웨이)

**Wine** 생 줄리앙 그랑 크뤼 클라세,
샤토 오-브리옹(프랑스 보르도)

## 보르도를 사랑한 헤밍웨이가 마시던 와인

할리우드의 각본가이면서 못다 이룬 소설가의 꿈을 꾸는 주인공 길은 약혼녀 이네즈와 그녀의 가족들을 따라 파리를 여행한다. 안 그래도 그들 사이에서 꿔다놓은 보릿자루 같은 처지인데, 호텔에서 이네즈의 떠들썩한 친구들을 만나 동행하다 보니 점점 더 여행의 즐거움을 잃어버린다. 친구들과 밤새 어울리고 싶어하는 이네즈를 뒤로 한 채 홀로 호텔로 향하던 길은 복잡한 파리의 구시가지 안에서 진짜 길을 잃고 만다.

골목을 헤매다 체념한 듯 주저앉은 길. 밤 12시를 알리는 운명의 종소리가 울리고 클래식카 한 대가 그의 앞에 정차한다. 차문이 열리자 파티복을 빼입은 사람들은 얼른 올라타라며 길을 재촉한다. 얼떨결에 차에 탄 길은 그렇게 시공간을 넘어 1920년대 낭만의 시대 속으로 들어간다.

길은 이때부터 매일 밤 시간 여행을 하며 꿈에 그리던 예술가들을 만난다. 길에게 손을 내민 첫 번째 예술가는 『위대한 개츠비』의 저자 스콧 피츠제럴드. 실제로 피츠제럴드는 그의 아내 젤다와 파리에서 유럽의 낭만과 사교 파티를 흠뻑 즐기며 살았다. 피츠제럴드는 길을 폴리도르*Le Polidor*◆라는 작은 레스토랑으로 이끈다. 그리고 이곳에서 홀로 와인을 마시고 있는 헤밍웨이를 만난다.

작가 어니스트 헤밍웨이는 자신의 필력만큼 유명한 점이 한 가지 더 있는데, 바로 보르도 와인의 열렬한 애호가라는 점이다. 보르도의 유명한 1등급 와인 샤토 마고*Chateau Margaux*를 너

◆ **레스토랑 '폴리도르'**
현재도 영업 중인 레스토랑 폴리도르는 파리의 명소다. 프렌치 가정식 메뉴가 주를 이루는데, 양도 푸짐하고 가격도 저렴한 편이다. 영화에서처럼 1920년대 파리의 감성을 느끼고 싶은 이들이라면 방문해볼 만하다.

무나도 좋아한 나머지 손녀의 이름까지 마고라고 지은 일화로도 알려져 있다.

그래서 이 장면에 샤토 마고가 등장하는 것이 아닐까 내심 기대하며 지켜봤는데, 영화 속 헤밍웨이는 샤토 마고의 옆 마을 생 줄리앙의 와인을 마시고 있었다. 와이너리 이름은 보이지 않지만, 생 줄리앙 그랑 크뤼 클라세*Saint Julien Grand Cru Classe*라는 것만으로도 충분히 훌륭한 와인이다. 생 줄리앙은 프랑스 보르도 메독의 주요 와인 마을 중 한 곳으로 샤토 마고와 차로 20분 거리에 있다. 헤밍웨이는 영화에서 몇 차례 더 등장하고 그때마다 그의 손에는 늘 와인이 함께한다. 낭만의 시대에 살며 진정한 와인 애호가였던 헤밍웨이.

파리에서 그의 발자취를 쫓아 폴리도르를 찾아갔을 때 헤밍웨이가 지정석처럼 앉았다는 파티션 너머의 자리를 한참 바라본 기억이 있다. 그는 그곳에서 어떤 생각들을 하고 글을 썼을까? 위대한 예술가의 일생 속 장소를 공유한다는 것은 영화에서나 현실에서나 근사하다.

### 살바도르 달리가 사주는 샤토 오-브리옹

시간 여행을 계속하는 길. 첫눈에 반한 아드리아나에게 약혼녀가 있다는 사실을 들켰을 때 안쓰러워하며 말을 건네는 사람이 바로 초현실주의 화가 살바도르 달리다. 달리는 길을 맞은편 자리에 앉히고는 웨이터에게 레드 와인 한 병을 주문한다. 달리의 테이블로 서빙된 와인은 바로 샤토 오-브리옹*Chateau Haut-Brion*.

배경이 파리인지라 자주 등장하는 와인들을 보며 설렘과 반가움을 느꼈지만, 그 정점은 단연 샤토 오-브리옹의 등장이다.

그저 “여기 레드 와인 한 병이요!” 했을 뿐인데, 샤토 오-브리옹을 내어주다니 와인 애호가들에게 얼마나 설레는 시대인가! 만약 내게도 시간 여행의 기회가 찾아온다면 결코 놓치지 않으리라.

## 보르도 그랑 크뤼 클라세에서 유일한 와인

1855년, 세계 와인 역사에 큰 획을 그은 사건이 일어난다. 바로 ‘파리 만국 박람회’. 당시 나폴레옹 3세는 프랑스의 우수한 제품들을 이 박람회에서 소개하도록 지시했고, 그 안에는 물론 와인이 포함되어 있었다. 다만 프랑스 전 지역이 아닌, 당시 가장 중요한 와인 산지인 보르도, 그중에서도 메독 지역의 와인들이 집중적으로 소개되었다. 마침내 박람회를 통해 61개의 샤토

가 대중에게 공개되었고, 이 와인들은 당시 거래되던 가격에 따라 다섯 개 등급으로 나누어 그랑 크뤼 클라세*Grand Cru Classe*라고 부르게 된다.

보르도는 도시 이름이면서, 방대한 넓이의 와인 산지를 뜻한다. 그리고 다시 그 안에 있는 메독, 생테밀리옹, 그라브, 소테른, 포므롤 등 세부 와인 산지로 나뉜다. 하지만 그랑 크뤼 클라세의 61개 샤토는 단 한 곳을 제외하고는 모두 메독에 있다.(헤밍웨이가 좋아했던 샤토 마고도 메독에 있다.) 여기서 유일한 예외가 바로 샤토 오-브리옹. 메독이 아닌 그라브에 위치한 오-브리옹이 유일하게 그랑 크뤼 클라세, 그것도 1등급에 포함될 수 있었던 이유는 매우 간단하다. 당대 최고의 와인이었기 때문이다.

샤토 오-브리옹은 1660년대부터 영국으로 수출되며 영국 런던의 와인 시장에서 최고급 보르도 와인으로 인기를 끌었다. 미국 3대 대통령 토머스 제퍼슨은 샤토 오-브리옹을 최고의 와인이라고 극찬하며 열렬한 애정을 표현하기도 했다.

영화 속 오-브리옹은 일상적인 와인처럼 오고 가지만 현실에서는 백만 원을 가볍게 넘기므로 테이블 와인으로 주문하기에 엄두도 못 낼 가격이다. 그러니 「미드나잇 인 파리」의 황금시대를 사는 예술가들이 한없이 부러울 수밖에.

# 「어느 멋진 순간」과 전설의 와인 '코앙 페르두'

*A Good Year*

**Director** 리들리 스콧

**Cast** 러셀 크로우(맥스 스키너)
마리옹 코티아르(페니 샤넬)

**Wine** 샤토 라 카노르그 코앙 페르두(프랑스 론)

## 정말 전설의 와인이었을까? 코앙 페르두

잘생기고 능력 있는 런던 증권가의 펀드 매니저 맥스 스키너. 그의 실력은 누구나 인정할 만큼 대단하지만, 오만하고 이기적인 성격 탓에 적도 많다. 위험한 승부사였던 맥스는 주식 비리에 연루되어 강제 휴직을 당한다. 삶의 템포가 툭 끊겨버린 그 순간, 맥스에게 삼촌 헨리의 부음 소식이 전해진다. 헨리의 유일한 상속자였던 맥스는 삼촌의 와이너리를 팔아 돈을 챙길 결심을 하고 프랑스 프로방스로 향한다.

막상 와이너리에 도착하니 맥스의 계획을 방해하는 게 한둘이 아니다. 일단 와이너리에서 만들어내는 와인이 너무나 형편없다. 거기에 존재도 모르고 살았던 삼촌의 딸이 와이너리로 찾아오고, 아름다운 프랑스 여인 페니 샤넬을 만나 사랑에도 빠진다. 무엇보다 그의 발목을 붙잡는 것은 어린 시절 와이너리에서 삼촌과 보낸 행복한 기억들이다. 맥스는 계획대로 와이너리를 팔고 런던으로 돌아갈 수 있을까?

헨리의 와이너리에서 만드는 와인 샤토 라 시로크*Chateau la Siroque*는 영화 속에 등장하는 모든 인물들이 하수구 맛, 독극물이라는 표현을 써가며 마시길 거부한다. 샤토 라 시로크는 현실에 존재하지 않는 가상의 와이너리다. 반대로 영화 속 모든 인물이 열렬히 사랑하는 와인이 있다. 바로 코앙 페르두*Coin Perdu*. 영화 속에서는 프로방스의 전설적인 와인이자 수집가들조차 양조자를 모르는 비밀의 와인으로 소개된다. 눈치 빠른 관객들은 직감했겠지만, 이것 역시 헨리가 만든 와인이었다. 어린 시절 맥스에게 삼촌이 자신이 만든 와인들을 테이스팅시키며 하나를 골라보라고 했을 때, 맥스가 콕 짚은 와인이 바로 코앙 페르두였던 것이다. 영화의 중반 맥스와 페니의 데이트를 완벽하게 만들어주는 것도 바로 이 와인이다. 이제 이 전설의 와인 코앙 페르두의 정체를 알아보자.

샤토 라 시로크는 가상의 와이너리지만, 영화 속 무대가 되는 와이너리는 현실에 존재한다. 바로 론*Rhone* 지역에 위치한 샤토 라 카노르그*Chateau la Canorgue*다. 200년 이상 와인 업에 종사한 가문이 5대째 가족 경영으로 와이너리를 운영하고 있다. 현 오너인 장 피에르는 1970년대부터 자연 그대로의 아름다움을 간직한 루베롱 국립공원의 테마에 맞춰 와이너리의 포도밭을 100% 유기농법으로 관리하면서 친환경 와인을 생산하는 데 온 힘을 기울이고 있다.

영화를 보고 팬심이 생겨 프랑스 남부를 여행할 때 지독한 시골길도 마다하지 않고 이곳을 찾아갔다. 그렇게 마주한 코앙 페르두의 정체는 의외로 쉽게 풀렸다. 바로 샤토 라 카노르그에서 생산하는 와인이었던 것이다. 심지어 와이너리에서 쉽게 구입이 가능했다. 가격도 현지에서 30유로(약 4만 원) 정도로 도전해보기에 부담스럽지 않았다. 실제 판매하고 있는 와인을 레이블 그대로 영화에 등장시키면서 전설의 와인이라고 묘사했다는 게 신기할 따름이었다. 반가운 마음에 그 자리에서 코앙 페르두를 구입하고 그날 밤 숙소에 돌아와 와인을 마셨던 기억이 난다.

와인 맛은 영화에서 묘사하는 것처럼 꽤 훌륭했다. 시라*Syrah* 베이스의 블렌딩답게 농익은 블랙베리 풍미와 스파이시한 향신료 뉘앙스가 코를 매혹적으로 유혹한다. 적당한 탄닌과 신선한 산도의 밸런스가 매우 좋고, 마치 실크처럼 입 안 전체를 감싼다. 참고로 맥스가 어린 시절을 회상하는 장면에서 삼촌이 보여주는 와인은 남프랑스 방돌*Bandol* 지역의 유명한 와이너리인 도멘 탕피에*Domaine Tempier*의 와인이다. 샤토 라 카노르그만큼 추천하는 곳이니, 이들의 와인도 기회가 되면 마셔볼 만하다.

프로방스를 여행하려는 독자라면 영화의 배경이 된 뤼베롱 *Luberon*의 고르드*Gordes* 마을도 기억해두어야 한다. 이 중세 마을은 영화와 현실이 구분이 안 될 만큼 아름답다. 지금까지 500여 군데의 와이너리를 방문했지만 고르드 마을의 고즈넉함과 샤토 라 카노르그 와이너리의 정취는 다섯 손가락 안에 꼽을 만큼 인상적이었다. 영화에서 묘사한 와이너리의 아름다움이 필름의 마법만은 아니라는 것을 확인할 수 있는 곳이다.

# 「악마는 프라다를 입는다」와 뉴요커의 와인

The Devil Wears Prada

**Director** 데이빗 프랭클
**Cast** 메릴 스트립(미란다)
앤 헤서웨이(앤디 삭스)
**Wine** 루피노 리제르바 두칼레 키안티 클라시코
(이탈리아 토스카나)

## 뉴욕에 사는 사회 초년생들의 좋은 선택

「악마는 프라다를 입는다」는 기자를 꿈꾸던 앤디가 패션 매거진 「런웨이」의 편집장 미란다의 비서로 취직하게 되면서 시작하는 이야기다. 제목처럼 미란다는 딱 악마 같은 상사다. 그녀는 업계에서 이미 최고의 자리에 올라있다. 그리고 자신의 자리를 지키기 위해 수단을 가리지 않는 냉정한 사람이다. 앤디는 미란다의 밑에서 온갖 잡일을 다 처리하는데, 처음에는 그저 쏟아지는 업무에 허우적거리는 불쌍한 신참으로 비춰진다. 하지만 시간이 지날수록 그녀는 외적, 내적으로 성장해 나가면서 자신의 정체성을 찾아간다.

시간을 돌려 앤디가 미란다의 비서로 채용되던 그날 밤으로 돌아가보자.

앤디의 연인, 그리고 친구들은 뉴욕의 한 레스토랑에서 앤디의 취직을 진심으로 축하해준다. 물론 앤디도 친구들도 그녀 앞에 펼쳐질 험난한 가시밭길을 전혀 알지 못하고 있기에 너무나 즐거워 보인다. 이 젊은 뉴요커들이 선택한 와인은 이탈리아 토스카나 지방의 루피노 리제르바 두칼레 키안티 클라시코 *Ruffino Riserva Ducale Chianti Classico*다.

여기서 두칼레는 이탈리아어로 '공작'이라는 뜻이다. 1890년 이탈리아 북부의 아오스타 공작이 로마로 성지순례를 가던 중 들린 토스카나에서 이 와인을 맛보고 한눈에 반해버렸다. 그는 와이너리에 자신이 로마에서 돌아올 때까지 이 와인을 팔지 말라고 요청했다. 이에 루피노 와이너리는 공작을 위해 예약된 와인이란 표시로 와인에 'Riserva Ducale'라고 적어 놓았다. 로마에서 돌아온 공작은 약속대로 와이너리에 들렀고, 자기가 찜한 와인을 왕실의 공식 와인으로 지정했다고 한다. 루피노는 이러한 공작의 후원에 감사하는 의미를 담아 지금까지 리제르바 두칼레라는 이름으로 와인을 생산하고 있다. 영화에서는 잘 보이지 않지만 레이블에는 아오스타 공작이 와인을 마시는 장면이 그려져 있다.

필자 역시 이 와인이 생산되는 키안티*Chianti* 지역의 와인을 무척 좋아한다. 재밌는 건 한때 키안티 와인이 '스파게티 키안티'라 불리며 싸구려 이미지로 통하던 때가 있었다는 것이다. 실제로 와인을 처음 접하는 이들 중에 키안티 와인을 마시고는 기대보다 와인이 시고 가벼워서 눈살 찌푸리는 경우를 많이 봤다. 사실 과거에는 이 정도가 더 심했다. 키안티가 유별나게 신맛이 도드라지는 건 이 와인을 만드는 상투적인 양조 방식에서 이유를 찾을 수 있다.

지금은 아니지만, 과거에는 키안티를 만들 때 토스카나 지방의 전통적인 품종들인 적포도 산지오베제*Sangiovese*에 청포도 말바지아*Malvasia*나 트레비아노*Trebbiano*를 섞도록 법으로 정해져 있었다. 레드에 화이트 품종을 섞다 보니 자연스럽게 산도가 높을 수밖에 없었다. 이에 더해 키안티 와인의 수요가 많아지자 생산자들은 질보다는 양에 우선했고 심지어는 질이 낮은 산지오베제 클론으로 와인을 만들어 수요를 충당했다. 당연하게도 품질은 날로 떨어지고 국제적인 명성도 추락하기 시작했다.

다행히 현재는 화이트 품종을 섞는 법이 사라졌다. 영화에 등장한 리제르바 두칼레도 산지오베제에 국제 품종인 메를로*Merlot*와 카베르네 소비뇽*Cabernet Sauvignon*을 20% 정도 블렌딩한다. 그리고 이 와인은 그냥 키안티가 아니라 키안티 클라시코다. 이탈리아 와인에서 '클라시코'라는 수식어가 붙는다면 같은 와인 중에서도 좋은 포도를 재배하는 특별한 지역에서 생산했음을 뜻한다. 일반적인 키안티 와인이 다소 가볍고 저렴한 와인을 만든다면 키안티 클라시코는 가격은 조금 더 높겠지만, 진정한 키안티의 정수를 담은 복합미 있는 와인을 만든다.

한 가지 더 와인 레이블의 의미를 파헤치자면, 레이블에는 리제르바란 단어가 두 번 적혀있다. 상단에 좀 크게 써진 RISERVA는 공작이 '예약했다'는 뜻이고, 하단에 작게 적혀 있는 RISERVA는 와인을 추가로 숙성했다는 의미다. 리제르바 두칼레는 2년의 추가 숙성을 거쳤다.

다행인 건 리제르바 두칼레가 오랜 역사와 포도 재배지의 우수성, 오랜 숙성에도 불구하고 가격이 착하다는 점이다. 앤디와 친구처럼 사회 초년생들이 레스토랑에서 쉽게 선택할 수 있을 만한 합리적인 와인이다. 특히 와인의 산미와 미디엄 바디의 질감이 음식 페어링에 적절하기 때문에 이들이 와인을 고르는 안목도 상당히 좋았다는 생각이 든다.

영화에는 이 와인이 다시 등장한다. 미란다에게 시달려 녹초가 된 앤디가 집에 돌아왔을 때, 그녀의 연인 네이트는 또 한 번 이 와인을 오픈해 지친 앤디의 마음을 달래준다. 뉴요커의 와인으로 등장했지만, 생각해보면 우리의 일상도 뉴요커들의 바쁜 삶을 능가할 만큼 버겁지 않은가. 하루 일과의 끝에 위로의 한 잔이 간절한 순간은 누구에게나 온다. 사회 초년생 독자들에게 이 와인을 권하고 싶다. 앤디를 보며 힘을 얻기를.

# 「줄리&줄리아」, 뵈프 부르기뇽에는 부르고뉴 와인을!

*Julie Et Julia*

**Director** 노라 애프론

**Cast** 메릴 스트립(줄리아 차일드)
에이미 애덤스(줄리 포웰)

**Wine** 프랑스 부르고뉴 와인

한때 작가를 꿈꿨으나 현실은 전화 상담 공무원인 줄리 포웰. 불만 응대가 주 업무인 줄리는 직장에서는 시들시들 말라가다가 남편이 있는 집에 돌아와서야 생기를 찾는다. 줄리의 버팀목이 남편이라면, 그녀의 활력은 언제나 요리였다. 줄리는 '하인 없는 미국인들을 위한 프랑스 요리'라는 테마로 프렌치 요리를 미국에 소개한 선구자적 인물인 줄리아 차일드의 열렬한 팬이다. 줄리아 차일드의 요리책『프랑스 요리 예술 마스터하기 *Mastering the Art of French Cooking*』(1961)와 요리 프로그램은 줄리 포웰의 길잡이가 되었고, 줄리는 자신의 메마른 일상을 변화시킬 만한 결심을 한다. 바로 줄리아 차일드의 요리를 하나씩 도전해보는 '365일 동안 524가지 음식 만들기'라는 블로그를 개설한 것.

영화에서 줄리와 줄리아는 서로 만나지 않지만, 두 사람의 인생은 마치 시공간을 넘어 요리를 통해 연결되어 있는 것처럼 느껴진다. 군침 도는 음식도 끊임없이 등장하는데, 그중 핵심이 되는 음식을 꼽으라면 바로 뵈프 부르기뇽*Boeuf Bourguignon*이다. 단어 그대로 '부르고뉴의 소고기'라는 뜻으로 소고기, 버섯, 각종 야채를 넣고 오래 끓여낸 프랑스 부르고뉴 지방의 대표적인 소고기 스튜다. 일반적인 소고기 스튜와 가장 큰 차이는 요리를 할 때 반드시 부르고뉴 와인을 넣어야 한다는 점이다. 요리에 넣는 와인의 맛과 질감이 뵈프 부르기뇽의 정체성이라 할 만큼 중요하다.

줄리는 중요한 손님이 오는 저녁 식사 자리를 준비하기 위해 줄리아의 레시피를 따라 뵈프 부르기뇽에 도전한다. 그런데 영화 속에서 줄리가 사용하는 와인은 보르도 스타일의 레드 와인이다. 이 장면을 보며 '줄리가 왜 부르고뉴 와인을 고르지 않았을까?' 싶어 의아했다. 곧이어 영화 속 화면은 오븐에서 새까맣게

타버린 뵈프 부르기뇽을 비춰준다. 물론 타이머를 듣지 못해 요리를 망친 줄리의 실수지만, 애초에 사용한 와인이 달랐으니 무사히 완성되었다 한들 완벽한 뵈프 부르기뇽이라 부를 수는 없었을 것이다.

맛도 못 보고 끝난 줄리의 뵈프 부르기뇽이 잊혀질 때쯤, 또 다른 도전자가 등장한다. 몇 해 동안 출판사와 계약이 성사되지 못하고 묻혀 있던 줄리아 차일드 요리책의 진가를 알아본, 뉴욕 '알프레도 A 노브' 출판사 편집장 주디스 존스가 그 주인공이다. 실제로 주디스 존스는 줄리아 차일드를 비롯해 최고의 요리책을 발굴하고 만든 전설적인 편집자다.

영화 속 그녀는 줄리아의 원고를 검토한 뒤 꼼꼼한 성격 그대로 줄리아의 레시피를 따라 직접 요리를 해보는데, 이때 선택한 요리 역시 뵈프 부르기뇽이다. 다만 주디스는 줄리와 달리 진짜 부르고뉴 와인을 사용한다. 줄리아의 레시피로 완성한 뵈프 부르기뇽을 맛본 그녀는 훌륭한 맛에 감탄하고, 줄리아의 책을 출간하기로 결정한다.

여기서 뵈프 부르기뇽을 태워 먹었던 줄리 포웰의 요리로 다시 돌아가 볼 필요가 있다. 줄리가 뵈프 부르기뇽에 공을 들이며 기다리던 중요한 손님이 바로 시간이 흘러 연로해진 주디스 존스였다. 두 사람의 만남은 성사되지 않았지만, 이 또한 줄리아의 레시피를 통해서 연결되어 있음을 보여주는 장면이다. 그만큼 영화는 뵈프 부르기뇽이란 프랑스 음식에 공을 들였다.

뵈프 부르기뇽을 만들 때 반드시 부르고뉴 와인을 넣어야만 할까 의문인 독자를 위해 경험담을 덧붙인다. 수년 전 이 요리에 도전하면서 마트에서 구입한 저가의 칠레 카베르네 소비뇽을 부었다가 낭패를 봤다. 강한 탄닌과 진한 색이 그대로 요리에 입혀져 찐득한 보랏빛 음식이 만들어졌다. 돌이키고 싶지 않은 기억이다. 심지어 혼자 먹지도 않았다. 함께 먹어준 지인들에게 사과의 말을 전하고 싶다.

뵈프 부르기뇽은 반드시 레드 와인을 넣어야 하는데, 요리의 이름 자체에 부르기뇽이라는 지명이 들어간 만큼 정체성이 살아있는 음식을 만들고 싶다면 부르고뉴 와인을 사용하는 것이 옳다. 부르고뉴에서 생산되는 레드 와인은 대부분 피노 누아*Pinot Noir*라는 품종으로 만들어진다. 이 피노 누아로 빚어낸 레드 와인은 영롱한 밝은 빛을 지녔고, 바디감은 비교적 가볍지만, 섬세하고 은은한 향이 특징이다. 문제는 대개 가격이 비싸다는 것. 요리 하나 완성하자고 값비싼 와인을 사야 한다면, 주객이 전도된 느낌을 받을 수 있다. 다행히 뵈프 부르기뇽에 넣는 와인은 부르고뉴 지방에서 나오는 가장 저가의 와인을 사용해도 되니 너무 낙담하지 않아도 된다.

저가 피노 누아와 더불어 부르고뉴 파스투그랭*Bourgogne Passe-tout-grain*도 추천한다. 파스투그랭은 부르고뉴 지방에서 재배하는 가메*Gamay*라는 적포도 품종을 피노 누아와 블렌딩해 만든 부르고뉴 와인이다. 이밖에도 부르고뉴 남쪽으로 이어지는 보졸레*Beaujolais* 지역의 가메 품종 와인들도 훌륭한 대안이다. 파스투그랭처럼 가볍고 산뜻한 풍미가 매력적이다. 파스투그랭도 보졸레 와인도 저렴한 가격대로 와인샵에서 찾을 수 있으니 뵈프 부르기뇽에 한 병을 쏟아붓는다고 해도 그리 아깝지 않을 것이다. 아, 물론 냄비에 붓기 전에 한 잔 마시는 건 와인에 대한 예의.

**줄리아보다 간단한 버전의 뵈프 부르기뇽 레시피**

**재료** 소고기(우둔살 또는 등심), 베이컨, 올리브유, 당근, 양파, 버섯, 소금, 후추, 소고기 육수, 부케가르니(대파 10cm, 월계수잎 한 장, 타임 두 줄기), 토마토 페이스트, 그리고 부르고뉴 레드 와인

1. 소고기를 깍둑썰기한 뒤, 키친타월로 수분을 제거해준다.
2. 팬에 올리브유를 두르고 잘게 썬 베이컨을 튀기듯 볶아 접시에 옮겨 담는다.
3. 베이컨 기름이 남은 팬에 소고기를 넣고 볶은 뒤 접시에 옮겨 담는다.
4. 소고기를 뺀 팬에 야채와 버섯을 넣어 볶고, 베이컨과 소고기를 같이 넣어 소금 후추로 간을 맞춰 가며 섞어준다. 그리고 부르고뉴 와인과 소고기 육수, 토마토 페이스트, 부케가르니를 넣고 2시간 동안 끓여주면 완성.

# 「아이리시맨」과 빵에 찍어 먹는 키안티 와인

*The Irishman*

**Director** 마틴 스코세이지
**Cast** 로버트 드 니로(프랭크 시런)
알 파치노(지미 호퍼)
조 페시(러셀 버팔리노)

**Wine** 카스텔로 디 가비아노 키안티 클라시코
(이탈리아 토스카나)

## 암흑가의 보스가 빵에 찍어 먹던 와인

2020년 아카데미 시상식에서 감독상을 받은 봉준호는 "가장 개인적인 게 가장 창의적인 것"이라는 마틴 스코세이지의 말을 인용하며, 함께 수상 후보에 올랐던 마틴 스코세이지 감독에게 존경을 표했다. 봉준호 감독의 재치 있고 따뜻한 수상 소감에 감동을 받은 참석자들이 기립 박수를 보내던 장면이 잊히지 않는다. 마틴 스코세이지는 그런 인물이다. 미국 영화계의 거장이며, 노년인 지금도 현역으로 활발히 활동한다. 그가 2019년에 세상에 내놓은 「아이리시맨」은 미국 범죄 조직의 50년 역사를 집대성한 걸작이다. 세 시간이 넘는 긴 러닝타임에 하품이 아닌 절절한 감사의 마음을 전하고 싶을 정도다.

영화는 제2차 세계대전 참전 용사인 프랭크 시런이 청부 살인업자가 된 후, 말년에 미국 범죄 조직의 역사를 회고하는 내용을 담고 있다. 양로원에 휠체어를 타고 앉아있는 노년의 프랭크를 비춰주며 이야기가 시작된다. 그는 어릴 적 페인트공이 집에 페인트칠을 하는 사람인 줄 알았다고 말하는데, 사실 그가 살아온 세계에서의 페인트공은 청부 살인업자다. 여기서 페인트는 사람의 피를 의미한다. 영화 초반, 화면에 커다랗게 쓰인 "자네가 페인트칠을 한다고 들었네"라는 문장은 영화의 원작인 찰스 브랜트의 소설 제목이기도 하다.

아일랜드 출신의 평범한 노동자였던 프랭크를 청부 살인업자로 고용하는 러셀은 지령을 내리는 인물이다. 그는 이탈리아 마피아 집안의 아내와 함께 미국으로 이주한 이탈리아인으로, 지역에서 일어나는 모든 사건들이 그를 거치지 않고는 해결되지 않는다. 힘 있고 강하지만, 자신의 의견을 말할 때는 마치 타인의 의견을 전달하는 것처럼 넌지시 말한다. 모든 사건의 중심에 있으면서, 또 그 뒤에서 모든 것을 조종하는 인물이다.

그리고 알 파치노가 열연한, 또 하나의 주요 인물인 지미 호퍼는 트럭 노조를 이끌며 미국 사회 전반에 영향력을 미치는 거물이다. 당시 트럭 노조는 드넓은 미국 사회의 기반을 움직이는 조직이었다. 그는 닉슨을 지지했지만 선거에서 케네디가 당선되자, 막힘없던 인생이 내리막길로 접어든다. 러셀은 지미 호퍼를 프랭크에게 연결해준다.

러셀은 프랭크에게 청부 일을 맡길 때면 고급 레스토랑에서 와인을 마시며 조용히 지시한다. 이런 장면은 반복해서 나오는데, 이때마다 러셀은 두툼한 빵을 조금씩 뜯어내고는 투박한 유리잔에 담긴 와인에 찍어 먹는다. 이 모습을 보고 프랭크도 러셀을 따라 빵을 와인에 찍어 먹기도 한다.

여기서 그들이 마시는 와인은 이탈리아 출신인 러셀의 취향을 반영한 토스카나 지방의 키안티 와인이다. 바로 카스텔로 디 가비아노 키안티 클라시코*Castello di Gabbiano Chianti Classico*.

1940년대를 배경으로 하는 이 영화에 카스텔로 디 가비아노 와인이 등장한 이유가 있다. 이 와이너리의 역사가 무려 800년이 넘었기 때문이다. 가비아노는 12세기부터 와인 양조를 시작했다. 특히 15세기 초부터 18세기까지 와이너리의 주인이었던 소데리니*Soderini* 가문은 미켈란젤로와 각별한 관계에 있었다고 전해진다. 키안티 와인의 최대 소비국인 미국에서 가비아노 와인이 상류층의 테이블에 오르는 것은 자연스러운 일이다.

영화 속에는 1948년, 1955년, 1962년 빈티지가 등장한다. 와인의 레이블은 현재 와이너리의 레이블과는 다른 디자인인데, 영화를 위해서 와이너리 측이 직접 제작했다고 한다. 와인의 정체를 파악했으니 이제 와인에 찍어 먹는 빵의 맛이 무척이나 궁금해진다. 십수 년간 와인을 마시면서 음식과 와인 페어링에 그렇게 신경을 써왔는데 빵을 와인에 찍어 먹다니 이런 기발한 기술은 정말이지 처음 봤기 때문이다.

사실 와인에 무언가를 찍어 먹는다는 생각을 하면 항상 샴페인이 먼저 떠오른다. 샴페인을 만드는 본고장인 샹파뉴에는 핑크색 과자가 있다. 이름은 비스퀴 호제*Biscuits Roses*. 말 그대로 분홍빛 비스킷이다. 1690년 샹파뉴의 주도인 랭스에서 처음 만들어진 비스퀴 호제의 레시피는 지금도 비밀에 부쳐져 있으며, 오로지 샹파뉴의 전통 과자점 포시에*Fossier*에서만 만날 수 있다. 예쁜 분홍빛의 비스퀴 호제는 사각거리는 질감과 달콤한 맛을 가지고 있다. 특히 드라이한 샴페인에 살짝 찍어 먹으면 과자의 단맛과 샴페인의 산뜻함, 그리고 기포감이 어우러져 입에서 새콤달콤하게 살살 녹는다. 식전에도 식후에도 즐길 수 있는 훌륭한 간식이다.

궁금한 건 해봐야 알 수 있다. 영화를 본 뒤 몇 종의 빵을 레드 와인에 찍어서 먹어봤다. 견과류와 무화과가 박힌 통밀 캄파뉴나 연말에 크리스마스를 기다리며 먹는 슈톨렌이 키안티 지역의 레드 와인과 잘 어울렸다. 그 맛은 직접 느껴보시길 바란다. 한번은 해볼 만한 경험이다.

# 「완벽한 타인」, 곰탕에 레드 와인 어때요

*Intimate Strangers*

**Director** 이재규
**Cast** 유해진(태수), 조진웅(석호)
이서진(준모), 염정아(수현)
김지수(예진), 송하윤(세경), 윤경호(영배)

**Wine** 스털링 빈야드(미국 나파 밸리)
제라르 베르트랑(프랑스 랑그독)
필립 마쩨이(이탈리아 토스카나)

### 비밀이 없는 와인 테이블에서

「완벽한 타인」은 세계 10개국으로 판권이 팔린 이탈리아 영화 「퍼펙트 스트레인저」를 리메이크한 작품이다. 영화는 동창들의 커플 모임에서 벌어지는 해프닝을 다루고 있다. 그런데 이 해프닝이 예사롭지 않다.

의사 부부인 석호와 예진의 집에 모인 친구들은 식사하는 동안 각자의 휴대폰을 식탁에 올려두고, 연락이 오는 모든 내용을 공유하는 위험천만한 게임을 시작한다. 호기롭게 시작했지만 불안에 떠는 주인공들은 의심을 살까봐 그만두자는 말도 못 꺼낸다. 그리고 하나하나 휴대폰이 울릴 때마다 각자 숨겨온 비밀이 드러나면서 결국 엄청난 파국을 불러일으킨다.

영화의 묘미는 연극적 재미와 재치 있는 대사, 시간이 지날수록 커져가는 긴장감에 있다. 이에 더해 테이블에 올라오는 다채로운 요리와 곁들이는 와인을 감상하는 재미도 쏠쏠하다. 영화에는 한 가지 화이트 와인과 세 가지 레드 와인이 등장한다. 바로 이 세 가지 레드 와인이 흥미로운 부분이었다. 파국의 테이블에 모인 세 커플의 캐릭터와 닮아있었기 때문이다.

영화에는 미국의 스털링 빈야드*Sterling Vineyards*, 프랑스의 제라르 베르트랑*Gerard Bertrand*, 이탈리아의 마쩨이*Mazzei*가 차례로 등장한다.

먼저 스털링 빈야드부터 살펴보자. 미국 프리미엄 와인의 본고장인 나파 밸리에 위치한 이 와이너리는 와인 테이스팅을 위해 케이블카를 타고 올라가야 하는 이색적인 재미가 있는 곳이다. 케이블카에서 바라보는 환상적인 뷰와 와인을 즐기기 위해 연간 17만 명의 관광객이 찾는 나파 밸리의 명소다. 미국 여행을 하면서 몇 차례 스털링 빈야드의 와인을 마셨다. 카베르네 소비뇽 혹은 메를로를 베이스로 만드는 이곳의 레드 와인은 와이너리의 고급스러운 이미지와 마찬가지로 맛과 향에서도 우아함과 세련미가 느껴진다. 성공한 의사 부부로, 세련된 매너를 갖춘 석호, 예진 부부와 닮은 와인이다.

두 번째는 제라르 베르트랑. 와인의 종주국인 프랑스, 그 안에서도 포도 재배의 천국이라 불리는 곳이 있다. 바로 랑그독*Languedoc*이다. 불과 50년 전만 해도 저가형 와인을 대량으로 생산하던 이곳은 이제 프랑스에서도 가장 혁신적인 진보를 이룬 곳이 되었다. 그리고 그 중심에 제라르 베르트랑이 있다.

과거 프로 럭비 선수였던 제라르 베르트랑은 아버지의 갑작

스런 죽음으로 와이너리를 물려받게 된다. 1992년 자신의 이름을 건 제라르 베르트랑 와인 그룹을 창립, 불과 30년이 안 되는 시간 동안 랑그독의 최고급 포도밭들을 인수하고 여러 개의 혁신적인 와이너리를 설립하면서 프랑스를 대표하는 와인 회사로 거듭났다. 만드는 와인만 수십여 가지이며 대부분의 와인이 친환경 와인이다.

제라르 베르트랑의 와인 종류가 너무나 다양한 탓에 전부를 마셔보지는 못했지만, 그의 이름을 걸고 탄생하는 많은 와인들은 랑그독의 따스한 햇살을 담은 듯 담백하고 깔끔한 풍미를 가지고 있다고 생각한다. 부담없는 가격의 데일리 와인부터 하이엔드급 와인까지 출시하는 폭이 다양하기 때문에 간단한 안주나 집밥부터 고급 정찬 자리까지 훌륭한 음식 페어링이 가능하다. 핸섬하고 능수능란한 말솜씨를 가진 레스토랑 사장 준모, 애교로 무장한 수의사 세경 부부와 닮은 와인이다.

세 번째 마쩨이는 이탈리아 중부 토스카나에서 1435년부터 지금까지 무려 600여 년 동안 와인 생산에 집중해온 와인 명가로, 토스카나 지방 와인의 상징인 '키안티'라는 단어를 처음으로 사용한 곳이다. 영화에 등장한 와인은 가문의 선대인 필립 마쩨이*Philip Mazzei*를 기리기 위해 출시된 헌정 와인이다. 와인 레이블의 그림은 프랑스 루브르 박물관에 소장된 필립 마쩨이의 초상화를 피렌체 아트스쿨에 다니는 대만 유학생이 재해석해서 그린 것이라고 한다.

필립 마쩨이는 미국 제3대 대통령인 토머스 제퍼슨의 절친한 친구였다. 사상과 철학이 비슷했던 둘은 만남과 서신을 통해 의견을 공유하며 서로에게 많은 영향을 끼쳤다고 한다. 특히 필립은 '모든 인간은 자유롭고 평등하다. 이를 바탕으로 자유로운 정부의 탄생이 가능하다'는 내용의 편지를 제퍼슨에게 보냈고, 이는 독립선언문의 '모든 인간은 평등하다'라는 문구의 바탕이 되었다는 이야기가 전해진다.

필자 역시 토스카나를 여행할 때 필립 마쩨이를 마셔보았다. 토착 품종이 그토록 많은 이탈리아의, 그것도 전통적인 와인 생산지인 토스카나에서 가장 국제적인 품종인 카베르네 소비뇽 100%로 만든 와인이라니, 마시기 전부터 흥미로웠다. 마쩨이의 후손들은 '나라와 민족을 구분하지 말고 하나의 인류가 되자'고 주창한 필립의 이념을 와인에 담고자 이 와인을 출시했다고 한다.

사실 카베르네 소비뇽은 강직한 캐릭터를 보완하기 위해 서브 품종을 블렌딩하는 경우가 많은데, 마쩨이는 카베르네 소비뇽 한 가지만 사용했음에도 묵직한 질감과 이탈리아 와인에 기대하는 부드러운 향미를 모두 갖추고 있다. 가부장적이지만 선량하고 부드러운 내면을 지닌 변호사 태수, 그리고 소극적인 전업

주부처럼 보이지만 내면에 누구보다 강한 열정이 있던 그의 아내 수현, 이 두 사람이 마쩨이와 꼭 맞아 떨어진다.

한국에서 리메이크된 만큼 와인 이외에 한국 전통주인 막걸리, 소주의 등장도 반갑다. 테이블 위에는 향토 음식들이 쏟아지듯 나오는데, 아바이순대, 명태회무침, 술빵, 닭강정, 물회, 홍게찜, 물곰탕 등 보기만 해도 침샘이 고이게 만드는 음식들이다. 개인적으로 술빵, 아바이 순대에는 제라르 베르트랑을, 닭강정에는 스털링 빈야드를, 물곰탕에는 필립 마쩨이를 매칭하고 싶다는 생각을 하며 영화를 감상했다.

한식이 와인과 어울리지 않는다는 편견을 가지고 있다면 이 영화를 보면서 편견을 어느 정도는 걷어내기를 바란다. 마지막으로 영화를 보고 드는 생각. 휴대폰은 셀러에 숨겨둔 소중한 올드 빈티지 와인처럼 무조건 사수하자.

# 「내 아내의 모든 것」, 정인과 성기가 나눠 마시던 와인

All About My Wife

**Director** 민규동
**Cast** 임수정(연정인)
이선균(이두현)
류승룡(장성기)

**Wine** 할란 에스테이트(미국 나파 밸리)

## 할란을 이렇게 마셔도 될까요?

2012년 민규동 감독이 선사한 로맨틱 코미디 「내 아내의 모든 것」은 신선함 그 자체였다. 캐릭터의 힘이라는 것이 이런 것이구나 하는 생각이 들 정도로 감독과 배우가 만들어낸 세 명의 캐릭터, 특히 카사노바 장성기와 사랑스러운 독설가 연정인, 두 인물은 그 이전에도 없었고, 앞으로도 없을 것만 같은 강렬한 인상을 남겼다.

영화는 사랑스러웠던 아내가 독설가로 변해버려 견딜 수 없어진 두현으로부터 시작한다. 아내에게서 벗어나려 강릉 파견근무에 지원했는데, 아내 정인은 그곳까지 따라와 그를 괴롭힌다. 그런 두현의 옆집에는 전설의 카사노바 장성기가 살고 있다.

여자라면 나이와 국적을 불문하고 자신의 마력에 빠지게 만들 수 있는 남자다. 두현은 성기에게 마음을 뺏겨버린 여자들을 보면서 자신의 아내를 유혹해달라고 부탁한다. 성기는 두현을 어처구니없어하면서도 그의 간절함 탓에 부탁을 들어주기로 한다. 두현은 정인에 대한 모든 것을 기록해 성기에게 넘기고, 정인을 파악한 성기는 그녀를 본격적으로 유혹하기 시작한다.

성기는 재력은 물론 다채로운 취미로 무장한 사람이다. 한 유튜버의 유행어가 성기의 대사 "철이 없었죠. 샹송이 좋아서 파리에 갔다는 자체가"에서 따왔다는 것에서도 그의 다양한 관심사를 알 수 있다. 와인 역시 그의 취미 중 하나다. 집은 와인으로 가득하고, 정인과 레스토랑에서 만날 때면 능숙하게 와인을 주문한다. 정인을 서울집으로 바래다주는 새벽녘. 이날도 성기의 손에는 와인 한 병이 들려있다.

성기가 정인을 그윽하게 바라보며 말한다.

"이 시계 소리 들려요? 째깍, 째깍, 들리죠? 2012년 1월 15일 11시 3분 난 너랑 1분을 같이 했어, 난 소중한 이 1분을 잊지 않을 거야. 지울 수도 없어. 이미 과거가 되어버렸으니까."

정인이 맞받아친다.

"이제 밤 11시 3분이 되면 넌 날 생각하게 될 거야. 아비."

그리고 성기의 마무리 "정전."

정인이 가장 좋아하는 영화인 「아비정전」의 명대사를 성기가 인용한 것이다. 성기는 「아비정전」의 명곡 「Maria Elena」를 흥얼거리며 맘보춤을 춘다. 그를 보고 환호하는 정인. 이미 두 사람은 호감 그 이상의 감정을 느끼고 있다.

이때 두 사람이 걷는 내내 병째 주거니 받거니 하며 마신 와인이 바로 미국 컬트 와인의 끝판왕 할란 에스테이트*Harlan Estate*다. 필자는 생각했다. '성기의 와인 취향 정말 고급스럽네. 근데 저걸 저렇게 마신다고?'

할란 에스테이트는 로버트 파커가 100점을 수시로 준 곳으로, 여러 컬트 와인*Cult Wine* 중에서도 톱클래스에 속한다. 컬트 와인이란 컬트의 뜻인 '추종', '숭배'처럼 추종자를 거느리며 숭배를 받는 와인을 의미하며, 최고의 땅에서 엄선한 포도와 최첨단 양조 기술로 소량만 생산한 와인이다. 1990년대 초중반 스크리밍 이글*Screaming Eagle*, 할란 에스테이트, 콜긴*Colgin*, 셰이퍼*Shafer* 등이 고가의 프리미엄 와인을 탄생시켰고, 와인 평론가들은 이 와인들에 엄청난 찬사를 쏟아부었다. 특히 역사상 가장 큰 영향력을 지녔던 와인 평론가 로버트 파커가 100점 만점을 주기 시작하면서 순식간에 추종자들이 줄을 서기 시작한다.

이런 컬트 와인의 선풍적인 인기에 기름을 부은 것은 독특한 판매 시스템이다. 워낙 적은 양만 생산하기 때문에 와이너리의 리스트에 이름이 올라야만 구매가 가능하다. 즉, 돈이 많다고 살 수 있는 게 아니다. 리스트에 적힌 회원이 사망이나 파산과 같은 상황으로 부득이하게 빠져야만 기회가 온다. 카더라 통신에 의하면 할란이나 스크리밍 이글 같은 톱 컬트 와인의 경우 대기자만 수천 명에 이른다고 한다.

할란은 미국 나파 밸리 와인이지만 카베르네 소비뇽, 메를로, 카베르네 프랑*Cabernet Franc*, 프티 베르도*Petit Verdot*가 블렌딩된 보르도 스타일의 와인이다. 와이너리 설립은 1984년에 했으나, 첫 빈티지는 1990년이었고, 6년을 추가 숙성한 뒤 1996년에 처음으로 세상에 내놓았다. 매해 엄선한 포도로 극소량의 와인을 생산하기 때문에 대개 한 병에 200만 원이 훌쩍 넘는다. 그런데도 전 세계 와인 애호가들의 선구매로 동이 나서 시중에서 찾기가 어렵다.

이런 할란을 병나발 부는 카사노바라니 이 남자를 어찌해야 할까? 영화 속에서 성기가 얼마나 와인을 애호하는지는 그의 집 바닥에 수없이 많이 굴러다니는 빈 와인병들만 봐도 가늠이 된다. 또한 요리를 공부했던 정인의 고급스러운 와인 취향도 영화 속에 자주 등장했으니 두 사람이 할란의 가치를 모를 리는 없다.

둘의 사랑은 이루어지면 안 되겠지만, 「아비정전」의 대사와 춤 그리고 병을 주고받으며 마셨던 할란까지, 그들의 밤은 완벽했다.

# 「위대한 개츠비」와 알코올 중독 피츠제럴드

The Great Gatsby

Director 바즈 루어만
Cast 레오나르도 디카프리오(제이 개츠비)
캐리 멀리건(데이지 뷰캐넌)
토비 맥과이어(닉 캐러웨이)
조엘 에저튼(톰 뷰캐넌)
Wine 샴페인 모엣 샹동(프랑스 샹파뉴)

## 한 컷이면 충분한 '개츠비의 치얼스'

소설가 스콧 피츠제럴드의 대표작 『위대한 개츠비』는 바즈 루어만 감독의 손을 통해 화려함의 극치를 보여주는 영화로 재탄생했다. 영화의 내용은 가난한 군인에서 억만장자가 되어 다시 첫사랑과 재회하려 하는 개츠비와 그런 개츠비를 사랑하지만 결정적인 순간 개츠비를 배신하고 떠나는 데이지, 이 두 사람의 이야기를 담고 있다. 소설과 다른 점이라면 영화 속 서사는 데이지의 친척 닉 캐러웨이가 관찰자의 시점으로 두 사람의 이야기를 이끌어간다는 것이다.

영화를 본 모든 이들에게 결코 잊히지 않을 장면은 성대한 파티에서 개츠비가 닉 캐러웨이에게 치얼스를 하며 웃어 보이는

"I'm Gatsby" 장면일 것이다. 사실 매주 파티를 벌이는 개츠비가 늘 와인을 달고 살 거라 생각하며 그의 와인 편력이 무척 궁금했는데, 개츠비가 와인을 들고 있는 장면은 아이러니하게도 이 한 장면뿐이다. 하지만 이걸로 다했다 싶을 만큼 인상적이라 영화를 다 보고 나면 개츠비가 와인 마니아였지 하는 생각이 들 정도다.

### 디카프리오와 샴페인 찰스 하이직

이때 개츠비의 잔에 담긴 와인은 샴페인 모엣 샹동 *Moet&Chandon*이다. 이 역사적인 샴페인에 대해서는 영화 「캐치 미 이프 유 캔」(131쪽)에서 자세히 다루기로 한다. 레오나르도 디카프리오는 「위대한 개츠비」 촬영 뒤풀이에 모엣 샹동이 아닌 찰스 하이직 브륏 리저브*Charles Heidsieck Brut Reserve*를 가져갔다고 한다. 디카프리오는 찰스 하이직의 오랜 팬이다.

이 샴페인을 창조한 찰스 카밀 하이직*Charles-Camille Heidsieck*은 최초로 미국에 샴페인을 수출한 인물이다. 미국으로 건너간 그는 뉴잉글랜드와 뉴욕 주를 돌아보며 샴페인 판매의 가능성을 확인하고 그의 샴페인을 수출해 엄청난 성공을 거두었다. 그는 '찰리'라는 애칭으로 불렸고, 매너를 갖춘 신사로서 뉴욕 상류 사회와 사교계의 명사였다고 한다. 하지만 남북전쟁 당시 남군에 억류, 스파이로 몰려 4개월간 고초를 겪고 파산의 위기에 몰리기도 했다. 다행히 과거에 받지 못했던 와인 대금을 땅으로 보상받아 샴페인 사업을 재개할 수 있었다. 우여곡절이 많은 그의 인생은 그의 별칭을 따서 「샴페인 찰리」라는 휴 그랜트 주연의 영화로 만들어지기도 했다.

## 술고래 스콧 피츠제럴드

개츠비의 일생을 빼닮은 원작 소설가 스콧 피츠제럴드의 알코올 사랑도 흥미롭다. 한 여자를 깊이 사랑해서 성공에 집착한 남자 개츠비는 스콧 피츠제럴드의 자전적 인물이다. 그리고 여주인공 데이지는 피츠제럴드가 사랑했던 두 여인 지네브라 킹과 아내 젤다가 뒤섞여 탄생했다. 청년 시절 피츠제럴드가 사랑한 지네브라 킹은 그가 가난하다는 이유로 다른 남자와 결혼한다. 그렇게 그녀는 젊은 시절 데이지의 모티브가 된다. 개츠비가 백만장자가 되어 다시 찾아간 데이지는 피츠제럴드의 아내 젤다를 반영했다.

미국 남부의 상류층에서 자란 젤다는 10대부터 이미 사교계에서 유명한 파티걸이었다. 스콧 피츠제럴드는 파티에서 그녀를 보고 한눈에 반한 뒤 청혼하지만 불안정한 직업을 이유로 거절당했다. 이후 그는 젤다를 모델로 한 소설 『낙원의 이쪽』의 출판 계약을 성사시킨 뒤에야 젤다와 약혼할 수 있었고, 『낙원의 이쪽』의 성공으로 부와 명성을 얻은 덕분에 결혼에 골인했다. 이때부터 스콧&젤다 피츠제럴드 부부는 사교계의 유명인사가 되어 뉴욕과 파리를 오가며 시대의 낭만과 술, 파티, 재즈를 즐기면서 살아간다.

유명한 일화지만, 피츠제럴드는 못 말리는 주정뱅이였다. 그에게 술이란 알코올이 든 음료가 아닌 영감을 주는 뮤즈였다. 그는 실제로 "술은 감정을 고양하고, 그 감정으로 이야기를 만든다"고 말한 적도 있다. 기록에 따르면 그는 진Jin을 가장 좋아하긴 했지만 와인, 위스키 등 모든 술을 즐겼다고 한다. 다만 맥주는 술로 치지 않았다.

그는 정말로 심각한 알코올 중독자였다. 아내가 심신미약으로 정신병원 신세를 지고 있고 딸은 사립학교에 다니고 있었기 때문에 돈이 많이 필요했다. 탈출구는 글을 쓰는 것뿐. 하지만 왕년의 필력은 다시 나와주지 않았고, 그는 더욱더 술에 의지하게 된다. 결국 의사에게 경고를 받고 금주를 하던 기간에도 (맥주는 그에게 술이 아니므로) 매일 20병의 맥주를 마셨다고 한다. 그리고 결국 알코올에 의한 심장마비로 44세의 나이에 허무하게 삶을 마감한다. 그의 절친이었지만, 후에 술 때문에 결별한 헤밍웨이는 "술은 스콧에게 음식이 아닌 독이었다"라고 말하기도 했다.

소설 『위대한 개츠비』에는 "뭐든 너무 지나친 것은 나쁘지만 너무 많은 샴페인은 괜찮다"라는 표현이 나온다. 술고래였던 그다운 문장이다. 그는 술을 좋아했지만 주량이 세지는 않았고 주사가 매우 심했다고 한다. 심지어 주사는 옷을 벗는 것이었는데 1920년에 연극 무대에서 팬티 빼고 모든 옷을 벗은 적이 있으며, 식당 테이블에 올라가 바지를 벗으려고 한 적도 있었다고 하니 헤밍웨이의 손절에 우정을 운운할 순 없을 것 같다.

피츠제럴드가 살아간 삶에 대한 태도는 혀를 내두르게 되지만, 그의 작품들이 현재까지도 미국을 대표하는 최고의 작품이라는 점에는 고개를 끄덕일 수밖에 없다. 작가는 작품으로 인정받는 것이므로 필자 역시 스콧 피츠제럴드에 대한 팬심을 숨기고 싶지 않다.

# 「비포 선라이즈」와 잊지 못할 하룻밤의 와인

Before Sunrise

Director 리처드 링클레이터

Cast 에단 호크(제시)
줄리 델피(셀린)

Wine 오스트리아 레드 와인

## 오늘 밤을 완벽하게 만들어주세요

우리 모두가 '유럽 기차 여행의 로망'을 가졌다면, 기차 안에서 만난 사랑스러운 남녀의 하루를 담은 영화 「비포 선라이즈」 덕분일 것이다. 그만큼 이 영화는 순수한 아름다움을 지녔다.

헝가리 부다페스트의 할머니 집에서 파리의 부모님 집으로 돌아가는 중인 프랑스 여자 셀린. 스페인에 사는 여자친구를 만나기 위해 유럽 여행을 왔지만, 며칠 만에 실연을 당하고 오스트리아 빈으로 향하는 미국인 청년 제시. 둘의 만남은 소란스러운 유럽 횡단 열차 안에서 시작된다.

같은 기차 칸에 타고 있지만 멀찍이 자리가 떨어져 있던 두 사람을 이어준 것은 독일 부부의 부부 싸움이다. 셀린은 소음을 피해 제시의 맞은편 자리로 옮기고, 두 사람은 서로를 살피다 점점 커지는 독일 부부의 소란에 함께 도피하듯 식당칸으로 다시 자리를 옮긴다. 이때부터 두 사람의 끝나지 않을 것만 같은 대화가 시작되고 영화를 보는 관객들 역시 그들의 대화 속으로 들어가 그 여정을 함께하게 된다. 기차가 빈 중앙역에 멈추자 제시는 셀린을 붙잡고 싶은 자신의 진심을 담아 말을 꺼낸다.

"정신 나간 생각이란 건 아는데 너한테 물어보지 않으면 이 생각이 평생 날 쫓아다닐 거야. 너와 계속 이야기를 나누고 싶어. 우린 뭔가 통하는 게 있는 것 같아. 나랑 같이 여기서 내리자."

제시를 연기한 에단 호크의 젊은 시절 미모와 익살, 기름진 머리가 매력적이기 때문이었을까? 잠시 주저하다 이내 가방을 찾아 들고 제시를 따라 내리는 셀린. 이렇게 두 사람은 단 하루라는 한정된 시간 동안 음악의 도시 빈을 함께 여행하게 된다.

둘은 처음 눈을 마주쳤을 때 이미 결말을 감지한 사람들처럼 자연스럽게 사랑에 빠진다. 영화를 보기 전에는 '처음 보는 사람과 하루 만에?'라는 의문이 들지만 보고 나면 서로를 알아가는 것이 시간의 길이와 비례하지 않는다는 것에 공감하게 된다. 제시와 셀린은 자신의 현재와 과거, 자신의 인생에서 강렬했던 감정의 깊이를 모두 대화의 주제로 쏟아낸다.

온종일 대화하며 도시를 누비던 두 사람은 밤이 되자 수중의 돈이 모두 떨어져 버리고 만다. 그러나 크게 걱정하지 않아도 된다. 빈의 여름밤은 적당히 선선하고, 이 둘은 결코 잠에 빠지는 것에 시간을 허비하지 않을 테니 말이다. 다만 한 가지 두 사람에게 절실한 것이 있다. 그것을 얻기 위해 작전을 세운 두 사람은 도심 속 클럽 안으로 들어간다.

먼저 셀린은 손님이 나간 테이블에 앉아 남겨진 와인 잔을 가방에 챙긴다. 이 귀여운 도둑이 미션을 수행하는 동안 제시는 심호흡을 하고 바텐더에게 다가간다. 바텐더와 반갑게 인사를 나눈 뒤, 본론에 들어가는 제시.

"저기 여자애 보이시죠? 오늘이 우리한테 유일한 밤이죠. 문제를 말씀드리면, 그녀가 레드 와인을 한 병 사달라는데 제가 돈이 없어요. 하지만 이 바 주소를 알려주시면 제가 틀림없이 돈을 보내드릴게요. 오늘 밤을 완벽하게 만들어주세요."

제시의 말에 아주 잠시 망설이던 중년의 바텐더는 셀린과 제시를 번갈아 보더니 제시에게 악수를 청한다. 그러고는 제시에게 호기롭게 와인을 한 병 건넨다.

"잊지 못할 밤이 되길 바라네."

이제 제시와 셀린의 밤은 완벽해졌다. 바텐더가 건네준 와인이 뭔지 무척이나 궁금해 이 장면을 여러 번 돌려봤지만, 결국 알아낼 수 없었다. 대신 영화의 무대가 오스트리아 빈이라는 점, 그리고 와인의 병 모양이 길쭉하고 날씬하다는 점에서 오스트리아 레드 와인이라는 간단한 결론을 내렸다.

와인에 관심이 있는 사람이라면 와인병의 모양에 따라 와인이 만들어진 지역이나 품종 등을 유추하기도 한다. 우리가 '와인' 하면 떠올리는 대표적인 디자인이 보르도와 부르고뉴 와인병인데, 보르도 병은 어깨가 있고 부르고뉴 병은 어깨가 없어서 병 목부터 바닥까지 선이 유연하게 떨어진다. 영화에 등장한 길고 얇은 병은 프랑스의 알자스나 독일, 그리고 오스트리아에서 많이 찾아볼 수 있다. 세 곳 모두 화이트 품종을 위주로 밝고 가벼운 와인을 주로 생산하는 것이 특징이다. 영화에서 제시와 셀린이 마시는 것은 레드 와인이고, 오스트리아 와인이라는 점을 감안했을 때 네 가지의 품종을 유추해볼 수 있다. 바로 츠바이겔트*Zweigelt*, 블라우프랜키쉬*Blaufrankisch*, 상크트 라우렌트*St. Laurent*, 피노 누아 품종이다.

이 네 가지 후보군에서 더 유력한 후보를 꼽자면 츠바이겔트와 피노 누아다. 블라우프랜키쉬는 오스트리아에서 보통 고급 레드 와인을 만들 때 쓰는 품종이기 때문에 이름도 모르는 손님에게 공짜로 주기에는 부담스러운 가격이다. 그리고 상크트 라우렌트는 발음하기 어려운 이름만큼 재배하기가 매우 까다롭다. 오스트리아에서도 가장 기르기 힘든 품종으로 꼽히기 때문에 후보에서 제외했다.

츠바이겔트는 오스트리아에서 가장 많이 재배되는 국가 대표 품종이고, 오스트리아인들의 식탁에 가장 자주 오르는 와인이다. 고급 와인부터 저렴한 와인까지 두루두루 만들어지기 때문에 바텐더의 손이 자연스럽게 향했을 가능성이 크다.

마지막 피노 누아는 오스트리아 전통 품종도 아니고, 재배하기도 매우 까다로운 품종이지만, 오스트리아 빈 근교 포도밭의 토양에 잘 적응해 좋은 와인으로 탄생하고 있다. 참고로 빈에는 약 700ha 면적의 포도밭이 있고 이곳에서 다채로운 와인이 만들어진다. 이들 와인은 빈바인, 즉 빈의 와인이라는 이름으로 팔려 나간다.

매우 유력한 두 후보 가운데 필자의 최종 선택은 츠바이겔트다. 피노 누아가 빈에서 나름 인기 있는 품종이라고는 하지만, 재배하기가 워낙 까다롭기 때문에 대개 피노 누아로 만든 와인은 가격이 비싼 편이다. 바텐더가 신뢰 하나만으로 건네주기에는 피노 누아 역시 무리가 있다.

둘은 바텐더의 말처럼 공원 잔디밭에 누워 와인을 마신 뒤 잊지 못할 밤을 보낸다. 두 주인공처럼 별다른 안주 없이 공원에서 마시기에 츠바이겔트 와인은 좋은 선택이었다고 생각한다. 츠바이겔트는 특히 체리 풍미가 감미롭고, 밝은 느낌을 주는 산미가 매력적이다. 진하거나 탄닌이 많은 편이 아니라서 가볍게 즐길 수 있는 와인이다.

보통 한두 번 본 영화를 다시 보게 되면 몇몇 장면을 넘기거나 휴대폰을 만지작거리는 예의 없는 멀티 플레이어가 되곤 하는데, 「비포 선라이즈」만큼은 언제 다시 봐도 집중해서 보게 된다. 그 이유는 두 주인공의 쉼 없는 대화가 매번 새롭게 느껴지기 때문이다. 글을 쓰는 이 순간에도 영화를 다시 한번 보고 싶다는 생각이 든다. 물론 츠바이겔트도 한 병 오픈하고 싶다. 엔딩 크레딧이 올라갈 때쯤 두 사람의 작별 인사가 또다시 귓가에 맴돌겠지.

"Au revoir. later.(나중에 또 만나.)"

그나저나 제시는 바텐더에게 돈을 보냈을까?

# 「셜록 홈즈」와 샤토 마고 1858

Sherlock Holmes

**Director** 가이 리치

**Cast** 로버트 다우니 주니어(셜록 홈즈)
주드 로(왓슨)
레이첼 맥아담스(아이린 애들러)
마크 스트롱(블랙우드)

**Wine** 샤토 마고 1858(프랑스 보르도)

## 저처럼 셜록보다 마고를 걱정하신 분?

탐정 소설의 바이블 『셜록 홈즈』는 영화로 리메이크될 때마다 관심이 갔다. 물론 결말이 궁금해서는 아니다. 한 번 빠지면 출구가 없는 괴짜 탐정 셜록의 캐릭터를 누가 어떻게 구현했는지 확인하고 싶었기 때문이다. 2009년 작 셜록 홈즈의 주인공은 로버트 다우니 주니어였다. 거기에 주드 로가 왓슨 역에 합세했으니, 안 그래도 매력이 철철 넘치는 캐릭터들이 비주얼로도 빛이 났다. 그런데 이 똑똑한 셜록도 실수를 한다. 바로 사랑하는 여자 앞에서.

영화 속에 등장하는 셜록의 전 연인 아이린은 괴짜 천재의 옆자리에 걸맞게 매혹적이고 똑똑한 여인이다. 그녀는 주도면밀하게 셜록을 속이는 것에 성공하는데, 바로 셜록에게 거부할 수 없는 미끼를 던지는 것이다. 아이린은 자신의 방문을 몰래 열려는 셜록을 비웃듯 먼저 문을 열어주고는 셜록에게 따르라며 와인을 한 병 쥐여준다. 바로 1858년산 샤토 마고다.

셜록은 와인을 보고 "1858년, 혜성이 떨어진 해지. 혜성이 와인에 영향을 주다니"라며 감탄한다.

'혜성이 와인에 영향을 줄 수 있다고?' 궁금할 독자를 위해 결론부터 이야기하면 우연히도 그렇다. 와인 업계에는 코멧 빈티지*Comet Vintage*라는 것이 있다. 와이너리에서 포도를 수확하기 전에 혜성이 관찰되면 그해는 그레이트 빈티지(작황이 뛰어난 해)가 될 가능성이 매우 크다는 것이다. 빈티지는 해당 와인을 만든 포도가 수확된 해를 말하기 때문에 작황이 좋은 해라면 좋은 와인을 만들 가능성이 매우 커진다. 그리고 우연인지는 모르겠으나, 그레이트 빈티지라고 일컬어지는 1811, 1826, 1839, 1845, 1852, 1858, 1861, 1985, 1989년에 혜성이 관측되었다고 한다. 그래서 혜성이 관측된 해에는 좋은 와인이 탄생한다는 의미로 코멧(혜성) 빈티지라는 단어가 생겨난 것이다. 물론 혜성이 포도 재배에 긍정적인 역할을 한다는 과학적 근거는 밝혀진 바 없다.

영화에 등장한 1858년은 대표적인 코멧 빈티지다. 이 혜성을 최초로 관측한 지오반니 바티스타 도나티*Giovanni Battista Donati*의 이름을 따서 도나티 혜성이라 이름이 붙었고, 우연인지 필연인지 그해 보르도 와인들의 평판은 역대 최고로 좋았다. 아마도 이 때문에 샤토 마고의 1858년 빈티지가 영화에 나왔을 것이다.

이런 사실을 아는지 모르는지, 셜록은 와인을 따른 잔을 참지 못하겠다는 듯 한입에 털어 넣는다. 그리고 직후에 와인을 마시지 않고 유유히 잔을 그대로 내려놓는 아이린을 보며 무언가 잘못됐음을 감지한다. 하지만 때는 늦었다. 용의주도하게 주삿바늘을 이용해 와인에 수면제를 넣어두었던 아이린의 계획은 성공이었다.

샤토 마고를 등장시킨 영화의 전개는 신선했지만, 아이린의 행동에는 깊은 한숨이 나왔다.

'세상에 샤토 마고 1858년산이라고! 꼭 수면제를 병 안에 넣어야 했나? 셜록을 재우는 데는 한 모금이면 충분했을 텐데.'

병 안에 남은 샤토 마고가 아까워 고개를 절레절레하다 문득 엉뚱한 생각도 들었다. '한 잔을 음미하며 마시고, 잠들면 일어나서 또 마시고, 이렇게 반복하면 며칠 내내 샤토 마고를 마실 수 있겠는데?'

샤토 마고는 그 어느 와인보다 아름다운 풍미를 지녀 '와인의 여왕'이라는 수식어가 붙는 프랑스의 국보급 와인이다. 1855년, 보르도 그랑 크뤼 클라세 1등급(프리미에 크뤼)에 지정된 뒤로 지금까지 변함없는 명성을 자랑하고 있다. 샤토 마고의 또 한 가지 특징은 보르도 내에 있는 다른 샤토들이 생산량을 늘리기 위해 밭을 사들인 것과 달리 처음 그대로의 포도밭 면적을 유지하고 있다는 점이다. 주어진 땅에서 오로지 좋은 품질의 샤토 마고를 탄생시키는 데만 주력했다는 것을 의미한다. 결국 천혜의 테루아에서 탄생하는 최고 품질의 포도와 400년간 이어온 와인 메이킹 노하우가 샤토 마고의 명성을 만들었다고 할 수 있다. 그런 샤토 마고 최고의 빈티지 와인에 수면제를 다 넣어버렸으니 와인 애호가라면 깊은 한숨이 나올 수밖에 없다. 솔직히 셜록을 걱정하는 관객은 없을 것이다. 셜록은 셜록이니까.

# 「뉴욕, 아이 러브 유」와 샴페인 '뵈브 클리코'

*New York, I Love You*

**Director** 알렌 휴즈, 브렛 래트너, 파티 아킨, 조슈아 마스턴, 미라 네어, 나탈리 포트만, 랜들 밸스마이어, 세자르 카푸르, 이와이 슌지, 강문, 이반 아탈

**Cast** 안톤 옐친(소년)
올리비아 설비(약사의 딸)
제임스 칸(약사 리콜리)

**Wine** 샴페인 뵈브 클리코(프랑스 샹파뉴)

## 병나발 불어도 뵈브는 역시 뵈브

「뉴욕 아이 러브 유」는 뉴욕을 배경으로 열한 편의 단편이 옴니버스 형식으로 얽혀있는 영화다. 무려 열한 명의 감독이 연출을 맡은 이 영화는 사공이 많은 배 위에 올라탄 기분이랄까? 십여 분 간격으로 바뀌는 이야기에 머릿속이 뒤엉켜 버리지만, 그래도 몇몇 에피소드는 아직까지 눈에 그려질 만큼 인상적이었다. 여기서는 브렛 래트너 감독이 연출한 풋풋한 사랑 이야기 속 와인을 소개하려 한다.

졸업 파티를 앞두고 여자친구에게 차여 우울한 소년 안톤 옐친은 익숙한 듯 약국 안으로 들어간다. 안톤의 사정을 이미 잘 아

는 약사는 졸업 파티에 자신의 딸과 함께 가라며 적극적으로 밀어준다. 약사가 아니라 군 부대 사령관이 어울릴 것만 같은 압도적인 카리스마의 아저씨가 지갑에서 꺼낸 딸의 사진은 안톤의 완벽한 이상형 그 자체다. 다음 날 안톤은 리무진에 샴페인을 준비해 그녀를 데리러 간다. 두근거리는 심장을 부여잡고 마주한 그녀는 알고 보니 하반신 불구였다.

파티장에서 친구들의 안쓰러워하는 시선을 한몸에 받게 된 안톤은 우울하기만 한데, 약사의 예쁜 딸은 그저 쾌활하게 파티의 순간을 즐기고 있다. 휠체어를 타고 신나게 춤을 추는 그녀를 보조하며 졸업 파티를 끝내고 나온 안톤. 이제 그녀를 무사히 돌려보내 주는 일만 남았지만, 얄궂은 고교 동기들이 안톤의 리무진을 타고 달아난다. 불행 중 다행인 건 안톤이 준비했던 뵈브 클리코*Veuve Clicquot* 샴페인만큼은 창밖으로 던져준 것. 걱정이 구만리인 안톤과 달리 해맑은 그녀는 공원으로 가자며 안톤을 이

끈다. 공원 벤치에서 밤하늘을 바라보며 샴페인을 나눠 마시는 두 사람. 잔도 없이 주거니 받거니 벌컥벌컥 샴페인을 들이키는 두 사람의 모습이 너무나 사랑스럽다.

뵈브 클리코는 1772년부터 샴페인을 만들어온 역사적인 샴페인 하우스다. 샴페인 하우스의 이름은 초기에 양조장을 이끌었던 뵈브 클리코 퐁사르당*Veuve Clicquot Ponsardin* 여사의 이름에서 따왔다. 27살에 남편을 여의고 평생을 와이너리에 바친 이 여인은 샴페인 양조에 있어서 아주 획기적인 발명을 해낸 인물이다.

잠깐 와인 상식을 짚고 넘어가자면, 많은 이들이 기포가 있는 와인을 샴페인이라고 부르지만 프랑스 샹파뉴*Champagne* 지방에서 만든 스파클링 와인만 샴페인이라고 부를 수 있다. 샹파뉴는 프랑스식 발음, 샴페인은 영어식 발음으로, 지명이 곧 와인의 이름이 된 셈이다.

샴페인을 만드는 과정은 길고 고되다. 우선 양조를 끝낸 화이트 와인을 병 안에 넣고 그 안에 소량의 당분과 효모를 함께 넣은 후 단단히 밀봉한다. 그러면 병 안에서 효모가 당분을 먹어 치우는 발효 과정이 일어나면서 이산화탄소가 만들어진다. 단단히 밀봉된 병 안에서 빠져나갈 길이 없는 이산화탄소가 와인에 그대로 녹아들면서 기포가 있는 스파클링 와인이 탄생하는 것이다. 샴페인은 이렇게 병입 숙성 중인 와인을 지하 셀러에서 수년 동안 보관한다. 그리고 이 과정에서 샴페인의 구수한 풍미가 생겨난다. 인위적으로는 절대 만들어낼 수 없는 시간의 선물이다.

문제는 병 안에 생기는 찌꺼기다. 활동을 끝낸 효모는 장렬히 전사하고 그 잔여물이 남는다. 이 찌꺼기를 제거하는 획기적인 방법을 개발한 곳이 바로 뵈브 클리코 샴페인 하우스다. 뵈브 클리코는 퓌피트르*Pupitre*라는 A자 형태의 나무 랙을 만들어서 양쪽 면에 와인병을 45도 정도의 각도로 거꾸로 꽂아 넣을 수 있는 구멍을 뚫었다. 이렇게 기울어져서 거꾸로 꽂힌 와인병을 사람이 매일 정해진 시간에 조금씩 돌려주면 병목에 찌꺼기가 모이게 된다. 이 작업을 불어로는 르뮈아주*Remuage*, 영어로는 리들링*Riddling*이라고 부른다.

그러면 이렇게 모인 찌꺼기는 어떻게 제거할까? 일정 시간이 지난 뒤에 병목을 차가운 물에 넣어 일시적으로 찌꺼기를 얼린다. 그 상태에서 병을 똑바로 세워서 마개를 오픈하면 이산화탄소가 만들어 낸 압력에 의해 찌꺼기가 자연스럽게 밀려 나오게 된다. 이때 찌꺼기와 함께 유실된 약간의 샴페인을 보충해주고 샴페인 코르크를 박으면 완성!

과거에는 모든 샴페인 하우스에서 뵈브 클리코가 개발한 퓌피트르를 이용해 샴페인을 숙성시켰지만, 이제는 대량의 샴페인을 한 번에 꽂아놓고 자동으로 리들링을 해주는 지로팔레트*Gyropalette*라는 기계가 생겼다. 사람이 일일이 돌리는 수고를 덜긴 했지만, 뭐랄까 낭만은 사라진 느낌이다. 규모가 작은 곳이나 고급 샴페인의 경우 여전히 퓌피트르에서 와인을 숙성시킨다.

과거에는 샴페인을 능가하는 스파클링 와인을 찾기 힘들었지만, 이제는 스페인의 까바*Cava*, 이탈리아의 스푸만테*Spumante*, 독일의 젝트*Sekt*에서도 고급 스파클링을 만날 수 있게 됐다. 기포의 세계를 탐험하며 샴페인만큼 맛있고 가격은 저렴한 와인을 만나는 기쁨은 숨겨져 있던 명작을 만나는 즐거움과 같다고 생각한다.

영화 속 두 사람의 밤은 아직 끝나지 않았다. 두 사람의 로맨스는 영화를 통해 확인하기를. 너무나 깜찍한 반전이 기다리고 있을 것이다.

# 「킹스맨: 시크릿 에이전트」, 해리와 발렌타인의 와인 승부

*Kingsman: The Secret Service*

**Director** 매튜 본
**Cast** 콜린 퍼스(해리)
태런 에저튼(에그시)
사무엘 L. 잭슨(발렌타인)

**Wine** 샤토 라피트 로칠드 1945,
샤토 디켐 1937(프랑스 보르도)

**와인에 담긴 메시지로 벌인 승부의 승자는?**

"매너가 사람을 만든다(Manners maketh man)." 극중 해리의 명대사가 먼저 떠오르는 「킹스맨」. 영화는 영국 최초의 독립 정보기관 킹스맨의 베테랑 요원 해리 하트, 해리의 도움으로 킹스맨으로 성장하는 에그시, 이에 맞서는 백만장자 악당 발렌타인, 이 세 인물을 주축으로 전개된다. 세계적인 IT 기업을 운영하고 있는 CEO 발렌타인은 가이아 이론에 사로잡힌 인물로, 이산화탄소 배출량을 줄여서 죽어가는 지구를 살리려고 하지만 뜻대로 되지 않자 '차라리 인류를 제거하자'라는 생각에 빠져 있다.

발렌타인은 인공위성을 이용한 무료 인터넷을 미끼로 전 세

계 사람들이 자기 회사의 유심칩을 사용하게 만든 뒤, 유심에 숨겨놓은 인간의 폭력성을 증폭시키는 기능을 작동해 인류를 제거하고자 한다. 그리고 그의 계획에 동조한 세계 여러 권력층과 VIP들에게만 전파를 차단할 수 있는 칩을 이식하고, 노아의 방주 같은 방공호를 제공한다. 모든 계획이 완벽했으나 결국 킹스맨에 의해 계획이 들통나고, 발렌타인을 막기 위한 킹스맨의 활약이 펼쳐진다.

영국 신사들의 활약담이 이어지는 만큼 그들이 즐기는 술이 연이어 등장한다. 물론 와인이 빠질 수 없다. 특히 발렌타인의 저녁 만찬에 초대받은 해리의 저녁 식사 장면은 와인과 관련된 세련된 풍자로 와인 애호가들에게 환호받는 명장면이다.

해리를 위해 발렌타인이 준비한 와인은 1945년산 샤토 라피트 로칠드*Chateau Lafite Rothschild*다. 이전에도 설명한 1855년 그랑 크뤼 클라세의 1등급(21쪽 참고)에 속한 샤토 라피트 로칠드는 명품 중의 명품 와인이라 할 수 있다. 이 와인을 준비한 발렌타인의 배려에 감탄했다면, 그 속에 담긴 의미를 다시 들여다봐야 한다.

우선 1945년의 숨겨진 의미를 보면, 제2차 세계대전 이후 영국에서 미국으로 대세가 바뀐 해를 강조한 것으로 볼 수 있다. 영국인인 해리를 비꼰 것이다. 그리고 저녁 식사로 준비한 맥도날드를 서빙하는 장면이 정말 압권이다. 여기서 해리는 의연하게 빅맥을 선택한다. 그리고 이어지는 강력한 카운터펀치 같은 해리의 대사.

"후식으론 트윙키와 1937년산 샤토 디켐이 어떻겠습니까?"

트윙키는 노란 케이크 안에 하얀 크림이 들어있는 미국인의 국민 간식이다. 또한 동양인이지만 내면의 사고방식은 백인인 아시아계 미국인을 뜻하는 속어로도 쓰인다. 물론 영화에서는 흑인인 발렌타인을 비꼬는 뜻으로 뱉은 말이다. 이보다 멋지게 맞받아칠 수 있을까?

샤토 디켐*Chateau d'Yquem*은 프랑스 보르도 소테른*Sauternes*의 귀부 와인으로 디저트 와인으로서는 타의 추종을 불허하는 최고급 와인이다. 귀부의 귀(貴)는 귀할 귀, 부(腐)는 썩을 부로, 직역하면 귀하게 썩었다고 말할 수 있다. 영어로는 노블 롯*Noble Rot*이라고 하는데, 마찬가지로 귀하게 썩었다는 뜻. 이런 이름이 붙은 이유는 귀부 와인이 보트리티스 시네레아*Botrytis Cinerea*라는 회색 곰팡이에 의해 탄생하기 때문이다.

이 특이한 곰팡이는 습기가 많은 지역에 생기는데, 기후 조건만 잘 맞으면 오히려 포도에게 특별함을 주는 자연의 선물이 될 수 있다. 보통 귀부 와인으로 유명한 곳은 근처에 호수나 강이 있다. 때문에 아침에 물안개가 낀다. 대신 낮에는 이 습기를 날려줄 수 있는 따뜻하고 온화한 햇빛이 필요하다. 곰팡이가 포도껍질을 손상시킨 포도에 햇살이 내리쬐면 수분이 증발하면서 겉으로 보기에 상한 것처럼 쪼글쪼글해지고 안으로는 당과 산이 강하게 농축된다.

안타깝게도 곰팡이가 포도밭 전체에 일률적으로 나타나는 경우는 없기 때문에 완벽하게 귀부 현상이 일어난 포도알만 골라 손으로 수확하며, 평균적으로 포도나무 한 그루당 와인 한 잔 만들 정도의 양만 얻을 수 있다고 한다. 고된 노동으로 수확된 포도는 드디어 양조실로 옮겨지는데, 포도의 수분이 거의 없어서 즙을 짜내는 데도 많은 어려움이 따른다. 포도즙은 발효하기 위해 오크통으로 옮겨지지만, 농축된 당분 때문에 발효가 더뎌서 무려 1년이나 소요되기도 한다.

무사히 발효를 마친 와인은 대체로 13~14%의 알코올 도수를 지니고 잔여 당도가 10% 정도 되는 폭발적인 감미의 귀부 와인으로 탄생한다. 귀부 와인의 대명사이자 영화에서 거론되는 샤토 디켐의 경우 오크통에서 발효 후 3년 동안 오크통에 그대로 두어 숙성시킨다.

해리가 그 많은 빈티지 중에서 굳이 1937년을 선택한 것은 1937년이 미국이 두 번째 대공황에 빠진 최악의 해이기 때문이다. 서로 치고받기 전에 이미 둘은 와인으로 한판 승부를 펼쳤고, 승자는 해리인 것 같다.

# 「남극의 셰프」와 모토의 생일날 마시는 와인

## The Chef Of South Polar

**Director** 오키타 슈이치

**Cast** 사카이 마사토(니시무라 준), 코라 켄고(형님)
토요하라 코스케(의사), 나마세 카츠히사(Mr.모토)
키타로(타이조), 쿠로다 다이스케(본)
후루타치 칸지(주임), 코하마 마사히로(히라씨)
니시다 나오미(미유키)

### 남극에서 로스트 비프에 와인을?

'오늘 뭐 먹지?' 매일 반복되는 인생의 과제이자 행복이다. 필자는 4년 전 제주도로 이주해왔다. 그것도 아주 조용하고 한적한 바닷가마을 포구 앞에 자리를 잡았다. 매일 이어지는 조용하고 단조로운 일상에서 한 가지만큼은 뚜렷해지는 것이 있다. 그건 바로 음식에 대한 열망이다. 코로나 시대에 배달음식들이 그렇게 다양해졌다는데, 필자의 핸드폰 속 배달어플에는 아직도 배달 가능한 음식이 치킨집 한 곳뿐이다. 마트도, 약국도, 은행도 없는 이 마을에서 신선한 식재료는 아주 소중하다.

서론이 길었던 것은 음식에 대한 집념이 깊었던 등장인물들에게 얼마나 공감했는지 설명하기 위해서였다. 영화 「남극의 셰프」는 평균기온 -54°C의 극한지(極寒地, coldest place)인 남극

돔 후지*Dome Fuji* 기지에서 414일의 시간을 보내야 하는 8명의 관측 대원들 이야기다. 해발 3,810m 설원 위 허허벌판 남극기지에서 고립된 생활을 하는 대원들의 무료한 일상 속에서 대원들을 버티게 해주는 힘은 조리 담당 대원 니시무라 준이 만들어내는 따뜻한 한 끼 식사다.

8명은 그 어느 때보다 음식에 대한 집념이 강하다. 영화는 시종일관 니시무라 준의 손에서 만들어지는 실로 다양한 음식들의 향연을 보여준다. 남극에서 이것도 가능하다고? 의문을 가질 정도다. 그리고 하이라이트는 빙하학자 모토의 생일날 그가 간절히 원했던 스테이크를 준비해주는 장면이다.

귀하디귀한 소고기 덩이를 구해온 니시무라는 한 번에 고기를 구워낼 팬이 없자, 큰 꼬챙이에 고기를 덩어리째 꽂아 눈밭으로 가지고 나온다. 고기에 불을 붙인 후, 마치 봉화를 들고 달리는 선수처럼 타오르는 고기를 들고 눈밭을 뛰어다닌다. 이렇게 완성된 로스트 비프는 와인과 함께 모토의 생일상에 오른다.

남극에서 로스트 비프에 와인이라니 1년간 맛도 보지 못했던 스테이크를 처음 입으로 넣었을 때 그 감동이 얼마나 컸을까? 그들이 마신 와인이 너무나도 궁금했지만, 영화에서는 레이블을 볼 수 없었다. 언뜻 레이블이 보르도 와인처럼 보이기도 했으나 몇 가지 이유로 아르헨티나 와인이라 짐작했다.

첫 번째 이유. 남극에 최초로 기지를 세운 국가는 다름 아닌 아르헨티나다. 아르헨티나는 남극에 위치한 라우리 섬에 무려 120여 년 전인 1904년 세계 최초의 남극기지인 오르카다스 베이스를 세웠다. 아르헨티나가 남극에 첫 깃발을 꽂은 것은 어찌 보면 당연한 일이다. 왜냐면 남극에서 가장 가까운 도시가 바로 아르헨티나의 최남단 도시 우수아이아*Ushuaia*이기 때문이다. 그야말로 세계의 끝이다. 그러니 남극기지에서 소고기와 와인을 구한다면 당연히 아르헨티나산이 싸고 신선할 수밖에 없다.

두 번째 이유. 아르헨티나는 소고기와 와인이 유명하다. 이들 속담 중에는 "축구, 아사도, 와인은 아르헨티나인의 열정(Fútbol, asado y vino son las pasiones del pueblo argentino)"이라는 말이 있다. 아사도는 아르헨티나 대초원에서 목동 생활을 하는 유목민들이 즐겨 먹던 소고기 구이로 아르헨티나 대표 요리다. 필자도 아르헨티나를 여행할 때 삼시세끼 소고기를 먹었다. 한국에서는 금전적으로 부담스러운 식단이겠지만 아르헨티나는 그만큼 소고기가 싸고 질이 좋다.

그리고 와인. 2020년 국제와인기구 OIV에서 조사한 바에 따르면 아르헨티나는 와인 생산량 세계 5위다. 아르헨티나 와인이라고 하면 가장 유명한 멘도사*Mendoza*가 먼저 거론되지만, 아르헨티나 최남단에 위치한 파타고니아*Patagonia*도 매력적인 와인 산지다. 현재 가장 영향력 있는 와인 평론가인 제임스 서클링은 2020년 올해의 와인으로 파타고니아의 보데가 차크라 피노 누아*Bodega Chacra Pinot Noir*를 선정했다. 파타고니아는 선선하고 건조한 와인 생산지로 말벡*Malbec*, 피노 누아를 위시해 우아한 레드 와인을 생산하고 있다. 특히 아르헨티나인들에게 소고기는 말벡이며, 말벡은 소고기다. 그만큼 둘은 떼려야 뗄 수 없는 관계인 셈이다. 일본인들이 유럽 와인을 좋아한다고 해도 이렇게 남극과 가까운 곳에 질 좋은 아르헨티나 와인이 있으니 다른 와인을 마셨다고 생각하기는 어렵다. 그들에겐 그 어떤 와인이라도 맛있었겠지만 말이다.

# 「아이언맨 3」, 토니 스타크가 셀러에 쟁여둔 와인

## Iron Man 3

**Director** 셰인 블랙

**Cast** 로버트 다우니 주니어(토니 스타크)
기네스 팰트로(페퍼 포츠)
벤 킹슬리(만다린)
돈 치들(제임스 로디)
가이 피어스(알드리치 킬리언)

**Wine** 헌드레드 에이커 카베르네 소비뇽(미국 나파 밸리)
루이 자도 마콩 빌라주 블랑(프랑스 부르고뉴)

## 최고를 즐기는 아이언맨의 와인

영화는 아이언맨 토니 스타크의 과거와 현재를 보여주며 시작한다. 토니는 1999년 스위스 과학 세미나에서 두 명의 과학자를 만나는데, 프로젝트 익스트리머스의 과학자 마리아 한센과 토니의 열혈 팬이자 괴짜 과학자 알드리치 킬리언이 그 주인공이다. 엘리베이터에서 집요하게 면담을 원하는 킬리언에게 옥상에서 만나자며 올려보내고는, 마리아와 밤을 보내느라 토니는 그와의 약속을 잊어버리고 만다.

시간은 현재로 돌아오고, 아이언맨의 슈트 개발에 몰두하는 토니. 그는 아이언맨 슈트의 기초가 되었던 마크1에서부터 마크42까지 기능을 새롭게 개선하면서 슈트를 원격으로 조절하는 수준까지 끌어올리게 된다. 엄청난 부와 천재적인 두뇌를 지녔지만, 어벤저스 전쟁에서 얻은 트라우마와 영웅으로 사는 것에 대한 회의감에서 비롯된 불면증으로 괴로워하며 어두운 삶을 살고 있다. 연인 페퍼와의 관계도 점점 소원해진다.

테러범 만다린의 등장으로 세상이 다시 어지러워졌을 때 토니는 만다린에게 전쟁을 선포하면서 방송에서 자신의 집 주소를 불러준다. 그러나 만다린은 연기자였고, 진짜 적은 토니가 과거에 무시했던 괴짜 과학자 킬리언과 그의 부하가 된 마리아 한센이다. 토니는 다시 자신의 모든 것을 걸고 연인과 미국을 지켜내야 한다.

아이언맨 3에서 토니 스타크는 여전히 매력이 넘쳤으며, 한층 업그레이드된 아이언맨 슈트 액션은 화려한 볼거리를 선사했다. 거기에 필자를 흥분하게 만든 게 한 가지 더 있다. 미국 최고의 군수 사업업체인 스타크 인더스트리의 대표 토니 스타크의 와인 취향을 파악할 수 있었다는 것. 그는 자신의 아이어맨 슈트를 보관하는 지하 벙커 바로 위에 와인 셀러를 구비해뒀다. 그리고 그가 마시는 와인의 레이블이 필자의 시선에 포착되었다.

헌드레드 에이커 카베르네 소비뇽*Hundred Acre Cabernet Sauvignon*.

영화 「내 아내의 모든 것」(45쪽)에서 소개한 그 컬트 와인이다. '컬트*Cult*'가 숭배를 뜻하는 라틴어 '컬투스 *Cultus*'에서 비롯되었다는 것에서도 짐작할 수 있듯이, 컬트 와인의 희소성에 열광하는 수집광들이 있다. 그래서 컬트 와인은 돈을 주고도 사기 힘든 와인이란 이미지가 늘 따라붙는다.

헌드레드 에이커의 연간 생산량은 1만2천 병으로 매년 3천 명이 넘는 와인 애호가들이 대기 리스트에 몰려든다. 와인 한 병의 가격은 100만 원 중반에서 빈티지에 따라 수백만 원을 호가한다. 2002년부터 2015년까지 헌드레드 에이커의 다섯 가지 와인들은 무려 22차례 로버트 파커 포인트 100점을 받아내는 명예로운 기록을 달성하기도 했다.

헌드레드 에이커의 시작은 1998년이다. 설립자인 제이슨 우드브릿지는 미국 나파 밸리에서 100% 카베르네 소비뇽 품종으로 최상급 와인을 만들겠다는 목표를 세웠다. 그는 포도를 수확할 때 건강한 포도알만 꼼꼼히 골라낸 후, 그로부터 얻어낸 고품질의 즙으로 천천히 저온 발효를 진행하고, 28개월 동안 배럴 숙성을 통해 강인한 와인을 만들어낸다. 와인 평론가들은 그의 와인이 묵직하면서 화려하고 크리미한 질감을 가지고 있다고 평가한다. 그는 생산량을 늘리지 않고 완벽한 와인을 완성하는 것에 집중한다.

한 가지 더. 제이슨 우드브릿지는 자신의 와인을 세계 곳곳에 고루 배분하기 위해 노력한다고 한다. 현재 30여 개국에 자신의 와인을 수출하고, 한국에는 80병의 와인을 배정한다. 만약 이 와인을 한국에서 맛보길 희망한다면 오랜 기다림에 더해 행운까지 따라줘야 할 것이다.

여담으로 헌드레드 에이커 와이너리의 이름에는 귀여운 아이디어가 담겨 있다. 바로 만화 「곰돌이 푸」에 등장하는 상상 속의 마을 헌드레드 에이커 숲에서 이름을 따왔다는 것. 제이슨이 미국 투자 은행의 펀드 매니저로 근무할 때 자연과 함께 가족들과 어울려 사는 삶을 꿈꾸면서 와이너리의 이름을 지었다고 한다. 또한 레이블에 그려진 다섯 개의 별은 우드브릿지의 다섯 자녀를 뜻한다. 로스차일드 가문의 문장을 장식하고 있는 5개의 화살이 로스차일드 가문의 다섯 아들을 표현한 것과 비슷하다.

헌드레드 에이커는 항상 최고의 것을 추구하고, 최고를 가질 만한 자격이 있는 토니 스타크의 취향과 꼭 맞아떨어지는 와인이다. 물론 토니가 매일 이런 컬트 와인만 마신다고 생각되지는 않는다. 그는 퇴근 후 집에 돌아온 연인 페퍼를 위해 루이 자도 마콩 빌라주 블랑*Louis Jadot Macon Villages Blanc*을 오픈해 잔에 따라놓는 섬세함을 가지고 있기도 하다. 다행히 루이 자도 마콩 빌라주는 주머니 사정이 가벼운 이들도 충분히 맛볼 수 있는 와인이니, 페퍼를 향한 토니의 배려를 떠올리며 마셔봐도 좋겠다.

# 「사이드웨이」와 샤토 슈발 블랑 1961

## Sideways

Director 알렉산더 페인

Cast 폴 지아마티(마일스)
토마스 헤이든 처치(잭)
버지니아 매드슨(마야)
산드라 오(스테파니)

Wine 샤토 슈발 블랑 1961(프랑스 보르도)

## 슈발 블랑을 마시는 날이 특별한 날이 된다

와인 애호가들에게 좋아하는 와인 영화를 묻는다면 단언컨대 「사이드웨이」가 포함되어 있을 것이다. (342쪽에 소개한 영화 「산타 바바라」의 주인공들은 「사이드웨이」 속 와인과 촬영지에 대한 로망으로 인연이 시작된다.) 2005년 골든글로브 최우수 작품상, 각본상을 거머쥐었던 만큼 각본, 연출력, 연기력은 물론, 화면을 채우는 와인들의 생생한 매력까지 모든 것이 완벽했던 작품이다.

영어 교사이자 열혈 와인 애호가인 주인공 마일스는 이혼의 아픔과 외로움을 오로지 와인으로 달래고 있다. 그는 직접 쓴 소설을 출판사에 보내놓고 출간 결정을 기다리는 중이다. 마일스의 절친한 친구이자 한물간 배우인 잭은 결혼을 앞두고 있지만, 약혼녀가 없는 곳에서는 여자라면 들이대고 보는 플레이보이다.

결혼을 일주일 앞둔 잭의 총각파티를 겸해 마일스와 잭은 산타 바바라로 와인 여행을 떠난다. 문제는 산타 바바라에서 이 둘을 기다리는 것이 와인만은 아니었다는 점이다. 웨이트리스인 마야와 마야의 화끈한 친구 스테파니가 나타나면서 두 남자의 여행은 로맨스로 물들어간다.

소심한 마일스는 와인을 공감대로 마야와 교감하면서 조심스럽게 마음을 열게 된다. 이와 반대로 잭과 스테파니는 첫 만남부터 불꽃이 튄다. 둘의 만남은 위험할 정도로 뜨겁기만 한데, 잭이 결혼을 앞두고 있는 예비 신랑이라는 사실을 숨겼으니 이 관계가 무사할 리는 없다. 와인이라면 사족을 못 쓰는 남자 마일스와 여자에게는 한없이 약한 남자 잭. 둘은 무사히 여행을 마치고 돌아올 수 있을까? 산타 바라라에서 펼쳐지는 네 사람의 관계가 어떻게 끝을 맺게 될지는 즐거운 감상거리로 남겨두고, 영화에서 와인 애호가들이 가장 애정을 갖는 장면에 관해 이야기해보자.

바로 영화의 말미에 마일스가 아끼고 아껴두었던 샤토 슈발 블랑*Chateau Cheval Blanc* 1961년산을 마시는 순간이다. 앞서 영화의 중반 즈음 슈발 블랑을 특별한 순간에 마시고 싶다고 말하는 마일스에게 마야가 말했었다.

"슈발 블랑을 마시는 날이 바로 특별한 순간이에요."

때로는 와인 한 병이 아무 의미 없던 날을 의미 있게 만들어 주기도 한다. 영화를 보는 내내 마일스가 도대체 언제 누구와 슈발 블랑을 오픈하게 되는가를 궁금해하며 그 순간을 기다렸다. 그런데 관객의 기대를 단박에 깨부수고, 마일스는 패스트푸드점 안에 앉아 있다. 그것도 슈발 블랑을 의자 옆에 숨겨놓고 콜라컵에 따라 마시며 햄버거를 먹는 것이 아닌가! 슈발 블랑을 변변한 잔도 없이 마시는 마일스가 안쓰럽다가 또 그 와중에 눈을 감고 와인을 음미하는 마일스를 보니 웃음이 터졌다. 그 순간부터 「사이드웨이」의 열혈 팬이 되었던 것 같다.

상황이 어찌 됐든, 슈발 블랑을 패스트푸드점에서 플라스틱 컵에 따라 마시는 건 좀 너무했다는 생각이 든다. 슈발 블랑은 의심할 여지없이 보르도 최고의 와인 중 하나다. 지난 50여 년간 생테밀리옹 최고의 와인 자리를 지켜왔으며 지금도 그 명성은 굳건하다. 보르도의 세부 와인 산지인 생테밀리옹은 독자적인 와인 등급 체계가 있다. 1955년 생테밀리옹 와인 등급이 지정되었을 때, 가장 뛰어난 와인만이 리스팅될 수 있는 프뤼미에 그랑 크뤼 클라세 A 등급에 단 두 곳의 와이너리만이 이름을 올렸다. 그 중 하나가 슈발 블랑이다.

1961년 슈발 블랑의 맛이 궁금해서 이곳저곳 서적과 웹사이트를 기웃거리며 찾아봤는데 웃돈을 줘도 구하기 힘든 61년 빈티지를 시음한 전문가의 평을 찾아내기가 힘들었다. 그런데 등잔 밑이 어둡다고 했던가. 매우 당연하고 가까운 곳에서 해답을 찾았다. 바로 이 와인을 생산하는 슈발 블랑의 공식 홈페이지에서다. 와이너리 홈페이지에는 1919년부터 2018년까지 그해의 작황과 슈발 블랑의 테이스팅 노트(심지어 언제 그 와인을 테이스팅했는지까지!)가 자세하게 나와 있다.

1961년은 슈발 블랑에게 특별한 해였다. 5월 말에 예기치 않은 서리가 포도밭을 덮쳤지만, 그 위기는 오히려 기회가 됐다. 서리로 인해서 포도가 일부 손실되었으나 이어진 날씨가 환상적으로 좋아서 오히려 남은 포도에 영양분이 농축되는 결과를 낳았던 것이다. 농축된 포도를 수확하기 위해 포도나무 한 그루당 포도의 수확량을 제한하는 것은 최근에는 흔한 일이다. 포도 열매의 색이 물들기 전에 일부러 일정량의 포도송이를 제거하는 작업을 그린 하베스트라고 부른다.

와이너리의 기록에 따르면, 1961년 빈티지의 슈발 블랑을 2010년 4월 15일에 오픈했으며, 와인은 여전히 매우 농축된 질감과 탄닌이 느껴지고 신선하다고 표현하고 있다. 영화는 2004년에 개봉했으니, 그때쯤 슈발 블랑 1961 빈티지는 환상적인 퍼포먼스를 보여주었을 것으로 예상된다. 그렇다면, 비록 콜라컵에 담아 마시지만, 마일스의 황홀한 표정도 납득이 된다. 아이러니한 건 마일스는 극중에서 메를로 품종으로 만든 와인을 싫어하고 피노 누아를 찬양하는데, 이 위대한 와인 슈발 블랑은 자주 블렌딩의 조연처럼 여겨지는 메를로와 카베르네 프랑으로 만든다는 점이다.

## 영화에서 주인공들이 마시는 와인 리스트

*Byron* 영화 초반, 마일스가 운전해서 가는 차 안에서 마시는 스파클링 와인. 영화에서 마일스가 언급한 것처럼 더 이상 이 와이너리는 스파클링 와인을 생산하지 않는다.

*Sanford Vin Gris Rose* 잭과 마일스가 처음으로 방문한 와이너리에서 테이스팅한 와인.

*Bien Nacido Pinot Noir* 실제 레스토랑 겸 바이자 영화 촬영지로 지금은 명소가 된 히칭 포스트2*Hitching Post II*에서 마일스와 잭이 바에 앉아 마시는 와인.

*Kayla Chardonnay Cabernet Franc* 스테파니를 처음 만나는 와이너리. 샤르도네와 카베르네 프랑, 두 가지를 시음한다. 마일스는 이 와인들을 매우 혹평하는데, 스테파니는 그 의견에 동감한다.

*Fiddlehead Cellars Sauvignon Blanc* 4명의 주인공이 더블 데이트를 하는 LOS OLIVOS 레스토랑에서 마시는 첫 번째 와인. 이미 레스토랑에 와 있던 마야와 스테파니가 마시고 있던 와인이다.

*Whitcraft Pinot Noir* 두 번째 와인.

*Sea Smoke Botella Pinot Noir* 세 번째 와인.

*Kistler Pinot Noir* 네 번째 와인.

*Dominique Laurent Pommard 1er Cru Les Charmots* 다섯 번째 와인.

*Andrew Murray Roasted Slope Syrah* 스테파니 집에서 마야가 스테파니의 와인 셀러에서 꺼내 마일스와 함께 마신 와인.

*Hartley Ostini Hitching Post Highliner Pinot Noir* 혼자가 된 마일스가 히칭 포스트 바에 앉아 마시는 와인.

*Frass Canyon* 책 출판을 거절당한 마일스가 와인을 버킷째 들이마시는 장면을 찍은 와이너리.

*Chateau Cheval Blanc* 마일스가 패스트푸드점에서 홀로 마시는 와인.

# 「뉴욕의 가을」과 석양빛 로제 와인

Autumn In New York

**Director** 조안 첸
**Cast** 리처드 기어(윌 킨)
위노나 라이더(샬롯 필딩)
베라 파미가(리사 테일러)

## 도시의 석양 아래 로제 와인을 들고서

「뉴욕의 가을」은 제목처럼 뉴욕을 배경으로, 가을에 다가온 사랑을 그려낸 영화다. 뉴욕에서 레스토랑을 운영하는 윌은 중년의 나이지만 여전히 여자들의 시선을 한몸에 받는 매력남이면서 알아주는 바람둥이다. 그는 자신의 레스토랑에서 생일 파티를 하고 있는 샬롯을 만나게 되는데, 샬롯의 작고한 엄마는 자신의 옛 연인이다. 그러니까 옛 연인의 딸 샬롯이 그의 눈에 들어온 것이다.

반면 순수한 샬롯은 너무나 쉽게 윌과 사랑에 빠진다. 윌은 바람둥이 기질을 버리지 못하고 샬롯에게 상처를 주지만, 그녀는 그런 윌의 옆자리를 꿋꿋하게 버텨낸다. 윌은 그런 그녀를 보면서 진정한 사랑의 의미를 깨닫게 되고, 순애보적인 사랑꾼으로 변한다. 여기까지는 괜찮은 로맨스 서사라는 생각이 든다. 그런데 이 영화는 한 발 더 나가고 싶었던 것 같다. 둘의 진정한 사랑이 시작될 때 샬롯에게 시한부라는 설정을 부여한다. 이렇게 영화는 신파의 길을 걸어간다.

그럼에도 이 영화를 좋아하는 이유는 샬롯을 연기한 위노나 라이더의 리즈 시절이 너무나 아름다웠고, 리처드 기어의 회색 장발이 너무나 매력적이었으며, 이 두 사람을 둘러싼 뉴욕의 가을이 너무나 아름답기 때문이다.

영화에는 윌에게 중요한 여자가 한 명 더 등장한다. 윌이 젊은 시절 낳았지만 끝내 외면했던 딸 리사다. 오랜 시간 딸을 잊고 살았던 윌은 박물관에서 성인이 된 리사를 알아보고는 쫓아간다. 그녀를 붙잡지는 못했지만 박물관 직원을 통해 그녀의 이름이 리사임을 듣게 되면서 자신의 딸임을 확신한다. 연인 샬롯과 동년배인 딸이 같은 도시에 있으니 딸 리사에게 자신을 어떻게 드러내야 할지 마음이 복잡하다. 상념에 잠긴 윌은 옥상으로 올라간다. 뉴욕의 하늘은 붉은 노을로 물들어 있고 윌의 손에는 노을빛을 닮은 로제 와인 한 잔이 들려있다. 바람에 흩날리는 갈대 사이로 멋드러진 회색 머리카락을 나부끼며 와인을 마시는 이 남자. 중년의 리처드 기어가 풍기는 분위기와 함께 이 장면은 오래도록 잊혀지지 않는다.

사실 로제만큼 오해를 많이 사는 와인도 없다. 많은 이들이 로제는 레드 와인과 화이트 와인을 섞어서 만들고, 맛도 달콤할 거라 생각한다. 그러나 대체로 로제 와인은 달콤하지 않으며, (예외가 있지만) 이미 만들어진 레드와 화이트 와인을 섞어서 만들지도 않는다.

로제 와인은 크게 세 가지 방법으로 만든다. 이 중 가장 대중적인 것이 마세라시옹 방법*Maceration Method*이다. 여기서 마세라시옹은 우리나라 말로 침용이라고 하는데, 적포도의 즙과 껍질을 장시간 접촉시켜서 껍질로부터 색과 폴리페놀을 얻는 것을 말한다. 레드 와인의 경우 이 마세라시옹을 6~15일 정도 길게 함으로써 색을 진하게 우려내고, 로제 와인은 6~48시간 정도로 짧게 접촉함으로써 아름다운 핑크빛을 얻어낸다. 때문에 노을을 닮은 로제 와인의 색을 내려면 반드시 적포도가 필요하다.

전통적으로 로제 와인으로 유명한 곳은 프랑스의 타벨*Tavel*과 프로방스*Provence* 지역이다. 특히 프로방스는 전체 와인 생산량의 89%가 로제 와인이다. 그야말로 로제 와인의 천국이다. 가볍고 저렴한 로제 와인에서부터 세계의 와인 애호가들을 홀리는 프리미엄 로제 와인들을 고루고루 만날 수 있다. 물론 드라이한(달지 않은) 스타일이 대부분이다.

한 가지 더. 유럽 PDO 등급에서는 만들어진 레드와 화이트 와인을 섞어서 로제 와인을 만드는 것을 금지했지만, 한 곳은 예외를 두었다. 바로 샴페인의 본고장인 샹파뉴다. 샴페인을 만드는 독특한 양조법은 오랜 시간을 거쳐 정립되어 왔기에 국가는 법으로 양조방식을 보호하고 있다. 그래서 로제 샴페인을 만들 때는 침용 시간을 조절해 와인의 색을 얻어내는 방법과 레드와 화이트 와인을 섞는 방법 모두 사용할 수 있다.

로제 와인 하면 연상되는 것들이 있었다. 화창한 햇살 가득한 오후, 풀밭, 테라스에 놓인 야외 테이블 같은 것들이다. 프로방스를 여행하며 마신 로제 와인들을 이런 풍광 속에서 만났기 때문에 그 이미지가 강렬하게 남아있었다.

그런데 영화 속에서 석양 아래 로제 와인을 들고 서성이는 윌을 보고 있자니 이 역시 완벽한 와인 타임이라는 생각이 든다. 머릿속이 복잡해지는 날 저녁노을을 바라보며 로제 와인을 오픈해보고 싶다.

# 「대부」의 독주, 그라파

Mario Puzo's
The Godfather

**Director** 프란시스 포드 코폴라
**Cast** 말론 브란도(돈 비토 코를레오네)
알 파치노(마이클 코를레오네)

## 중요한 순간마다 곁에 두고 마시던 술

「대부」는 영화 자체가 하나의 장르가 되었다고 생각해도 좋을 만큼 영화계에 진한 획을 그었다. 특히 금방이라도 기침을 할 것만 같은 허스키한 목소리, 불독같이 늘어진 볼살, 심연을 들여다볼 것만 같은 눈빛을 가진 주인공, 돈 비토 코를레오네 역을 맡은 말론 브란도의 명연기는 쉽게 잊히지 않는다. 당시의 평론가와 관객의 눈도 동일했는지 말론 브란도는 이 작품으로 아카데미 시상식, 골든 글로브 시상식, 전미 비평가 협회상에서 남우주연상을 휩쓸었다.

알 파치노의 명연기도 언급하지 않을 수 없다. 말론 브란도는 「대부」의 개봉 직후 다음과 같이 이야기했다고 한다.

"대부 촬영 당시 알 파치노에게 말을 아꼈지만, 나는 그가 미국뿐만 아니라 세계 최고 배우 중 하나라고 생각한다. 이 영화는 이런 내 생각을 똑똑히 증명했다. 허풍처럼 들리는가? 글쎄,

나는 살면서 절대로 과장을 해본 적이 없다. 나는 내 본업을 소중히 여기기 때문에 어디 가서 다른 배우들 찬사를 쉽게 하는 사람이 아니다."

프란시스 포드 코폴라 감독은 무명 배우였던 알 파치노의 연기를 보고 한눈에 반해 모두의 반대에도 불구하고 그를 주연으로 캐스팅했다고 한다. 제작사와 배우들의 반대 속에 촬영을 강행한 탓에 알 파치노는 자신이 언제 잘릴지 모른다는 극심한 불안감을 안고 연기를 해야 했다. 그러나 영화의 대미인 식당 암살 신을 찍고 나자 사람들은 그를 인정했고 알 파치노도 불안에서 벗어나 연기할 수 있었다고 한다.

영화는 뉴욕의 5대 마피아 패밀리 중 가장 큰 세력이었던 코를레오네 패밀리의 저택에서, 대부 돈 비토 코를레오네의 막내딸인 코니의 결혼식으로 시작한다. 와인으로 만든 상그리아가 가득한 피로연을 흥겹게 즐기는 사람들은 이때까지 자신의 가족

들에게 어떤 일이 벌어질지 알지 못한다. 평화로운 시간은 금세 지나가고 패밀리의 수장인 돈 비토 코를레오네가 저격을 당하면서 코를레오네 일가는 혼돈에 빠진다.

영화에는 와인이 여러 번 등장하지만, 특히 매력적으로 느낀 장면은 돈 비토 코를레오네가 그라파*Grappa*를 마시는 장면이다. 그는 사업 이야기를 나눌 때면 항상 그라파를 곁에 두고 마신다. 그라파는 엄밀히 말하면 발효주가 아니기 때문에 와인이라고 부를 수는 없지만 와인을 만드는 과정 중에 탄생한 술이다.

그라파는 포도로 만든 증류주로 이탈리아에서 포도송이를 그라폴로*Grappolo*라고 부르는 데서 유래했다. 늦가을, 수확이 끝난 포도는 양조장으로 가져가 가볍게 파쇄해서 발효 과정에 들어가는데, 발효가 끝난 뒤에는 포도의 껍질을 비롯한 찌꺼기가 남게 된다. 이 포도 찌꺼기를 증류해서 만든 것이 바로 그라파다.

찌꺼기로 만든 술이라니 싸구려 아닌가 하는 생각을 할 수 있지만, 본래 와인의 좋은 성분은 모두 껍질과 씨에서 나온다는 사실을 잊지 말자. 그라파는 브랜디나 위스키와는 달리 대부분 오크통에서 숙성을 거치지 않기 때문에 무색이다. 물론 숙성을 시켜서 갈색을 띠는 그라파도 있긴 하지만, 이탈리아 현지가 아니라면 만나보기 힘들다. 곡물을 증류해 만든 여타의 증류주보다 향이 근사하기 때문에 꼭 한번 시도해볼 만한 술이라고 생각한다.

이탈리아인의 그라파에 대한 애정은 남다르다. 식사 말미에 소화를 돕기 위해 늘 등장하는 게 그라파 한 잔이기도 하고, 에스프레소에 넣어서 즐기기도 한다. 십수 년 전에 이탈리아에서 지내며 음식을 공부했던 지인들의 경험담을 들어보면 기차역 카페에 서서 에스프레소 한 잔과 연달아 마시는 그라파 한 잔이 그렇게 맛있었다고 하는데, 아쉽게도 필자는 이탈리아에 머무는 내내 자동차 여행을 했기 때문에 경험해보지 못했다. 기차역에서 마시는 에스프레소와 그라파라니, 그 조합이 몹시 궁금하다.

에스프레소는 없었지만, 그래도 이탈리아 북부와 중부 토스카나를 여행하면서 훌륭한 그라파를 몇 번이고 경험할 수 있었다. 그중 손에 꼽고 싶은 것이 이탈리아 와인의 거장 안젤로 가야*Angelo Gaja*의 그라파와 중부 토스카나 볼게리에 위치한 또 다른 와인 명장인 오르넬라이아*Ornellaia*의 그라파다.

가야나 오르넬라이아는 이탈리아에서 둘째가라면 서러울 정도로 높은 품질의 와인을 생산하고 있는 곳이기에 이곳에서 만들어내는 그라파의 품질도 훌륭하다. 특히 오르넬라이아에서 와이너리 투어를 끝낸 후 와인 시음의 마무리로 그라파를 입에 털어 넣었을 때의 기억을 잊지 못한다. 향기롭고 은은하게 퍼지는 잔향이 오후 내내 입안을 행복하게 만들었다.

그리고 와이너리에서 그라파를 즐기는 또 다른 팁을 배울 수 있었다. 바로 약간의 그라파를 손에 묻혀서 비비는 것. 그라파의 높은 알코올은 빠르게 날아가고, 향기로운 아로마만 손에 남아 마치 향수처럼 기능한다. 좋은 경험이긴 했지만, 차마 고가의 그라파를 손에서 낭비하고 싶지 않은 분들에게는 권하지 않겠다. 또 그라파는 고도주를 선호하지 않는 사람들에게도 권하고 싶진 않다. 대신 평소에 위스키나 브랜디를 즐기는 독자라면 그라파도 분명 마음에 들 것이다.

# 「마리 앙투아네트」와 와인 잔에 얽힌 비밀

*Marie Antoinette*

**Director** 소피아 코폴라
**Cast** 커스틴 던스트(마리 앙투아네트)
제이슨 슈워츠맨(루이 16세)
립 톤(루이 15세)

## 파티광 앙투아네트의 샴페인 사랑

한 시대를 풍미한 여인들이 있다. 그런 여인을 꼽을 때 빠르게 떠올랐다가 이내 애잔한 마음이 드는 것이 바로 마리 앙투아네트다. 오스트리아 출신의 프랑스 왕비로 1755년부터 1793년까지 38살의 짧은 생을 살다간 마리 앙투아네트는 오스트리아 여왕 마리아 테레지아의 막내딸로 태어났고 프랑스의 루이 16세와 정략 결혼해 프랑스의 왕비가 되었다. 그녀는 베르사유 궁전에서 호화로운 삶을 살다가 프랑스 혁명 이후 국고를 낭비한 죄와 반혁명을 시도했다는 죄명으로 단두대에서 유명을 달리한 비운의 왕비다.

마리 앙투아네트의 샴페인 사랑은 나폴레옹의 부르고뉴 와인 사랑만큼 유명하다. 베르사유 궁전에서는 화려한 파티가 끊이지 않았고 그런 자리에 빠질 수 없는 것이 또 샴페인이었을 테니 그녀의 샴페인 사랑은 당연한 수순이었을 것 같다. 그런데 그녀는 정말로 사치와 향응에 빠져 국고를 낭비하는 철없는 왕비였을까? 그녀가 입는 것은 유럽의 유행이 되고, 그녀의 파티는 항상 성대했다는데 지금으로 치면 세기의 셀럽인 이 여인이 단두대의 이슬로 사라지기까지 무슨 일들이 있었던 걸까?

영화 「마리 앙투아네트」를 통해 우리는 그녀의 삶을 들여다볼 수 있다. 영화는 마리 앙투아네트가 결혼식을 올리기 위해 프랑스로 향하는 모습부터 시작된다. 국경에 다다랐을 때는 프랑스 법에 따라 동행한 시종과 입고 있던 옷, 품에 안고 왔던 애완견까지 모두 오스트리아로 돌려보내야 했다. 눈물이 고이지만, 자신의 의무를 알고 있는 마리 앙투아네트는 혈혈단신의 몸으로 프랑스에서 준비한 드레스를 걸치고 파리로 향한다. 낯선 사람들 속에 그녀가 의지할 수 있는 것은 남편뿐인데, 루이 16세는 아내를 아끼지만 표현에는 무척이나 서툰 남자였기에 그녀는 홀로 남겨지는 시간이 대부분이었다. 궁 안의 사람들은 마리 앙투아네트를 경계하는 한편 지나친 관심을 가졌다.

결혼 후 마리 앙투아네트의 임무는 자식을 출산하는 것이었다. 자식을 낳지 못하는 왕비는 효용 가치가 없다는 것을 그녀를 포함한 왕실의 모든 이가 알고 있었다. 무거운 책임감과 관심 속에 앙투아네트는 아이를 출산한다. 이 장면에서 필자는 엄청난 충격을 받았다. 당시 프랑스 왕실의 법도로는 왕비가 자식을 출산할 때 왕실의 모든 귀족이 출산 장면을 지켜볼 수 있도록 했다. 그녀는 수많은 귀족이 지켜보는 한가운데서 딸을 낳았다. 역사에 따르면 사람들 시선에 압사할 만큼 부담을 느꼈던 마리 앙투아네트는 출산하면서 숨을 제대로 쉬지 못했다. 그래서 루이 16세는 방의 창문을 모두 열도록 지시했다고 한다.

숨 막히는 왕실 생활 속 마리 앙투아네트의 돌파구는 파티를 여는 것이었다. 파티는 자정이 넘도록 끝나지 않았고 샴페인에 취한 귀족들은 파티를 즐기는 와중에도 그다음 파티의 일정을 궁금해했다. 영화 속 가장 화려한 파티 장면은 마리 앙투아네트의 생일 파티다. 날이 새도록 파티를 즐긴 마리 앙투아네트는 동틀 무렵 귀족 친구들과 샴페인을 들고 일출을 보러 강가로 나간다. 그녀는 한 손에 샴페인 잔을 들고 떠오르는 태양을 바라본다. 마리 앙투아네트가 마시는 샴페인◆의 맛은 어땠을까? 그리고 강가에 비친 태양을 바라보며 무슨 생각을 했을까?

## 샴페인은 어떤 잔에 마시는 게 맛있을까?

영화에 등장하는 풍만한 볼의 샴페인 글라스는 지금은 쿠페*coupe*라고 부르는데, 내려오는 이야기에 의하면 마리 앙투아네트의 가슴 모양을 본떠 만들어졌다고 한다. 물론 그 진위는 정확히 밝혀지지 않았지만, 그녀가 샴페인에 빠져 지낸 것만큼은 틀림없는 사실이다.

샴페인 글라스에 대해서 이야기해보자. 영화 「뉴욕의 가을」에서 로제 와인만큼 오해를 많이 사는 와인이 없다고 했는데, 와인글라스에서는 딱 샴페인 글라스가 그렇다. 이야기 지어내기 좋아하는 호사가들의 카더라 통신처럼, 마리 앙투아네트의 가슴 이야기가 그렇고, 샴페인의 기포는 글라스 회사들이 잔 안쪽에 일부러 낸 미세한 스크래치에서 비롯된다는 말도 그렇다.

샴페인은 다채로운 글라스에 따라서 마신다. 그중 기포를 가장 잘 관찰할 수 있는 잔이 길고 얇은 모양의 플루트*Flute* 잔이다. 아쉽게도 얕고 넓어 향도 맛도 기포도 제대로 즐기기 어려운 쿠페 잔보다 플루트 잔이 더 널리 쓰인다. 플루트 잔의 탄생에 대해서도 재밌는 이야기가 있다. 보통 플루트 잔에는 와인을 7~9부까지 가득 따르는 게 정석이라고 여겨지는데, 이는 샴페인을 더 많이 소비하기 위한 전략이라는 것이다. 또한 연회나 파티에서 손님들의 샴페인 잔이 얼마나 비었는지 멀리서도 지켜보기 편하다는 장점이 있다. 샴페인 기포를 지속력 있게 유지할 수 있어 연회에서 미리 샴페인을 따라놓기 편하고, 잔을 서로 부딪치기

◆ 영화 속에 와인 라벨은 나오지 않지만 마리 앙투아네트는 당시 신예였던 '하이직 샴페인 하우스'를 좋아했다고 알려져 있다. 궁정에서는 보르도, 부르고뉴 등 프랑스 각지의 명주를 즐겼음에도 1785년에 설립된 새 얼굴을 택한 것이 트렌드를 이끌던 그녀답다. 현재는 파이퍼 하이직*piper heidsieck*이라는 이름의 이 샴페인은 마릴린 먼로가 "밤에는 샤넬 넘버5를 입고 잠이 들고, 파이퍼 하이직 한 잔으로 아침을 시작해요"라고 말한 것으로도 유명하다.

도 좋아서 오랜 시간 사랑받아 왔다.

필자는 기포가 어찌되었든 샴페인을 전용 글라스에 마시는 걸 선호한다. 샴페인은 비싼 편이고, 그 향과 맛을 제대로 즐겨야 하는 게 당연하다. 샴페인 전용 글라스는 화이트 와인글라스보다 약간 작지만 향을 모아줄 수 있도록 입구가 좁고, 볼이 플루트 잔보다는 넓은 형태다. 이런 잔에 샴페인을 따르면 기포도 지속적으로 유지가 되면서 샴페인 고유의 구수한 효모 향과 싱그러운 과실 향을 제대로 즐길 수 있다.

영화 속으로 다시 돌아가면, 루이 16세는 마리 앙투아네트가 딸을 출산한 이후 그녀를 위해 프티 트리아농 궁을 내어주었다. 갑갑한 궁정 예절과 정치 세계에서 벗어난 마리 앙투아네트는 그곳에서 행복을 찾아간다. 어린 딸과 함께 풀밭을 뛰놀고 자연을 만끽하며 해맑게 웃는 장면을 지켜보면서 만약 그녀가 왕비로 살아가지 않았다면, 그녀가 자신의 삶을 선택할 수 있었더라면 어떤 삶을 살았을까 궁금했다. 적어도 단두대 위에서 사라지는 결말은 아니었을 것이다. 그녀의 인생은 샴페인처럼 빛나고 아름다웠지만, 잔에 담긴 기포가 공기 중으로 사라지는 것처럼 짧은 생이었다.

# 「파리로 가는 길」과 남프랑스 와인 여행

## Paris Can Wait

**Director** 엘레노어 코폴라
**Cast** 다이안 레인(앤)
알렉 볼드윈(마이클)
아르노 비야르(자크)

**Wine** 샤토뇌프 뒤 파프, 콩드리유,
에르미타주 블랑 코트 로티 (프랑스 론)
디디에 다그노 실렉스 2012(프랑스 루아르)

### 느려도 괜찮아,
### 음식과 와인 페어링의 고수와 함께라면

프랑스 미식 여행의 설렘이 가득한 영화 「파리로 가는 길」은 엘레노어 코폴라 감독의 첫 장편 영화다. 그녀의 이름에서 정체를 짐작한 분들이 있을 것이다. 「대부」의 감독 프란시스 포드 코폴라가 엘레노어의 남편이다.

엘레노어 코폴라가 남편의 후광에 힘입어 영화를 찍은 것은 아니다. 이 작품 이전부터 다큐멘터리 제작을 통해 이미 감독으로서의 역량을 인정받고 있었기 때문이다. 부부의 딸 소피아 코폴라 역시 「대부」를 통해 배우로 데뷔, 현재는 할리우드가 주목하는 여성 감독으로 탄탄한 커리어를 밟아가고 있다. 그녀는 스칼렛 요한슨을 세상에 내놓은 영화 「사랑도 통역이 되나요?」의 제작과 감독을 맡기도 했으니 세 사람 모두 영화계에서 그 능력을 충분히 인정받았다고 할 수 있다.

엘레노어 코폴라 감독의 실제 경험을 모티브로 한 이 영화는, 주인공 앤이 유명 영화감독인 남편 마이클의 칸느 출장에 동행했다가 컨디션 난조로 먼저 파리로 돌아가야 하는 상황에 놓이면서 시작한다. 이때 마이클의 사업 동료인 중년의 프랑스 남자 자크가 앤을 파리에 데려다 주겠다고 자처한다. 칸느에서 파리까지 자동차로 7시간. 하루 종일 자동차 여행을 하게 될 거라고

짐작했지만, 여행은 그 이상으로 길어진다. 자크는 파리에 가려는 마음이 있는 건지 의심될 정도로 자꾸 샛길로 빠진다. 영화의 재미는 자크의 샛길이 너무 매력적이라는 데 있다.

앤과 자크는 칸느에서 시작해 가르교, 비엔느의 로마 피라미드, 리옹의 폴 보큐즈 시장, 베즐레이 성당 등의 명소를 거치며 장장 이틀에 걸쳐 파리로 향한다. 그리고 두 사람이 찾아가는 레스토랑은 하나같이 훌륭하다. 앤은 도대체 파리는 언제 갈 거냐고 자크를 재촉하기도 하지만 자크와 함께하는 프랑스 여행이 싫지만은 않다. 그녀가 자주 보이는 아름다운 미소가 여행의 즐거움을 반증한다.

자크 인생 최대의 즐거움은 바로 미식이다. 그는 음식과 와인의 완벽한 조합을 누구보다 잘 알고 있다. 극 중 앤은 긴 코스 요리의 디저트로 나온 초콜릿 케이크를 먹으며 자신을 정당화하기 위해 담배와 달리 초콜릿은 몸에 좋다는 연구 결과가 있다고 말을 꺼내는데, 자크는 이렇게 받아친다.

“미국인들은 항상 이유가 있어야 하죠. 하지만 프랑스인들은 그냥 즐기는 것을 먹어요.”

이 한마디에서 알 수 있듯이 자크는 이유가 없어도 되는 남자다. 이제 그의 감각적인 음식과 와인 페어링을 슬쩍 엿볼 때다. 「파리로 가는 길」에 등장하는 와인은 총 7종인데, 그중 이름이 정확하게 거론된 와인은 5종이다.

여행 초반에 앤과 자크는 한 카페에 들러 프로슈토 멜론을 먹는다. 그때 자크는 샤토뇌프 뒤 파프*Chateauneuf-du-Pape* 레드 와인을 권한다. 이름은 ‘교황의 새로운 성’이라는 뜻으로, 아비뇽 유수 당시 이 지역에 머물게 된 교황의 와인 사랑 덕분에 탄생한 남부 론 최고의 와인이다. 깊이 있는 색만큼이나 향과 맛이 진하고 풍부하다. 멜론이라는 틀에 갇혀 있다면 화이트 와인을 고르는 게 일반적이지만, 프로슈토의 짠맛과 멜론이 주는 단맛의 조화에서 오는 풍미가 샤토뇌프 뒤 파프와 같은 농밀한 레드 와인에도 완벽한 궁합을 이룬다는 걸 잘 알고 있는 고수다.

이후의 매칭도 환상적이다. 프랑스 론 지방의 고급 레스토랑을 찾은 자크는 먼저 콩드리유*Condrieu*를 주문한다. 콩드리유는 비오니에 품종으로 만든 론 지역의 프리미엄 화이트 와인이다. 사랑스러운 복숭아 향이 두드러지며, 입안을 가득 채우는 기분 좋은 미네랄 풍미가 매력적이다. 코스의 시작으로 완벽하다.

이어지는 코스 요리로 잘 구운 도미 요리가 서빙되고, 자크는 프랑스 론 지방의 또 다른 명품 화이트 와인인 에르미타주 블랑*Ermitage Blanc*을 매칭한다. 화려한 풍미의 프랑스 도미 요리에 풍부한 질감을 지닌 에르미타주 블랑은 더할 나위 없이 만족스럽다.

이어 서빙되는 양고기 스테이크에는 같은 지방의 최고급 레드 와인인 코트 로티*Cote Rotie*를 선택하면서 로컬 음식과 와인끼리의 완벽한 매칭을 선보인다. 코트 로티는 론 지방의 대표 품종인 시라로 빚어낸 레드 와인이다. 짙은 색, 묵직한 바디감과 스파이시한 정향, 블랙 베리류의 향이 특징으로, 조금이라도 남아있을 수 있는 양고기의 잡내를 깔끔하게 제어할 힘을 갖추었다.

론을 지나 파리로 가나 싶었는데, 자크는 이번에도 방향을 튼다. 바로 와인 애호가들의 성지인 부르고뉴다. 이곳에서도 둘은 바로 레스토랑으로 향한다. 여기서 자크는 감자를 곁들인 문어 요리에 프랑스 루아르의 전설적인 양조자인 디디에 다그노*Didier Dagneau*의 2012년산 실렉스*Silex*를 주문한다. 실렉스의 등장에서 정말 감탄했다. 소비뇽 블랑으로 만들어진 이 우아한 화이트 와인은 와인 애호가라면 죽기 전에 마셔보고 싶은 와인 중 하나로 꼽힌다.

실렉스의 와인 레이블에는 커다란 돌이 그려져 있다. 이 돌은 실렉스를 만들어낸 포도밭의 부싯돌(Silex)이다. 이 독특한 토양에서 재배된 소비뇽 블랑 와인은 신기하게도 연기 혹은 부싯돌 향이 난다. 그래서 이 와인을 만드는 루아르의 푸이 퓌메 지방에서는 소비뇽 블랑을 퓌메 블랑*Fume Blanc*이라고 부른다. 여기서 Fume는 프랑스어로 '훈제된' 혹은 '훈제된 맛이 나는'이라는 뜻이다. 여하튼 천재라고 불렸던 디디에 다그노의 실렉스는 문어와 감자 요리에 환상적인 매칭을 보여줬을 것이다.

파리까지 가는 길은 늦었지만 능청스럽게 앤을 이끄는 자크 덕에 이 둘은 지방 고유의 음식과 와인들을 원 없이 먹고 마신다. 자크는 앤과 동행하면서도 중간 중간 옛 연인들을 만나 회포를 푸는 바람둥이지만, 그의 행동이 너무 당당해서 오히려 납득이 갈 정도다. 영화를 다 보고 나서도 자크가 좋은 남자인지는 헷갈린다. 그러나 분명한 건 매력적인 남자라는 점이다. 극 중에서는 자크와 앤 사이의 로맨스도 등장하지만, 현명한 앤이 어떻게 그 감정에 대처하는지 끝까지 지켜보는 재미도 있다. 필자가 두 손 들어버린 이 남자를 여러분은 어떻게 받아들일지도 무척이나 궁금하다.

# 「아멜리에」와 따뜻한 와인 '뱅 쇼'

*Amelie Of Montmartre*

**Director** 장 피에르 주네

**Cast** 오드리 토투(아멜리에 폴랑)
마티유 카소비츠(니노)
세르지 멜린(레이몽 듀파엘)
루퍼스(라파엘 폴랑)
욜랭드 모로(마들레느 왈라스)

**Wine** 뱅 쇼

## 따뜻한 와인 한잔하고 가요

2001년 개봉한 「아멜리에」는 프랑스에서 날아온 마법 같은 영화였다. 주인공 아멜리에 폴랑을 열연한 오드리 토투는 엉뚱하고 사랑스러운 여인 아멜리에 그 자체였고 우리는 그런 아멜리에의 매력에 푹 빠졌다. 20년이 지난 지금 이 작품을 다시 봐도 아멜리에는 보는 이로 하여금 여전히 미소를 짓게 만든다.

어린 시절 아멜리에는 학교에 가지 못했다. 아멜리에의 아버지는 한 달에 한 번 딸을 진찰하기 위해 청진기를 갖다 대었는데 아빠의 다정한 손길이 그리웠던 아멜리에의 심장은 심하게 요동쳤다. 딸이 심장병에 걸렸다고 오해한 아버지는 딸을 학교에 보낼 수 없었고, 교사였던 엄마가 아멜리에를 직접 가르쳐 키우게 된다. 친구 하나 없이 외톨이로 자란 아멜리에는 성인이 되어서도 사람들과 깊은 관계를 맺지 못하고 마치 관찰자처럼 사람들의 삶을 들여다보는 은밀한 취미를 갖고 있다.

그러던 어느 날, 아멜리에는 집 화장실 벽의 타일이 떨어져 나간 것을 발견한다. 조심히 타일을 치우니 벽 안쪽에 누군가 숨겨놓은 오래된 비밀상자가 있는 것이 아닌가! 그녀는 상자 주인의 어린 시절 추억들을 마주하고는 설레임에 잠도 이루지 못한다. 그녀는 다짐한다. '반드시 상자의 주인을 찾아 이 추억들을 돌려주겠노라.' 이때부터 아멜리에의 상자 주인 찾기 여정이 시작된다.

그녀는 단서를 찾기 위해 같은 건물에 사는 주민들부터 하나둘 탐문을 시작하는데 도움이 될 만한 정보를 주는 사람이 없다. 이때 아래 층에 사는 화가 레이몽 듀파엘이 자신이 상자의 주인을 알고 있다며 아멜리에를 불러 세운다. 아멜리에는 레이몽과 처음 대화를 한다. 레이몽은 결코 집 밖으로 나오지 않는 은둔형 괴짜였기 때문에 그의 집 문이 열리는 것도 아멜리에는 처음 보았다. 레이몽은 뼈가 약해 유리 인간이라 불리며 20여 년을 집 안에서 그림만 그리며 살아왔다. 그런데 상자의 주인을 찾고 있다는 소문을 듣고 아멜리에게만큼은 먼저 손을 내민 것이다.

자신의 집으로 초대하며 아멜리에를 이끈 레이몽의 한마디.

"따뜻한 와인이나 한잔하고 가요."

냉랭한 레이몽의 인상과는 달리 그의 마음은 따뜻했다. 그가 권한 와인은 바로 뱅 쇼*Vin Chaud*다.

프랑스어에서 'Vin'은 와인, 'Chaud'는 따뜻하다는 뜻이니 말 그대로 따뜻한 와인이다. 뱅 쇼는 보통 레드 와인에 시나몬, 과일, 정향, 설탕이나 꿀 등을 넣고 끓여서 마신다. 와인이 끓여지는 동안 알코올이 많이 날아가기 때문에 유럽 사람들은 겨울철에 감기약처럼 뱅 쇼를 마시기도 한다. 필자 역시 겨울이 오면 집에서 뱅 쇼를 만들어 마시곤 하는데, 나름의 비밀 레시피를 여기에 공개한다.

**비장의 뱅 쇼 레시피**

1. 주전자에 와인 한 병을 붓는다.
2. 깨끗하게 씻은 오렌지 하나를 껍질째 슬라이스해서 넣는다.
3. 배 반 개를 깨끗이 닦아 껍질째 넣는다.
4. 비장의 재료인 바닐라 빈 2개를 칼집을 내서 넣는다.
   (칼집을 내면 향이 잘 우러나온다. 뱅 쇼에 두터운 질감과
   감미로운 바닐라 향을 준다.)
5. 정향 3개와 엄지손가락만 한 생강을 슬라이스해서 넣는다.
   취향에 따라 조절할 수 있다.
6. 와인 양의 10분의 1 정도 분량의 꿀을 넣는다. 꿀이 없다면
   설탕도 상관없다. 단맛의 세기는 꿀과 설탕의 양으로
   취향에 따라 조절한다.
7. 약불에서 한 시간 정도 끓인다. 그 외 원하는 과일이 있다면

넣어도 좋다.

8 완성된 뱅쇼가 따뜻할 때, 호호 불면서 영화 한 편을 본다.

아멜리에가 상자의 주인을 찾아내는 과정은 자신만의 작은 세계에 갇혀있던 아멜리에가 진짜 세상으로 나가는 여정이기도 하다. 그 여정에서 아멜리에의 사랑도 찾게 되니 풋풋한 설레임이 가득한 영화다. 춥고 마음이 헛헛한 날, 따뜻하게 끓인 뱅 쇼와 함께 「아멜리에」를 감상한다면 엉뚱하고 따뜻한 아멜리에의 매력에 절로 미소가 지어질 것이다.

# 「노팅 힐」과 와인 홈 파티 매너

Notting Hill

**Director** 로저 미첼
**Cast** 줄리아 로버스(안나 스콧)
휴 그랜드(윌리엄 태커)
리스 이판(스파이크)
휴 보네빌(버니)
엠마 챔버스(허니)
팀 멕네니(맥스)
지나 맥키(벨라)

## 마지막 브라우니 한 조각

1999년 개봉한 「노팅 힐」은 많은 사람들에게 '인생 로맨스 영화'로 꼽힌다. 영화는 세계적으로 유명한 할리우드의 영화배우 안나 스콧을 소개하며 시작한다. 그녀에게 환호하는 사람들의 함성과 시상식에서 사람들에게 손을 흔들어주는 안나의 화려한 모습. 그녀의 일상은 잡지 표지를 장식하고 모든 장면 속에서 안나는 환하게 미소를 띄고 있다.

이어서 윌리엄의 독백과 함께 화면은 영국 포토벨로 거리로 바뀌어 그가 살고 있는 소소한 일상을 보여준다. 여행책 서점의 주인인 윌리엄은 같은 거리에 위치한 파란 대문의 집을 아내와 함께 마련했지만, 지금은 헤어진 아내 대신 거칠 것 없는 괴짜 친

구 스파이크와 함께 산다. 너무나 다른 삶을 사는 두 사람은 안나가 윌리엄의 서점으로 들어오면서 만나게 된다.

현실에서 결코 일어날 수 없는 일도 영화 속에서는 벌어지는 법. 안나는 여행책을 골라 서점을 나가고 윌리엄은 자신의 작은 세상에 방문한 이 여인이 믿어지지 않는데, 둘은 곧 다시 강렬한 재회를 하게 된다. 오렌지 주스를 사들고 길모퉁이를 돌던 윌리엄이 안나와 부딪혀 그녀의 옷에 주스를 잔뜩 쏟아버린 것이다. 윌리엄은 어쩔 줄 몰라하며 안나의 옷을 해결해주려 맞은편 자신의 집으로 안내한다. 아름답고 유명한 배우가 자신의 집 안에 있다는 사실만으로도 그는 꿈을 꾸는 기분이다. 옷을 갈아 입고 나온 안나를 배웅하며 윌리엄은 말한다.

"반가웠어요. 비현실적이지만 좋았어요."

이 말이 안나의 마음을 움직였을까? 집을 나섰던 그녀는 다시 돌아와서 윌리엄에게 키스를 한다. 머리로는 이해할 수 없는 두 사람의 사랑은 이렇게 시작된다. 물론 안나가 화려한 배우의 삶을 살면서도 평범한 사랑을 꿈꾸는 소녀 같은 마음을 갖고 있었고, 윌리엄 역시 몇 마디의 대화만으로도 상대의 마음을 무장해제시키는 매력을 가진 따뜻한 남자였기에 가능한 이야기다.

「노팅 힐」은 남녀가 바뀐 신데렐라 스토리라 할 수 있지만, 개봉 당시에는 그 설정 자체도 새로웠다. 거기에 로맨스 영화계의 마이더스 손이라 할 수 있는 리차드 커티스의 각본이 탄탄해 러닝 타임 124분 동안 걷어낼 대사, 컷 하나가 없다. 그가 「노팅 힐」 이전에 「미스터 빈」의 각본을 썼던 걸 보면 로맨스 장르에 코미디 요소를 적절히 배치하는 기술이 그냥 나온 것이 아니란 걸 알 수 있다. 그는 노팅 힐의 대성공 이후에도 「브리짓 존스의 일기」, 「러브 액츄얼리」, 「어바웃 타임」, 「맘마미아」까지 로맨틱 코미디의 정석 같은 영화들의 각본과 감독을 해냈다.

영화에서는 윌리엄의 친구들이 모이는 장면마다 와인이 늘 등장하지만, 가장 좋아하는 와인 장면을 꼽자면 바로 '마지막 브라우니'다. 윌리엄의 동생 허니의 생일을 축하하기 위해 친구들이 모인 자리에 안나가 동행한다. 와인이 있는 테이블과 사람들의 가식없는 웃음. 안나를 위하는 친구들의 배려까지 그들 모두 행복의 순간을 함께하는 것처럼 느껴진다. 식사가 끝날 즈음 윌리엄의 친구 버니가 디저트로 남은 마지막 브라우니 한 조각을 두고 이런 제안을 한다.

"마지막 브라우니는 우리 중 가장 불쌍한 사람에게 줄게."

친구들 모두 진솔하게 자신의 불행을 꺼내며 브라우니의 주인공은 자신이라고 이야기한다. 그리고 마지막으로 안나가 브라우니 쟁탈전에 도전한다. 불행과는 거리가 멀 것만 같던 그녀에게도 상처가 있다. 그녀는 사랑에 실패할 때마다 세상의 가십거리가 되었고, 학대받기도 했으며 사람들에게 잊혀질 거라는 불안감을 안고 살아야 했다. 브라우니는 누구의 차지가 되었을까? 속을 터놓을 수 있는 대상과 와인이 있다면 불행까지도 테이블 위에 담담히 털어놓는 시간을 가질 수 있다.

### 와인 홈 파티 노하우

비대면 시대를 맞이해 「노팅 힐」의 홈 파티처럼 집에서 지인들과 와인을 즐기는 이들이 많아졌다. 코로나 이전에도 집에 친구들을 불러 와인 마시는 걸 좋아한 필자의 와인 홈 파티 노하우를 살짝 공유한다.

첫째, 초대받은 자리에 갈 땐 누구나 가격을 알 만한 저렴한 와인은 피하자. 개인적으로는 3~5만 원 사이의 와인을 고른다. 가격이 더 저렴하더라도 상대방이 마셔보지 못했을 품종으로 만든 와인이거나, 쉽게 접하기 힘든 독특한 스타일의 와인이라면 합격이다.

둘째, 만약 홈 파티의 주최자라면 와인은 손님이 가져오는 와인까지 고려해서 넉넉히 준비하자. 4명이 모인다면 최소한 3병은 있어야 한다. 개개인마다 주량의 차이가 있기 마련인데, 보통 두 명이 한 병을 마신다고 생각하면 편하다. 그리고 혹시 모를 상황을 대비해 플러스 한 병 더.

셋째, 와인의 스타일이 겹치지 않으면 더 좋다. 스파클링 와인을 시작으로, 화이트 와인, 레드 와인, 스위트 와인이 고루고루 준비될 수 있도록 조율하면 완벽한 와인 홈 파티가 될 것이다.

넷째, 전천후 와인 잔을 준비해두자. 와인은 기호 식품이고 저마다의 취향에 따라 즐기면 되지만, 그래도 와인 잔에 마시는 게 제일 맛있다. 맥주를 맥주 잔에 소주를 소주 잔에 마시는 것처럼. 그렇다고 와인 스타일에 따라 여러 종류의 잔을 구비할 필요까지는 없다. 씻기 편하고 깨질 염려가 별로 없는 스템리스 *stemless*(다리가 없는) 글라스 한 종류만 있어도 충분하다.

다섯째, 준비된 혹은 지인이 가져올 와인 스타일에 잘 어울리는 음식을 준비하자. 거창한 페어링은 아니어도, 스파클링 와인에는 간단한 카나페, 화이트 와인에는 샐러드, 레드 와인에는 고기 요리면 뭐든 괜찮다. 식후에 먹을 간단한 디저트까지 있다면 만점. 필자는 요리에 소질이 별로 없지만, 집에서의 잦은 와인 모임 덕분에 프랑스식 감자 그라탕을 능숙하게 할 줄 알게 되었다. 그리고 어떤 와인에도 어울리는 치즈와 샤퀴테리를 고르는 안목도 생겼다. 이렇게 자신만의 필살기 하나만 개발하면 된다.

이미 서두부터 애정을 숨기기 어려웠기 때문에 눈치 채셨겠지만, 필자는 이 영화의 열혈 팬이다. 수년 전, 한 달간 영국에서 지낼 기회가 있었을 때 며칠에 걸쳐 영화 속에 나왔던 장소를 찾아다니며 팬심을 해소했었다. 지금도 영화를 떠올리면 안나 스콧을 열연한 줄리아 로버츠의 시원한 웃음, 휴 그랜트의 강아지처럼 처진 눈과 사람을 안심시키는 미소가 그려진다.

# 「양들의 침묵」과 키안티 트라우마

## The Silence Of The Lambs

**Director** 조나단 드미

**Cast** 안소니 홉킨스(한니발 렉터 박사)
조디 포스터(클라리스 스털링)
스콧 글렌(잭 크로포드)

**Wine** 키안티 와인(이탈리아 토스카나)

## 한니발 박사가 남긴 키안티 트라우마

1991년 개봉한 「양들의 침묵」은 현재까지도 서스펜스 영화의 상징 같은 작품이다. 영화의 원작인 동명 소설 『양들의 침묵』은 작가 토머스 해리스가 범죄 전문기자로 활동하면서 1960년대부터 1980년대까지 미국 전역을 공포에 떨게 했던 연쇄 살인마 헨리 리 루카스를 모델로 삼아 집필했다고 한다.

왜 제목이 양들의 침묵일까? 이 비밀은 주인공 스털링의 내면에 있다. 그녀는 어린 시절 삼촌의 목장에 살면서 양들이 학살되는 모습을 보고 자신이 양들을 구하지 못했다는 것에 대한 트라우마를 가지고 성장한다. 그녀는 성인이 되어서도 양들의 울음소리에서 벗어나지 못한다.

FBI에 들어가 수습 요원이 된 스털링은 '버팔로 빌'이라 불리는 살인 사건을 추적하면서 살인자의 심리를 파악하기 위해 교도소에 수감 중인 한니발 렉터를 찾아간다. 한니발 박사는 스털링과 나눈 몇 마디의 대화만으로 스털링의 트라우마가 여전히 그녀를 짓누르고 있음을 알아차린다. 스털링이 쫓는 살인범 버팔로 빌 역시 유년 시절의 학대가 트라우마가 된 인물이다. 그리고 한니발은 이 두 인물의 심리를 파악하는 연결자의 역할을 한다.

원작자 토머스 해리스가 창조한 한니발 렉터는 5개 국어에 능통하고 뛰어난 통찰력을 가진 인물이지만, 광기 어린 살인을 저지를 때조차 심장박동수가 85를 넘기지 않는 사이코패스다. 그는 자신의 환자들을 살해하고 그들의 신체를 요리해 먹는 끔찍한 연쇄 살인마다. 많은 범죄 스릴러 영화들이 사건을 뒤쫓아가며 반전의 반전을 거듭하는 서사를 진행하는 반면, 양들의 침묵은 처음부터 감옥에 갇혀있는 한니발을 보여주며 한니발과 스털링이 만들어가는 수사 과정을 팽팽하게 끌고 가는 서사를 선택했다. 한니발은 스털링에게 도움을 주기도 하고 때론 거세게 압박하면서 자극한다.

한니발 렉터를 연기한 안소니 홉킨스의 열연은 찬사를 받을 만하다. 특히 한니발 박사의 얼굴이 클로즈업 될 때 안소니 홉킨스가 보여준 눈빛 연기는 화면을 압도한다. 스털링을 연기한 조디 포스터는 촬영장에서 안소니 홉킨스를 마주하는 것이 두려웠다고 말하기도 했다.

그리고 이 영화를 통해 필자에게도 하나의 트라우마가 남게 되었다. 한니발이 자신을 찾아온 스털링에게 예전에 한 조사원이 자신을 찾아와 귀찮게 굴었다며 자신이 그 조사원을 어떻게 했는지 말해주는 장면 때문이다. 그는 스털링에게 속삭인다.

"그래서 나는 그의 간을 먹어 치웠어. 콩 요리를 곁들여서 키안티 와인과 함께."

자신이 살해한 피해자의 장기를 요리해서 와인까지 곁들여 즐겼다는 한니발의 말이 머릿속에 각인되고 말았다. 그는 많고 많은 와인 중에 굳이 왜 키안티를 골랐을까. 개인적인 의견이지만, 박사가 키안티를 고른 데에는 그 와인을 만드는 품종의 어원이 영향을 미치지 않았을까 추측한다. 이탈리아 중부 토스카나의 대표 와인이자, 이탈리아 와인을 이야기할 때 빠지지 않고 등장하는 키안티는 적포도인 산지오베제를 메인으로 만들어진다.

산지오베제라는 이름은 라틴어 *Sanguis Jovis*에서 비롯됐는데, 뜻은 '주피터의 피'다. 주피터는 그리스 신화의 최고신이자, 신들과 인간의 아버지로 불리는 제우스의 별칭이다. 즉, 제우스의 피라는 것. 전설에 따르면 고대 로마 시대의 한 수도사가 붙인 이름이라고 한다. 물론 어디까지나 전설이고, 실제로 남아 있는 기록에서 산지오베제가 언급된 건 1590년이다. 피렌체의 농학자였던 지오반베토리오 소데리니*Giovanvettorio Soderini*

는 이 품종에 대해서 "좋은 와인을 만들지만, 와인메이커가 신중을 기하지 않으면 식초가 된다"고 전하고 있다.

현재 산지오베제는 이탈리아에서 가장 많이 재배되는 품종이다. 때문에 키안티 외에도 다채로운 와인에 사용되고 있긴 하지만, 과거에도 지금도 그리고 미래에도 산지오베제라는 품종을 떠올리면 자연스럽게 키안티를 연상할 수 있을 만큼 두 단어는 끈끈한 유대를 지니고 있다.

이런 와인을 한니발이 희생자의 간을 요리해 함께 마신 것이다. 그래서 한동안 키안티 와인을 볼 때마다 한니발을 떠올려야 했다. 수년 전부터는 그런 생각이 사라진 듯했는데, 이 원고가 트리거가 되어 다시 떠올리게 될지 모를 일이다. 한니발 박사는 스털링을 트라우마에서 꺼내줬지만 관객에겐 간 요리를 키안티 와인과 함께 먹지 못하는 트라우마를 남겼다.

# 「다운사이징」과 프로방스의 롤스로이스

*Downsizing*

Director 알렉산더 페인
Cast 맷 데이먼(폴 사프라넥)
크리스토프 왈츠(두샨 미르코비치)
홍 차우(녹 란 트란)
크리스틴 위그(오드리 사프라넥)
제이슨 서디키스(데이브 존슨)
우도 키에르(콘라드)
마리베스 먼로(캐롤 존슨)
롤프 라스가드(닥터 아스뵈르센)
브렌단 베이저(데이브)
Wine 도멘 오트(프랑스 프로방스)

## 그 와인, 5.4mL만 주세요

인구 과잉과 환경 문제에 대한 해결책으로 인간 축소 프로젝트인 다운사이징 기술이 개발된다. 사람이 작아지면 사용하는 공간이 줄어들고 배출하는 폐기물의 양도 줄어들어 환경을 보존할 수 있다는 것이 이 프로젝트의 명분이다. 다운사이징 기술은 10년 뒤 사회에 퍼진다. 모든 게 초소형이 되면 역으로 경제적 가치가 초대형이 되는 이치 때문에 많은 이들이 다운사이징을 받아들여서 소인이 되고, 소인들이 모여 사는 레저랜드에 입주해 살아간다.

주인공 폴은 공장 노동자들의 물리치료사다. 그의 아내는 좀 더 쾌적한 집으로 이사를 하고 싶어하지만, 폴의 쥐꼬리만 한 월급으로는 어림도 없다. 그러던 중 아내와 참석한 동창회에 친구 데이브 부부가 소인이 되어 등장한다. 그들은 다운사이징된 자신들의 삶에 만족하며 폴을 설득한다. 180cm의 사람이 12.9cm로 작아지는 이 기술을 통해 다운사이징 세계인 레저랜드로 입주하게 되면 폴 부부의 총재산 1억5천2백만 원은 125억 원의 가치로 환산되어 호화로운 삶을 살 수 있다는 것이다.

고민하던 폴은 아내와 함께 다운사이징을 하기로 한다. 몸의 모든 체모와 보철물을 제거하는 시술을 받고 다운사이징 수술에 들어가는 폴. 그는 무사히 수술을 끝내고 바로 아내를 찾지만, 불안하게도 아내가 보이지 않는다. 그녀가 체모를 제거하는 과정에서 겁을 먹고 도망친 것이다. 홀로 레저랜드로 가게 된 폴에게 아내와의 행복한 미래를 꿈꾸며 준비한 거대한 저택과 호화로운 가구들은 이제 짐에 불과하다. 매일매일 우울함 속에서 보내던 폴은 1년 뒤 아내와의 재산 분할이 끝나자 저택에서 나와 평범한 아파트로 이주한다.

다운사이징 이전이나 이후나 비슷한 삶을 살게 된 그는 자신의 아파트 위층 펜트하우스에 살며 매일같이 화려한 파티를 즐기는 두샨과 친구가 된다. 그리고 그의 집을 청소하러 온 녹 란 트란을 만난다. 녹 란 트란은 베트남에서 정치 및 환경 운동을 하던 중 강제로 다운사이징되어 한쪽 다리를 잃은 채 추방된 피해자다. 폴은 불편한 의족을 끌고 다니는 녹 란 트란을 안타까워하며 그녀를 돕기 위해 그녀가 지내는 곳까지 따라가게 된다. 그리고 레저랜드에도 빈민촌이 있다는 것을 알게 된다. 폴은 그때부터 녹 란 트란을 따라다니며 빈민촌의 사람들을 돕고, 그녀의 청소부 일까지 함께한다.

어느 날 아침, 자신의 아파트를 청소하는 폴에게 두샨은 다운사이징을 최초로 개발한 아스뵈르센 박사 부부가 있는 노르웨이로 함께 여행을 가자고 제안한다. 잠시나마 녹 란 트란에게서 폴을 구해주고 싶었던 것. 그런데 다운사이징의 피해자인 녹 란 트란 역시 아스뵈르센 박사 부부로부터 여러 차례 초대받은 적이 있다며 노르웨이에 동행하겠다고 한다. 이렇게 그들은 소인의 몸으로 노르웨이까지 긴 항해를 떠난다.

이 아름다운 항해에 빠질 수 없는 것이 있다. 바로 와인이다. 그들은 유유히 강을 가로지르는 배 위의 테이블에 앉아 따스

한 햇볕을 즐기고 있다. 그리고 테이블 위에는 분홍빛으로 반짝이는 로제 와인이 보인다. 이때 이들이 마시는 와인이 도멘 오트*Domaines Ott*다. 로제 와인이라고 하면 으레 달콤하고 저렴한 것을 상상하지만, 로제 와인에도 일류가 있다. 이런 프리미엄 로제 와인은 프랑스의 아름다운 프로방스에서 많이 만들어지고, 그중에서도 도멘 오트는 최고의 로제 와인 생산자다.

도멘 오트는 1896년부터 와인 양조를 시작한 알자스 출신의 마르셀 오트*Marcel Ott*가 프로방스에 1912년 설립한 와이너리다. 현재 4대째 가업을 이어가고 있는 와인 명가로, '프로방스의 롤스로이스'라는 별칭을 지니고 있다. 도멘 오트는 할리우드 스타들이 사랑하는 로제 와인이자 여름에 가장 잘 어울리는 와인으로 꼽히기도 했다.

영화를 보며 엉뚱한 것이 궁금했다. 소인들이 즐기는 와인은 몇 밀리리터의 용량일까? 영화의 다운사이징 기술대로라면 일반적인 750mL 와인 한 병은 5.4mL 정도의 용량이 된다. 레저랜드에서 파는 도멘 오트 139병이 모여야 우리가 마시는 한 병이 되는 것이다. 이 때문인지 레저랜드의 사람들은 와인을 정말 쉽게 즐기며 살아간다. 폴이 수술 후 처음 저택에 도착했을 때 마신 매그넘 사이즈의 샴페인은 현실에서는 1.5L지만, 레저랜드에서는 단 11mL면 충분했을 것이고, 친구에게 떠밀린 데이트 자리에서 마신 100만 원을 호가하는 컬트 와인도 레저랜드에서는 1만 원이 안 되는 돈으로 마실 수 있다. 이렇게 생각하니 레저랜드의 생활이 꽤 매력적으로 느껴진다. 물론 함께 살기로 한 사람이 도망가지 않는다면 말이다.

# 「아메리칸 셰프」와 백악관이 사랑한 와인

**Director** 존 파브로

**Cast** 존 파브로(칼 캐스퍼)
엠제이 안소니(퍼시)
소피아 베르가라(이네즈)
스칼렛 요한슨(몰리)
더스틴 호프만(리바)
올리버 플랫(램지 미첼)

**Wine** 보리우 빈야드 조르주 드 라투르 프라이빗 리저브 카베르네 소비뇽 2009(미국 나파 밸리)

### 와인을 고르는 안목만큼 사람 보는 안목도 필요하죠

영화는 잘 나가는 스타 셰프 칼 캐스퍼의 어이없는 추락으로 시작한다. 칼은 표면적으로 레스토랑 골루아즈의 주방을 이끄는 스타 셰프이지만, 레스토랑 오너 리바의 요구에 5년째 같은 메뉴를 찍어내듯 만드는 월급쟁이 신세일 뿐이다. 어느 날 LA 최고의 요리 비평가 램지 미첼이 칼의 요리를 두고 난도질에 가까운 혹평을 트위터에 올리면서 칼의 심기를 건드린다. 흥분한 칼은 램지의 트윗에 욕을 퍼붓는데, 123,845명의 팔로워를 가진 램지의 영향력을 그때는 알지 못했다. 칼과 램지의 설전은 트위터에서 빠르게 퍼져나가고, 램지를 팔로잉하는 트위터리안들은 탈곡기마냥 칼의 영혼을 탈탈 털어버린다.

칼이 램지의 혹평을 도저히 참지 못한 건 램지가 먹은 요리가 자신의 요리라고 생각하지 않아서였다. 칼은 이제 자신의 진짜 요리를 골루아즈에서 선보이겠다는 결심을 하지만, 리바는 칼을 몰아붙이며 기존 메뉴를 바꾸지 못하게 한다. 칼은 일을 관두겠다고 선언하고 주방을 떠난다.

칼이 떠난 줄 모르는 램지는 칼의 변화된 요리를 맛보기 위해 골루아즈를 다시 찾는다. 하지만 그에게 서빙된 음식은 자신이 혹평했던 그 음식들이다. 램지는 칼을 불러줄 것을 요구하고, 다급하게 상황을 모면하려는 리바가 램지의 테이블에 비장의 와인을 들고 나간다. 물론 문제의 해결 방법이 완전히 틀렸으니 램지에게는 씨알도 안 먹혔지만, 그래도 리바의 와인 안목만은 꽤 훌륭했다.

그 와인의 이름은 보리우 빈야드 조르주 드 라투르 프라이빗 리저브 카베르네 쇼비뇽*Beaulieu Vineyard Georges de Latour Private Reserve Cabernet Sauvignon*. 와인 이름이 지나치게 길다. 그래도 하나하나 의미가 있다. 미국 최고급 와인의 성지, 나파 밸리 와인의 터줏대감이자 프리미엄 와인의 효시가 된 보리우 빈야드의 와인이다. 와이너리의 설립자인 조르주 드 라투르는 프랑스인이었다. 그는 1900년에 부인과 함께 나파 밸리로 여행을 한다. 그의 부인이 나파의 땅을 보며 "Quel beau lieu!(정말 아름다운 땅)"이라고 감탄한 것을 지켜본 라투르는 사업을 접고 미국에 건너와 와이너리를 만들기로 한다. 이후 아름다운 땅이라는 뜻의 보리우는 와이너리 이름이 되었다.

1919년, 미국 와인 역사에 있어서 하나의 재앙으로 꼽히는 사건인 금주령이 시작되자 대부분의 와이너리는 문을 닫았지만 보리우 빈야드는 국가로부터 인정을 받아 교회에서 성찬주를 만들어 제공할 수 있는 극소수의 와이너리 중 하나로 선택되어 명맥을 유지했다. 위기는 또 다른 기회라고 했던가. 많은 사람들이 교회의 미사에 참석하면서 성찬 와인의 수요가 크게 늘어났고, 심지어 늘어난 생산량을 수용하기 위해 시설을 확충해야 했다. 1933년 금주령이 폐지될 당시, 보리우 빈야드는 나파 밸리의 선두 와이너리로 자리매김하게 되었다.

금주령 사건을 발단으로 조르주는 벌크로 판매되는 낮은 품질의 와인들보다 와이너리의 열정과 노력이 담겨 있는 고급스러운 병입 와인을 만들어야겠다는 그동안의 각오를 실행에 옮기게 된다. 1938년 고향인 프랑스 보르도로 건너가 그의 꿈을 실현시켜줄 사람을 찾던 중 러시아에서 이민 와서 파리의 국립농학대학에서 일하고 있던 앙드레 첼리스체프를 만나게 된다. 보리우 빈야드의 와인메이커로 영입된 앙드레 첼리스체프는 프랑스의 전통적인 와인 제조 기술과 현지에서의 강한 실험정신으로 일구어 낸 새로운 와인들을 탄생시켰다.

앙드레 첼리스체프는 미국 와인 업계에서는 전설적인 인물이다. 그는 보리우 빈야드에서 나파 밸리 최초의 리저브급 와인을 만들어냈고, 당시로서는 최고가인 병당 1.5달러에 판매되기도 했다. 1940년대, 백악관에서 진행된 모든 중요한 행사에는 보리우 빈야드의 와인이 서빙되었고, 미국의 루즈벨트 대통령이나 영국의 처칠 수상이 즐기는 와인으로 선정되는 영광을 안기도 했다.

1940년, 설립자인 조르주 드 라투르가 작고하자 가족들은 그를 기리기 위해 조르주 드 라투르 프라이빗 리저브 카베르네 소비뇽을 출시했다. 와이너리의 최고급 와인으로, 현재는 카베르네 소비뇽을 메인으로 소량의 프티 베르도가 블렌딩된다. 와이너리에서는 좋은 밸런스를 주기 위해 뉴 프렌치 오크와 스테인리스 스틸 탱크, 일반 우드 탱크를 골고루 섞어서 발효를 진행한다. 필자는 이 와인을 여러 차례 마셔본 일이 있다. 와인의 가격이 만만치는 않지만, 그 가격을 지불할 만한 가치를 지니고 있다는 점은 충분히 공감한다.

리바의 와인 고르는 안목은 훌륭했다. 다만 이 훌륭한 와인을 단순히 가격으로 설명하려는 그의 속물 근성은 숨겨지지 않는다. 리바는 언제쯤 깨닫게 될까? 그가 꺾어버린 칼 캐스퍼의 날개는 사실 리바 자신의 날개를 꺾는 일이었다는 것을.

# 「인 디 에어」와 쓥쓸한 샴페인 한 잔

*Up In The Air*

**Director** 제이슨 라이트먼
**Cast** 조지 클루니(라이언 빙햄)
베라 파미가(알렉스 고란)
안나 켄드릭(나탈리 키너)

### 일생의 목표가 사라진 순간에 마시는 와인

중년의 싱글 라이언 빙햄은 오늘도 공항으로 향한다. 그는 기업을 대신해 직원들에게 해고 통보를 하고 퇴사 후의 프로그램을 제시하는 일을 한다. 한 해 평균 322일 출장을 다니고 남은 43일간은 사람 냄새 나지 않는 텅 빈 집에서 다음 출장을 준비한다. 누군가의 삶에 라이언 빙햄의 등장은 삶의 터전을 잃게 만드는 비극이기에, 때때로 라이언 역시 사람들을 마주하며 회의감을 느낀다. 그러면서도 그는 미국 전역을 떠도는 그의 삶을 사랑한다.

그에게는 인생의 목표가 있다. 바로 천만 마일리지를 달성해 세계에서 일곱 번째로 플래티넘 카드를 받는 것. 라이언은 출장지로 떠나기 위해 비행기에 오를 때마다 점점 자신의 목표와 가까워지고 있다는 것에 성취감을 느낀다.

결혼에 얽매이지 않고 떠도는 삶을 즐기는 라이언은 호텔 바에서 자신과 꼭 닮은 여인 알렉스를 만난다. 그녀 역시 홀로 출

장을 다니며 모은 마일리지와 플래티넘 회원 카드에 열광하고, 구속하지 않는 연애를 추구하는, 한마디로 여성 버전의 라이언 빙햄 같은 사람이다. 둘은 서로를 탐닉하지만, 서로의 삶에 깊이 들어가지 않는 쿨한 연애를 한다. 하지만 사랑은 사람도 변화시키는 법. 라이언은 자신이 꿈꿔왔던 여자인 알렉스를 만나며 진짜 사랑에 빠지게 되고, 지금 자신이 원하는 것은 오로지 알렉스와 함께하는 삶이라는 것을 깨닫는다.

사랑에 빠진 남자 라이언은 알렉스가 살고 있는 시카고까지 날아간다. 그러나 그의 벅찬 사랑의 감정은 알렉스의 집 초인종을 누른 뒤 절망으로 바뀌어 버린다. 문밖으로 나온 알렉스는 다른 남자의 아내이자 아이들의 엄마였다. 평화로운 그녀의 삶을 마주한 라이언은 큰 충격을 받고 황급히 발길을 돌린다. 배신감에 휩싸인 그는 고독한 현실로 돌아가기 위해 다시 비행기에 오르고 이때 알렉스의 전화를 받는다.

전화기 너머의 알렉스는 지난밤 자신의 집을 찾아온 것에 대한 불쾌함을 드러내며 일상에서 벗어나고 싶을 때 탈출구처럼 서로를 만나온 것이 아니었냐며 되묻는다. 여전히 자신과 같은 생각을 하고 있다면 다시 연락해도 좋다는 말과 함께 라이언의 귓가에서 떠나버린 알렉스. 그녀의 말에 차마 대꾸도 하지 못하고 넋이 나간 그때, 승무원의 들뜬 목소리가 기내 방송으로 흘러나온다.

"여러분께 알려드립니다. 더뷰크를 지나는 지금 이 순간 승객 한 분이 천만 마일을 달성하셨습니다. 축하드립니다."

속사정을 알 리 없는 승무원들은 라이언에게 축하의 샴페인을 가져다주고, 항공기의 기장이 그의 옆자리 앉아 평생 소원이었던 일곱 번째 플래티넘 카드를 건넨다. 그렇게 라이언은 목표를 이뤄낸다. 오랜 시간 이 순간을 꿈꿔왔고, 기장을 만나면 어떤 말을 건넬지 수없이 생각했던 그였지만 자신을 바라보는 기장에게 그가 할 수 있는 말은 이것뿐이다.

"준비를 했었는데 기억이 나지 않네요."

이제 그에게는 끝나버린 인생의 목표와 사랑이 지나간 흔적만이 남았다. 라이언의 손에 들린 샴페인의 맛은 어땠을까? 그의 표정만큼 씁쓸하게 느껴졌을까? 샴페인만큼 사람들 인생의 찬란한 순간을 함께해온 와인은 없겠지만, 기쁠 때 마시는 술이 기쁨을 배로 만들고, 슬플 때 마시는 술 역시 슬픔을 배로 만든다는 말은 진리다.

항공사마다 조금씩 차이가 있지만 기내 와인을 선정하는 과정은 까다롭다. 유명한 와인 전문가의 조언을 구하거나 항공사 내 와인 자문단이나 기관을 설치해 기내에서 서비스할 와인을 선택한다. 와인 선정의 포인트는 신맛이 적은 와인을 선택하는 것. 그 이유는 기내가 지상보다 기압이 높고 습도가 낮기 때문이다. 이 같은 환경에서 장시간 같은 자세로 앉아 있다 보면 입안이 텁텁해지는데, 특히 미각세포의 감도가 떨어져서 신맛이 더 강하게 느껴진다.

항공사가 와인 선정에 심혈을 기울이는 이유는 고객에게 서비스 되는 와인의 퀄리티가 항공사의 이미지와 직결되기 때문이다. 특히 샴페인이 그렇다. 어떤 샴페인이 탑승객의 웰컴 드링크로 서비스되느냐는 사람을 만날 때 첫인상이 가장 중요하게 여겨지는 것과 같은 맥락이다.

영화에 등장하는 샴페인은 잔으로 서빙되어 어떤 샴페인인지 알 수 없었지만, 단서는 있다. 영화에서 라이언이 애용하는 항공사는 아메리칸 항공으로, 이곳은 미국 항공사 최초로 항공사 와인 클럽을 런칭했다. 이 와인 클럽에 가입한 회원들은 매년 와인 전문가들로 구성된 전담팀이 선별한 기내 와인 컬렉션을 집으로 받아볼 수 있다고 한다. 아메리칸 항공 와인 클럽의 샴페인 목록은 도츠*Deutz*, 카스텔노*Castelnau*, 앙리 블랭*H.Blin*, 랑송*Lanson*이다. 아마도 이 중 하나가 서빙되지 않았을까 예상해본다.

기내에서의 와인 한 잔은 수면에도 도움을 준다. 흔히 이코노미 클래스 증후군으로 불리는 혈액 순환 장애 현상을 완화시켜서 비행의 피로감을 덜어주는 역할을 한다. 우리의 주인공 라이언 빙햄도 손에 든 샴페인을 비우고 한숨 푹 잤기를 바란다. 수면만큼 마음을 진정시켜 주는 것도 없다.

# 「인셉션」과 꿈의 와인

*Inception*

Director 크리스토퍼 놀란

Cast 레오나르도 디카프리오(코브)
오타나베 켄(사이토)
조셉 고든 레빗(아서)
마리옹 코티아르(맬)
엘렌 페이지(애리어든)
톰 하디(임스)

## 스스로 설계한 꿈속의 와인

2010년에 개봉한 「인셉션」은 놀라움의 연속인 작품이다. 영화가 갖춰야 하는 서사, 연출력, 배우의 연기력, 화면을 채우는 할리우드 자본의 스케일까지, 모든 조건을 갖춘 영화는 러닝타임 내내 관객들을 그야말로 압도했다. 천재 감독 크리스토퍼 놀란이 각본, 감독, 제작까지 도맡았다는 사실도 흥미롭다.

인셉션은 크리스토퍼 놀란이 16살에 생각해낸 기획이다. "꿈속에서는 모든 것이 가능하다"라는 하나의 생각이 퍼져나가 이야기를 만든 것이다. 그는 다수의 영화 제작사에 이 구상을 들고 갔지만 거절당했다. 놀란은 당시에도 「메멘토」, 「인섬니아」를 만들어 작품성을 인정받는 감독이었지만, 제작사는 블록버스터를 만들 역량을 확신할 수 없다는 이유로 거절했다. 그래서 그가 좌절했느냐? 물론 아니다. 오히려 「배트맨 비긴즈」와 「다크나이트」를 연이어 성공시키며 자신의 능력을 세상에 확인시켰고, 크리스토퍼 놀란의 오랜 숙원대로 대형 블록버스터 「인셉션」이 세상에 나오게 된다.

영화의 제목이자 '시초'라는 뜻을 가지고 있는 인셉션은 영화 속 작전 용어다. 사람의 꿈에 들어가 무의식 속에 생각을 주입하고, 꿈에서 깨어난 사람이 그 생각을 자기 스스로 했다고 믿게 만드는 것. 그것이 인셉션이다. 레오나르도 디카프리오가 열연한 주인공 코브는 드림 머신이라는 기계를 이용해 타인과 꿈을 공유하고 타인의 꿈속에 들어가 생각을 훔치는 일을 한다.

영화의 초반, 코브는 사업가 사이토의 사업상 비밀을 알아내기 위해 동료 아서와 사이토의 꿈으로 들어간다. 꿈속에서 사이토와 미팅을 하는 코브는 그의 생각을 읽어내기 위해 그를 설득 중이다. 사이토의 꿈속은 일본의 성공한 사업가의 취향에 걸맞게 매우 고상하다. 그는 커다란 테이블의 끝에 앉아서 식사를 하며 와인을 마시고 있다. 그 사이 코브는 사이토에게 무의식을 훈련시켜 주겠다며 사이토의 내면을 알아갈 수 있게 자신에게 이야기를 들려달라고 구슬린다. 코브의 뛰어난 언변에 사이토는 흔들린다.

이 장면을 보며 필자의 머릿속을 스치는 생각은 이런 것들이었다. 와인을 좋아하는 사업가 사이토는 꿈속에서 어떤 와인을 마시고 있었을까? 만약 내가 인셉션처럼 꿈속으로 들어갈 수 있다면 어떤 와인을 선택할까? 크리스토퍼 놀란 감독의 말처럼 '꿈속에서는 모든 것이 가능하니까' 말이다.

와인 애호가라면 평생 누구나 한번쯤 마셔보고 싶은 꿈의 와인이 있을 것이다. 그리고 아마도 많은 이들에게 꿈의 와인이란, 세계 최고가인 로마네 콩티*Romanee Conti*나 페르튀스*Petrus* 같은 와인일 테다. 필자 또한 아직 마셔보지 못한 고가의 와인을 마셔보고 싶긴 하다. 그건 와인을 사랑한다면 당연한 일. 하지만 내 꿈의 와인은 최초의 와인이다.

와인을 이제 막 배우던 시절, 한 시음회에서 인생의 와인을 만났다. 이탈리아의 3대 명품 와인 중 하나인 아마로네*Amarone*였는데, 와이너리 이름은 기억이 나지 않는다. 마치 우유를 탄 듯한 크리미한 향과 입안을 농밀하게 감싸는 질감은 십년이 넘게 지난 지금도 생생하다. 이름도 모를 아마로네 한 잔은 필자를 와인의 세계에 푹 빠지게 만들었고 여전히 그 와인을 찾아 헤매고 있다. 인셉션을 통해 꿈속으로 들어간다면 그 아마로네 와인을 다시 한번 마셔볼 수 있지 않을까.

사이토는 꿈에서 깬 뒤, 자신의 비밀 가까이까지 유유히 들어왔던 코브의 능력에 감탄한다. 그는 자신과 경쟁 관계인 로버트 마이클 피셔의 비밀을 알아내는 데 코브의 능력을 역 이용하기로 한다. 사이토와 손을 잡은 코브는 팀원들과 함께 로버트 마이클 피셔의 꿈으로 들어가 인셉션을 시도한다. 철옹성 같은 상대의 무의식을 완벽하게 속이기 위해 꿈속 세계를 몇 겹으로 설계해놓고 비밀에 다가가는 코브는 마침내 마이클 피셔의 기억 속에 단단히 잠가 두었던 비밀의 금고를 여는 데 성공한다. 필자의 꿈의 아마로네도 분명 기억 어딘가 굳게 닫힌 금고 안에 있을 것이다. 이번 생에 기억해낼 수 있을까? 누군가 인셉션을 해주지 않는 이상, 평생 그 와인을 찾아 헤맬 것 같다.

# 「캐치 미 이프 유 캔」과 샴페인 박스

*Catch Me If You Can*

**Director** 스티븐 스필버그

**Cast** 레오나르도 디카프리오(프랭크)
톰 행크스(칼)
크리스토퍼 웰켄(프랭크 아버지)
마틴 쉰(로저 스트롱)
나탈리 베이(폴라)
에이미 아담스(브렌다)

**Wine** 샴페인 모엣 샹동(프랑스 샹파뉴)

28

## 레오나르도 디카프리오에게 모엣 샹동이란?

영화 「캐치 미 이프 유 캔」은 첫 장면부터 주인공 프랭크 윌리엄 애버그네일의 죄명을 읊어주며 시작한다.

"1964년부터 1967년까지 팬 아메리카 항공사의 조종사를 사칭하며 2백만 마일을 공짜로 탔고, 같은 기간 조지아 병원의 소아과 수석 전공의는 물론 루이지애나주 법무부 차관보 신분도 사칭했다. 체포되었을 때는 미국 최연소 사기꾼으로 기록되었다. 26개국과 미국 50개주에서 위조수표로 4백만 달러의 현금을 썼을 때가 19살이 되기 전이었다."

영화를 처음 봤을 때 이런 생각을 했다. '좀 무리한 설정 아닌가? 스티븐 스필버그 감독이 캐릭터 설정에 욕심을 많이 냈구나.' 영화는 프랭크와 그를 쫓는 FBI 요원 칼을 주축으로 프랭크의 사기 행각들을 흥미롭게 그려낸다. 그리고 영화가 끝난 뒤 화면에 흐르는 자막.

'프랭크의 실제 모델인 프랭크 애버그네일은 수표 위조 방지 시스템을 고안해냈다. 지금도 보안 컨설턴트로 활동하며 여러 기업에서 연간 수백만 달러가 넘는 로열티를 받고 있다.'

이것이야말로 반전이었다. 영화에 대한 사전 정보 없이 봤기에 실화를 바탕으로 제작된 영화라는 사실에 큰 충격을 받았던 기억이 난다. 영화 속 프랭크는 조종사 사칭과 위조 수표로 돈을 모아 조지아주 애틀랜타의 풀장이 딸린 아파트에서 지낸다. 나이, 학벌, 직업 모든 것이 거짓인 삶을 살지만 그의 내면에는 여전히 어린 소년이 자리하고 있다. 소년의 외로움 탓에 프랭크의 집은 항상 파티를 즐기는 사람들로 북적인다. 파티를 즐기는 친구들 사이로 들어오는 프랭크의 손에는 샴페인 한 상자가 들려있다. 바로 모엣 샹동*Moet&Chandon*이다.

말끔하게 옷을 빼입고 샴페인 박스를 들고 오는 디카프리오의 모습은 화보로 남겨두고 싶을 정도로 잘 어울린다. 여기에 프랭크의 친구가 샴페인 박스를 받아 들며 “모엣 샴페인 좋아!”라고 외치기까지 하니, 이 장면을 따로 놓고 보면 모엣 샹동 광고 영상처럼 느껴지기도 한다. 게다가 그로부터 11년 뒤에는 「위대한 개츠비」에서 모엣 샹동이 담긴 샴페인 잔을 들어올리며 세상 멋진 미소를 짓게 되니 디카프리오가 모엣 샹동의 심볼 역할을 톡톡히 해냈다는 생각이 든다.

모엣 샹동은 두말할 필요 없이 대표적인 샴페인 하우스다. 1743년 프랑스의 와인 상인이었던 클로드 모엣*Claude Moet*이 에페르네에 메종 모엣*Maison Moet*을 설립한 것이 시초. 샴페인 애호가였던 루이 15세와 마담 퐁파두르는 메종 모엣의 샴페인을 궁정 연회에 종종 사용했으며, 클로드의 손자 장 레미 모엣*Jean Remy Moet*과 친했던 나폴레옹은 1814년 황제 자리에서 물러나기 직전까지 그의 샴페인을 마시기 위해서 여러 차례 방문했다고 한다.

유럽의 귀족들과도 폭넓은 친분을 가지고 있던 장 레미의 엄청난 사업 수완 덕분에 메종 모엣은 세계적인 샴페인 브랜드로 거듭난다. 1750년 영국으로 샴페인을 수출하기 시작한 뒤 1762년에는 러시아, 1787년 미국, 1815년 브라질, 1843년 아시아 최초로 중국 그리고 1905년에는 일본까지 진출했다. 이후 장 레미는 1832년 아들인 빅토르 모엣*Victor Moet*과 사위인 피에르 가브리엘 샹동*Pierre Gabriel Chandon*에게 사업을 물려주었고, 모엣 샹동이라는 브랜드 네임은 이렇게 탄생했다.

현재 모엣 샹동을 대표하는 샴페인인 브륏 임페리얼*Brut Imperial*은 1860년대에 만들어졌다. 그리고 1930년 또 다른 유명 샴페인 하우스인 메르시에*Mercier*로부터 동 페리뇽*Dom*

*Perignon*의 상표권을 인수해 1936년 시장에 첫 선을 보인다. 1962년에는 샴페인 회사로서는 처음으로 프랑스 주식회사에 상장되었다. 이후 1971년 꼬냑 회사인 헤네시과 합병해 모엣 헤네시가 되었고, 1987년 세계 최대의 명품 기업인 루이 비통에 합병되면서 LVMH(Louis Vuitton Moet Hennessy)로 재탄생했다.

그런데 실제로 디카프리오는 모엣 샹동을 좋아할까? 그건 잘 모르겠지만, 샴페인 마니아인 것은 틀림없다. 「위대한 개츠비」(49쪽)에서 말했듯 찰스 하이직의 애호가이기도 하고, 고가의 샴페인 중에서도 최고급으로 평가되는 아르망 드 브리냑 *Armand de Brignac*을 좋아한다고도 알려졌다. 자신의 생일 파티에 쓸 아르망 드 브리냑을 구입하기 위해 무려 3백만 달러를 쓴 적도 있다고 한다. 생각해보면 레오나르도 디카프리오가 무슨 와인을 마시고 어떤 샴페인을 파티에 사용했는지는 중요한 문제가 아니었을지 모른다. 그가 아침에 일어나 아르망 드 브리냑을 마시고 브런치에 도멘 드 라 로마네 콩티의 와인을 곁들이고 저녁에 페트뤼스를 마신다 해도 이상할 것이 없으니까.

# 「딥 임팩트」와 인생 마지막 순간을 함께할 와인

*Deep Impact*

Director 미미 레더

Cast 로버트 듀발(Capt. 스퍼진 피쉬 태너)
티아 레오니(제니 러너)
일라이저 우드(리오 베이더만)
바네사 레드그레이브(로빈 러너)
맥시밀리안 쉘(제이슨 러너)
제임스 롬웰(알란 리튼하우스)
모건 프리먼(대통령 톰 벡)

Wine 샤토 무통 로칠드 1993(프랑스 보르도)

만약 인생 마지막 순간에 한 잔의 와인을 마실 수 있다면 어떤 와인을 선택할까?

'만약에'라는 단서를 붙여 시작하는 질문의 대부분은 공허한 상상으로 끝나고 말지만, 그래도 이 질문에는 공을 들여 고민해보고 싶다. 이 상상은 SF 재난 영화라고 예상했으나 삶에 관한 질문을 던지는 드라마였던 「딥 임팩트」 속 한 장면을 보며 시작되었다.

영화는 미국 NBC 기자 제니가 미재무장관과 앨리*ELE*라는 여성의 스캔들을 파헤치면서 시작한다. 정치인의 가십기사가 될 거라 생각했던 스캔들은 조사가 진행되면서 전혀 예측하지 못한 방향으로 흘러간다. 미재무장관이 숨기려 했던 앨리의 실체는 불륜의 대상이 아니었다. 앨리는 Extinction Level Event의 약자로 '멸종 수준의 사건'이라는 뜻이었다. 미국 대통령은 국민들을 향해 진실을 말한다.

"국민 여러분. 현재 에베레스트산보다 더 큰 혜성이 지구를 향해 다가오고 있습니다."

미 정부의 계획은 이렇다. 핵을 실은 우주선을 쏘아 올려 돌진 중인 혜성과 충돌시켜 지구 밖에서 제거한다는 것이다. 하지만 미 정부의 혜성 충돌 계획은 절반의 성공만 거둔다. 우주선은 혜성과 부딪쳤지만 혜성은 두 개로 분리되어 여전히 지구를 향해 다가오고 있다. 이어서 미 정부는 두 번째 계획을 실행한다. 일명 방공호 계획으로 100만 명이 2년간 생존 가능한 방공호를 만들어 그 안에 들어갈 사람을 뽑아 살린다는 것이다. 계엄령이 발표되고 선발된 사람들은 방공호로 들어간다. 이제 인류는 지구 종말을 준비한다.

주인공 제니의 엄마 로빈도 마지막 순간을 맞았다. 로빈은 남편과 이혼하고 이따금 찾아오는 딸을 만나는 것을 낙으로 삼으며 살고 있다. 그녀는 자신이 방공호에 들어갈 수 없다는 것을 알게 되자 스스로 삶을 정리하기로 결정한다. 로빈은 우아한 드레스를 꺼내 입고 정성껏 자신을 치장한다. 추억이 담긴 음악을 틀고 젊은 시절 남편과 딸의 사진을 꺼내 보며 회상에 빠진다. 그리고 그녀 앞에 인생의 마지막이 될 와인이 테이블 위에 올려져 있다. 바로 샤토 무통 로칠드*Chateau Mouton-Rothschild* 1993년산이다.

프랑스 보르도 5대 샤토 중 하나인 샤토 무통 로칠드가 1등급의 반열에 오르기까지의 이야기는 와인 애호가들에게는 유명한 일화다. 61개 샤토를 1등급부터 5등급까지 분류한 보르도 그랑 크뤼 클라세는 1855년 만들어진 이래 단 두 번의 예외를 제외하고, 무려 200년 가까운 세월 동안 변함없이 그 리스트가 이어져 오고 있다. 마치 난공불락의 성처럼 견고하게 지켜온 등급제에 유의미한 변화를 이루어 낸 곳이 바로 샤토 무통 로칠드다.

샤토 무통 로칠드는 1855년 등급이 제정될 당시에는 2등급에 랭크됐던 와이너리다. 당시 오너였던 나다니엘 드 로칠드*Nathaniel de Rothschild*는 이 결정을 받아들일 수 없었다. 그는 자신의 와인을 1등급으로 올리기 위해 부단한 노력을 했지만, 안타깝게도 자신의 꿈이 이뤄지는 것을 보지 못하고 눈을 감았다. 샤토 무통 로칠드가 1등급으로 승격된 것은 무려 100년이 지난 후, 후대인 필립*Philippe*의 손에서 이루어졌다. 그리고 그가 이루어낸 몇 가지 혁신이 무통 로칠드가 1등급으로 승격되는 것에 큰 역할을 했다고 평가받는다.

첫 번째, 그는 요즘 프랑스 와인 레이블에서 찾아볼 수 있는 Mis en Bouteilles au Chateau(샤토에서 병입했음)를 최초로 도입했다. 당시에는 포도를 재배하면 양조한 뒤 오크통에 담아서 네고시앙에게 넘겼기 때문에 그 이후의 품질에 대해서 100%

보장할 수 없었다. 그래서 필립은 포도 재배부터 양조, 병입까지 직접 샤토에서 함으로써 품질에 대한 신뢰를 심어줬다.

두 번째, 필립은 와인 초보자라도 한 번쯤은 들어봤을 무통 카데*Mouton Cadet*를 탄생시킨 장본인이다. 부담스럽지 않은 가격으로 구할 수 있는 무통 카데는 보르도 최초의 브랜드 와인이다. 1930년부터 이어지는 3년 동안 빈티지가 너무 좋지 않았던 관계로 무통 로칠드를 만들기에는 부족하다고 생각했던 필립은 무통 로칠드 대신 무통 카데를 출시했다. 이름의 뜻은 Youngest brother of Mouton(무통의 막내). 무통 카데는 전 세계에서 가장 인기 있는 보르도 밸류 와인*Value wine*(가격 대비 품질이 좋은 와인)이 되었고 지금도 그 명성은 여전하다.

세 번째, 필립은 그의 와인을 특별하게 만들기 위해서 유명 디자이너 장 카를뤼*Jean Carlu*를 고용해 1924년산 샤토 무통 로칠드의 특별한 레이블을 디자인하도록 했다. 이것이 현재 세계에서 가장 유명한 아티스트 레이블의 시초다. 이후 제2차 세계대전으로 말미암아 20년간 무통 로칠드의 아티스트 레이블을 볼 수 없었다. 그리고 마침내 종전 직후인 1945년 무통 로칠드는 레이블에 승리(Victory)의 V를 새겨 넣으면서 아티스트 레이블의 전통을 되살렸다. 이때부터 현재까지 매해 당대 최고의 예술가들의 작품이 무통 로칠드의 레이블로 제작되고 있다. 레이블 제작에 참여한 유명한 작가로는 미로*Miro*, 샤갈*Chagall*, 브라크*Braque*, 피카소*Picasso*, 워홀*Warhol* 등이 있다.

이처럼 끊임없는 노력을 통해 결국 무통 로칠드는 1973년 1등급으로 승격되는 역사적 순간을 이뤄낸다. 그해 샤토 무통 로칠드의 모든 병에는 다음과 같은 글귀가 적혔다.

"Premier je suis, second je fus, Mouton ne change"(First I am, second I was, I Mouton do not change.)

1등급이 됐지만, 2등급이었을 때도 와인의 퀄리티는 변함이 없었다는 글귀를 적음으로써 자신들의 와인은 원래부터 1등급이었다는 속뜻을 드러낸다. 무통 로칠드의 자신감은 예나 지금이나 대단하다.

영화에 등장한 1993년 빈티지는 파리 출신의 화가 발투스 *Balthus*의 작품이 장식했다. 어린 소녀의 나신을 그린 이 작품은 예술적으로는 높은 평가를 받았지만, 피사체가 어린 소녀라는 것에 미국을 비롯한 몇몇의 국가는 정서적인 거부감을 표현하기도 했다. 결국 샤토 무통 로칠드는 미국으로 수출하는 와인에는 그림을 삭제하는 과감한 결정을 한다. 그래서 영화에 등장한 샤토 무통 로칠드의 레이블에는 발투스의 그림이 보이지 않는다.

인생의 마지막 순간에 로빈의 선택은 샤토 무통 로칠드였지만, 사람들의 선택은 모두 제각기일 것이다. 서두에 먼저 언급했지만, 영화를 보면서 필자 역시 이 고민을 했다. 처음에는 일생에 꼭 한번 시음하고 싶던 최고급 와인을 떠올렸는데 시간이 지나면서 생각이 바뀌었다. 사랑하는 사람과 가장 많은 시간 동안 함께 마신 와인, 일상 속에서 제일 좋아하던 데일리 와인을 고를 것 같다. 때론 익숙함이 더 귀할 때가 있다.

# 「버킷 리스트」, 고단했던 삶을 위한 한 번의 호사

*The Bucket List*

**Director** 로브 라이너
**Cast** 잭 니콜슨(에드워드 콜)
모건 프리먼(카터 챔버스)

## 그의 입으로 샴페인과 캐비아가 들어갈 때

고교 시절에 적었던 버킷 리스트가 있다. 소녀 감성이 고스란히 드러난 지극히 개인적인 목록이지만 부끄러움을 무릅쓰고 공개한다. 첫 번째, 튼튼한 남자를 만나는 것. 두 번째, 그 남자와 세계여행을 떠나는 것. 세 번째, 세계여행에서 돌아와 그 남자와 결혼하는 것. 네 번째, 성공한 작가로 죽는 것.

결론부터 말하면 절반 이상은 이뤘고 마지막 하나는 지금도 노력 중이다. 갑자기 옛 기억을 끄집어낸 이유는 영화 「버킷 리스트」를 통해 은밀한 기억들이 되살아났기 때문이다. 영화는 죽음을 앞둔 두 노인의 도전과 우정을 그렸다. 잭 니콜슨이 연기한 백만장자 에드워드 콜은 자수성가한 사업가지만, 괴팍한 성격 때문에 고독한 삶을 살고 있다. 또 한 명의 주인공 모건 프리먼이 열연한 카터 챔버스는 45년간 자동차 정비 일을 해오며 가정을 헌신적으로 꾸려온 소시민이다. 두 사람 사이에는 연결고리가 전혀 없었지만, 시한부라는 공통분모는 곧 이들을 둘도 없는 친구 사이로 만든다. 그렇다. 영화는 인생의 결말까지 얼마 남지 않은 시간을 보내는 두 어르신의 이야기다.

에드워드와 카터는 병실 룸메이트로 만난다. 카터는 치료를 받으며 무료하게 보내는 시간 동안 대학 시절에 작성했던 버킷 리스트를 다시 한번 적어본다. 하지만 버킷 리스트를 실현할 만한 시간도 돈도 없기에 의미 없는 종이를 쓰레기통에 버려 버린다. 반면 사람은 없어도 돈만큼은 넘쳐나는 에드워드가 카터의 버킷 리스트를 보게 되고, 버킷 리스트를 실현해보기로 결심한다.

에드워드와 카터의 목록은 아래와 같다.

**1** 정말 장엄한 광경 보기

2 낯선 사람 도와주기
3 눈물이 날 정도로 실컷 웃기
4 쉘비 머스탱 몰아보기
5 세상에서 가장 아름다운 여인과 키스하기
6 문신하기
7 스카이다이빙
8 영국 스톤헨지 방문하기
9 프랑스 루브르 박물관에서 일주일을 보내기
10 로마 여행
11 이집트 피라미드 여행
12 아프리카에서 사냥하기
13 헤어진 사람과 다시 연락하기

이제 이 두 노신사는 그들의 소망을 이뤄가는 여행을 시작한다. 감동적인 장면이 많은 영화다. 불가능할 것 같은 꿈을 하나씩 이루어 나가는 장면도 좋지만, 결국 돌고 돌아 가족의 품으로 온 카터와 에드워드의 모습이 인생에서 진정 가치 있는 것은 바로 옆에 있다는 것을 말해준다. 이 중 필자의 마음에 깊이 남은 장면이 있다. 두 사람이 이탈리아에서 해변이 보이는 고급 레스토랑에 앉아 캐비아에 샴페인을 마시는 장면이다. 생애 처음이자 마지막이 될 캐비아와 샴페인을 마시던 카터는 에드워드에게 캐비아를 어떻게 얻는지 아느냐고 묻는다. 그리고 담담히 말한다.

"철갑상어 암놈을 잡으면 편히 죽도록 내버려둬야 해. 위협을 느끼면 산이 분비되어 알이 상하지."

이 대사는 무척 슬프게 다가온다. 사는 내내 고단했던 카터 역시 죽음을 맞이하는 순간만큼은 철갑상어의 마지막처럼 평안하기를 바라는 듯하다.

와인 이야기를 해보자. 샴페인에 캐비아를 매칭하는 것은 아주 클래식한 매칭이다. 캐비아의 오일리함과 짠맛을 샴페인의 버블과 산미가 깔끔하게 중화시켜 최고의 페어링으로 꼽는다.

캐비아는 푸아그라, 트러플과 함께 세계 3대 진미에 속한다. 푸아그라는 거위의 간, 트러플은 땅 속에서 자라는 진귀한 버섯이다. 우리 말로는 송로버섯이라고 한다. 모두 귀하고 값이 비싸지만, 셋 다 와인과 함께 먹으면 환상적인 매칭을 보여주기 때문에 와인 애호가라면 한번쯤은 꼭 경험해 보고 싶어 한다. 푸아그라의 경우, 레스토랑에서는 겉면만 살짝 구워서 스테이크처럼 즐기기도 하는데, 과거부터 수준 높은 보르도 레드 와인들과 최상의 마리아주로 여겨져 왔다.

트러플은 프랑스와 이탈리아 피에몬테 주의 화이트 트러플이 유명하다. 얇게 슬라이스해서 각종 요리에 가니시처럼 뿌려 먹는데, 어떤 음식도 최상급으로 만들어주는 마법의 식재료라고 할 수 있다. 피에몬테에 가게 된다면 작은 트러플을 하나 사서 여행 내내 파스타 위에 뿌려 먹기를. 피에몬테의 토착 품종인 네비올로로 만든 레드 와인에 환상적으로 어울린다. 지갑 사정이 허락한다면 피에몬테의 최상급 와인인 바롤로*Barolo*나 바르바레스코*Barbaresco*와 함께 매칭해보기를 추천한다.

오늘의 주인공인 캐비아. 트러플이 땅 속의 보석이라고 한다면, 캐비아는 바다의 보석이라 할 수 있다. 철갑상어 알을 소금에 절인 캐비아는 철갑상어의 품종과 가공 방법에 따라 분류하며, 대표적인 것으로 벨루가*Beluga*, 오세트라*Ossetra*, 세브루가*Sevruga*가 있다. 시중에 가장 많이 유통되며 잘 알려져 있는 것은 오세트라다. 가장 귀한 것은 벨루가. 벨루가는 흰 철갑상어 중 15년 이상 성장한 개체에서만 얻을 수 있고 그 크기가 가장 크다. 크리미한 질감에 알이 포함하고 있는 기름은 마치 호두향을 연상시킨다.

캐비아가 고급 식재료인 만큼 매칭하는 샴페인도 고급일수록 좋다. 고급 캐비아에서 느낄 수 있는 독특한 견과류 풍미는 고급 샴페인에서만 느낄 수 있는 효모 향과 환상적으로 어울리기 때문이다. 물론 캐비아는 어느 요리에든 곁들여 먹을 수 있다. 그 자체로 천연 소금의 역할을 해주는 캐비아의 활용 범위는 양식, 일식, 중식, 한식 등을 넘나들며, 메인 식재료의 풍미를 향상시키고 와인의 맛을 좋게 한다. 개인적으로는 바삭한 크래커에 작게 한 스푼 올려 샴페인과 함께 먹는 걸 좋아한다. 크래커의 바삭함, 캐비아의 오일리하면서 짠맛이 샴페인 풍미와 어우러진다.

언제나 가족을 위하며 45년간 자동차 정비공으로 살았던 카터. 지중해가 보이는 아름다운 레스토랑에서 그의 입으로 샴페인과 캐비아가 들어갈 때, 다행이라는 생각을 했다. 카터는 그런 행복을 누릴 자격이 있는 사람이다.

우리도 자신을 위해 한번쯤 이런 호사를 선물해보는 것은 어떨까? 살아온 방식은 달라도 삶을 살아간다는 것 자체가 누구에게나 고된 일이므로.

# 「그랜드 부다페스트 호텔」과 대화를 시작하는 와인

*The Grand Budapest Hotel*

**Director** 웨스 앤더슨

**Cast** 랄프 파인즈(M.구스타브)
틸다 스윈튼(마담D)
토니 레볼로리(제로)
시얼샤 로넌(아가사)
애드리언 브로디(드미트리)
윌렘 대포(조플링)
F. 머레이 아브라함(Mr.무스타파)
주드 로(젊은 작가)

## 이 정도면 대화할 시간이 충분할 걸세

2014년 제64회 베를린 국제 영화제의 포문을 연 개막작이자 대상 수상작인 「그랜드 부다페스트 호텔」은 감독 웨스 앤더슨이 추구하는 영화적 요소들이 촘촘히 집약된 걸작이다. 영화는 1985년 소설 『그랜드 부다페스트 호텔』을 쓴 작가가 어떻게 이 이야기를 쓰게 되었는지에 대한 운을 띄우며 자신의 과거인 1960년대의 이야기를 들려준다.

1960년대, 전쟁을 겪은 뒤 화려했던 시절은 모두 지워진 그랜드 부다페스트 호텔. 이 호텔에 머물며 소설을 쓰던 작가는 호텔 로비에 앉아 있는 노신사에게 강렬한 호기심을 느낀다. 노신사의 이름은 제로 무스타파, 이 호텔의 주인이다. 작가는 호텔 목욕탕에서 무스타파를 만나게 된다. 그가 무스타파에게 어떻게 이 호텔을 사게 되었는지 묻자 무스타파는 정말 궁금해서 묻는 말이라면 모든 것을 이야기해줄 테니 저녁 식사를 같이하자고 제안한다.

그렇게 함께 저녁 식사를 하게 된 두 사람. 무스타파는 메뉴를 살피며 올리브를 곁들인 오리구이와 토끼고기, 샐러드를 주문하고 푸이 주베*Pouilly-Jouvet* 52년산과 브륏 샴페인 작은 사이즈 한 병을 주문한다. 그리고 이렇게 말한다.

"이 정도면 대화할 시간이 충분할 걸세."

이 장면에서 감탄이 나왔다. 제로 무스타파는 상대와 대화를 시작할 매너를 갖추고 있는 사람이다. 처음 식사를 함께하는 자리에서 "뭐 먹을래요?", "와인 뭘로 할래요?"라고 물으면 으레 "전 다 괜찮아요", "잘 몰라서요. 원하는 걸로 하세요"라는 답이 돌아오지 않던가. 이럴 때는 미리 메인 요리 두 가지와 식사를 시작하기 좋은 드라이한 브륏 스타일의 스파클링 와인 반 병,

그리고 식사 동안 함께 마실 와인 한 병을 골라 먼저 주문해주는 구스타파의 매너를 보고 따라해보는 것도 좋겠다. 우리가 그처럼 호텔의 오너는 아니지만 말이다.

그리고 영화는 필자에게 큰 의문을 남겼는데, 바로 푸이 주베가 무슨 와인이냐 하는 것이다. 혹시 구스타파의 발음이 독일식이라, 푸이 퓌세*Pouilly-Fuisse*나 푸이 퓌메*Pouilly-Fume*를 잘못 발음한 건 아닐까 싶었다.

푸이 퓌세는 프랑스 부르고뉴 마코네*Maconnais*의 세부 와인 산지로, 샤르도네 100%의 화이트 와인을 생산하고 있다. 특히 헤이즐넛과 구운 아몬드의 향이 매력적인 밸류 와인이다. 푸이 퓌메도 프랑스의 와인 산지로, 지역은 루아르 밸리다. 길고 긴 루아르강의 동쪽에 위치한 푸이 퓌메는 이 지역의 오랜 토착 품종인 소비뇽 블랑으로 감각적이고 매력적인 화이트 와인을 생산하고 있다.

하지만 이 추측은 보기 좋게 틀렸다. 테이블에 서빙된 푸이 주베는 레드 와인이었던 것이다. 영화 속 두 사람이 마신 푸이 주베는 존재하지 않는 와인이다. 다만 감독이 푸이 퓌세나 푸이 퓌메에 대해서 알고 있고, 이 단어를 비틀어서 영화에 등장시킨 게 아닐까 추측한다. 이런 결론을 내기까지 나름 긴 검색과 추적의 시간이 필요했다. 여하튼 푸이 퓌세나 푸이 퓌메는 개인적으로 정말 좋아하는 화이트 와인이다.

특히 소비뇽 블랑 100%로 만들어지는 푸이 퓌메 와인은 전 세계 소비뇽 블랑 와인의 기준을 만들었다. 작은 부싯돌 섞인 석회암 토양에서 재배된 푸이 퓌메의 소비뇽 블랑은 신기하게도 스모키하고 부싯돌 향이 난다. 전 세계에서 수많은 소비뇽 블랑 와인들이 생산되고 있지만 필자 마음속 최고의 소비뇽 블랑은 늘 푸이 퓌메였다.

# 「시월애」, 같은 공간 다른 시간에 마시는 와인

Love Story

**Director** 이현승

**Cast** 이정재(성현)
전지현(은주)

**Wine** 베린저 파운더스 에스테이트 카베르네 소비뇽
(미국 나파 밸리)

## 시공간을 넘어선 사랑 이야기 그리고 와인

이현승 감독의 감성 로맨스 「시월애」는 1998년을 사는 남자 성현과 2000년을 사는 여자 은주의 사랑 이야기다. 영화의 제목은 때 시時, 넘을 월越, 사랑 애愛로 직역하면 시간을 초월한 사랑이라는 뜻이다.

1999년 겨울, '일 마레'라는 바닷가의 고요한 집에 살던 은주가 이사를 가기 전 다음 세입자에게 쓴 편지를 우체통에 넣으면서 이야기가 시작된다. 그 편지를 받게 된 이는 1997년을 사는 건축가 성현이다. 이후 둘은 우체통 속 편지를 주고받으며 시간을 뛰어넘어 소통한다.

「시월애」라는 영화를 조금 더 소중하게 대하고 싶은 마음이 있는데 그 이유는 영화가 전해주는 그 시대의 향수 같은 것들 때문이다. 우리가 편지를 언제 써봤더라? 아니 우편함에 편지를 넣어본 기억이 언제였지? 손수 편지지를 골라, 혹여 글씨가 틀릴까 머릿속에 쓸 말을 되뇌어가며 편지지를 채워갔던 기억을 소환해봤다. 물론 민망함도 같이 따라왔지만, 그래도 입가에 미소가 돌게 하는 추억들이다. 시월애는 그렇게 다가온 영화다.

영화 속에는 와인을 좋아하는 성현의 캐릭터 덕분에 와인을 마시는 장면이 몇 차례 등장한다. 두 가지 장면이 인상 깊었는데, 하나는 성현이 은주에게 나레이션으로 파스타를 만드는 방법을 설명하는 신이다. 성현은 파스타 면이 잘 익었는지 확인하려면 벽에 던져보라고 하면서 한 가닥을 던져 벽에 붙인다. 이 장면은 아마 영화를 본 많은 사람들이 따라해봤음 직한 인상적인 장면이다. 지금이야 '파스타 하나 만들면서 뭐 그리 요란할까?' 하는 의문이 들 수도 있지만, 때는 1998년이다.

두 번째로 인상적인 와인이 있는 장면은, 성현이 평소 자신이 즐겨 마시던 미국의 베린저*Beringer* 와인을 밀레니엄 개봉 박스 안에 넣고 와인 바에 맡기는 장면이다. 성현은 2년 뒤 그 와인을 마실 은주를 생각하며 홀로 와인을 즐긴다. 지금은 베린저 와인의 레이블이 검은색으로 바뀌었지만, 당시 베린저 와인의 레이블로 유추해 보건대 성현이 마시는 와인은 베린저 파운더스 에스테이트 카베르네 소비뇽 *Beringer Founders' Estate Cabernet Sauvignon*이다.

베린저는 1876년 설립된, 미국 와인 역사의 산 증인이라 할 수 있다. 나파 밸리에서 와인을 생산한다는 개념도 잡히지 않던 까마득한 시절에 와이너리 이름과 같은 성을 지닌 베린저 형제들이 독일의 마인츠에서 1868년 미국 캘리포니아로 이민을 오게 된다. 이들 형제는 자신들의 고향과 비슷한 토양을 찾아 포도나무를 심기로 했고 현재의 나파 밸리가 그들의 눈에 들어왔다. 이들은 곧 포도나무를 심고 자신들이 배웠던 유럽의 양조기술을 도입해서 퀄리티 높은 와인을 만들기 시작했다.

베린저는 곧 부와 명성을 거머쥘 수 있었다. 심지어 미국에 금주령이 시행되면서 대부분의 와이너리들이 문을 닫을 때조차 교회의 성찬용 와인을 위해 와인 생산을 지속했던 역사적인 와이너리다. 2001년에는 국가에서 선정한 역사지구로 베린저가 선정이 되기도 했고, 베린저에서 생산하는 최고급 와인인 프라이빗 리저브*Private Reserve* 샤르도네와 카베르네 소비뇽은 세계적인 와인매거진 「와인 스펙테이터*Wine Spectator*」에 올해의 와인으로 선정되기도 했다.

솔직히 이 장면에서 성현의 와인 취향에 조금 실망했다. 위에서 설명했듯 베린저는 대단한 와이너리임에는 분명하지만, 영화 속에 등장하는 베린저 파운더스 에스테이트 카베르네 소비뇽은 와이너리에서 만드는 프리미엄급이 아니라 데일리로 편하게 마실 수 있는 와인이다. 와인 바에 2년이나 보관해서 마실 만한 와인은 아니라는 의미다. 물론 그렇게 마신다고 해서 문제될 것은 없지만, 성현이 병 숙성을 통해 2년 뒤엔 향과 맛이 더 좋아질 와인을 선택했더라면 어땠을까 하는 생각이 들었다. 그러면 영화에 등장한 성현의 와인 취향이 더 남달라 보이지 않았을까? 베린저 와이너리에서 고른다면 프라이빗 리저브가 좋은 대안이다.

필자에겐 아쉬움이 남았지만 영화 속 2000년에 와인을 전해받은 은주는 베린저 와인을 마시며 행복해 보였다. 그렇다면 성현의 선물은 성공이다. 와인은 시음자 마음에 들면 그걸로 충분하다.

# 「카사블랑카」와 "당신의 눈동자에 건배"

*Casablanca*

**Director** 마이클 커티즈

**Cast** 험프리 보가트(릭 블레인)
잉그리드 버그만(일사 런드)

**Wine** 샴페인 G. H. 멈 코르동 루즈(프랑스 샹파뉴)

제2차 세계대전을 배경으로 한 고전 영화 「카사블랑카」는 개봉한 지 80년 가까운 시간이 흘렀지만 아직도 회자되는 세기의 명작이다. 영화는 중립국이었던 모로코의 카사블랑카에서 술집을 운영하는 주인공 닉과 이제는 다른 사람의 아내가 되어 나타난 일사의 이야기를 그려낸다. 당대 최고의 인기 배우였던 험프리 보가트와 잉그리드 버그만이 열연했고, 당시 아카데미 시상식에서 작품상, 감독상, 각색상을 모두 가져갔다.

영화의 작품성과 더불어 사람들의 기억에 오래도록 남은 데는 주인공 닉의 명대사도 한몫했다. 닉은 와인 잔에 샴페인 멈*Mumm*을 따르고 사랑하는 일사를 향해 이렇게 말한다.

"당신의 눈동자에 건배."

원작의 대사는 "Here's looking at you, kid"다. 기막힌 의역이다. 그저 "지금 널 보고 있어"라고 직역해 버렸다면 한국 관객들의 가슴속에 이렇게까지 파고들지는 않았을 것이다.

영화에 여러 차례 등장하는 샴페인의 풀 네임은 G. H. 멈 코르동 루즈*G. H. Mumm Cordon Rouge*다. 그리고 멈은 샹파뉴를 통틀어 다섯 손가락 안에 드는 명문가라고 할 수 있다. 특히 멈의 대표 샴페인이자, 1875년 출시된 이후 지금까지 와인 애호가들 사이에서 열렬한 사랑을 받고 있는 코르동 루즈는 15년간 세계 최대 경주용 자동차 대회 포뮬러원의 공식 샴페인이기도 했다.

혹시 영화에 등장한 샴페인의 레이블을 기억하는 관객이 있을까? 정면 레이블에는 굵은 사선이 그어져 있다. 흑백 영화라 색까지 보이진 않는데 실제로는 빨간색이다. 코르동 루즈는 '붉은 리본'이라는 뜻으로 멈의 창시자이자 멈 샴페인 하우스의 상징인 조지 예르만 멈*George Hermann Mumm*에 의해 탄생됐다. 그는 Only the best라는 모토로, 자신이 만든 샴페인의 훌륭한 품질을 표현하고자 프랑스 최고의 훈장인 레지옹 도뇌르*Legion* *d'Honneur*의 빨간 리본을 참고해 레이블을 디자인했다.

레지옹 도뇌르는 나폴레옹 1세가 부하들의 업적을 치하하기 위해 만든 것으로, 현재는 각 분야에서 위대한 업적을 세운 인물에게 프랑스 대통령이 수여하는 훈장이다. 1975년 조지 예르만의 아이디어로 탄생한 코르동 루즈는 출시되자마자 소비자로부터 엄청난 인기를 얻으며 성공을 거두었고, 샴페인의 기준이라는 명예로운 별명을 얻게 됐다.

지금도 멈은 자사의 얼굴이라 할 수 있는 코르동 루즈의 명성을 지키기 위해 각고의 노력을 기울인다. 코르동 루즈는 218ha(약 66만 평)에 달하는 최상급 포도밭의 고품질 포도로 만든다. 포도밭은 77개의 구획으로 나눠 관리하고, 각각의 구획에서 수확된 포도는 모두 별도로 발효시킨 뒤 마스터 블렌더가 블렌딩한다. 그리고 샴페인 하우스에서 소중하게 보관한 리저브 와인을 25~30% 정도 추가해 깊이를 더한다. 참고로 샴페인 하우스들은 매해 일정량의 와인을 따로 보관해 숙성시킨 리저브 와인을 보유하고 있다. 수 년 혹은 수십 년 동안 보관한 리저브 와인은 당해 와인과 블렌딩해서 복합미를 더한다.

블렌딩을 마친 코르동 루즈는 지하 셀러에서 3~5년 동안 추가로 숙성을 거친 뒤 출시된다. 길이가 25km에 달하는 동굴인 멈의 지하 셀러는 19세기 중반에 30여 년에 걸쳐 완성되었다고 한다. 연중 11도의 온도를 유지하기 때문에 와인이 숙성되기에 완벽한 환경을 지녔다.

걸작이라 불리는 「카사블랑카」에 이토록 어울리는 샴페인이 또 있을까. 코르동 루즈를 오픈하는 날에는 먼저 카사블랑카의 번역가에게 건배를 보내고 싶다.

"당신의 완벽한 표현력에 건배."

# 「아메리칸 뷰티」와 캘리포니아 샤르도네

American Beauty

**Director** 샘 멘데스
**Cast** 케빈 스페이시(레스터 번햄)
아네트 베닝(캐롤린 번햄)
도라 버치(제인 번햄)
웨스 벤틀리(릭키 피츠)
미나 수바리(안젤라)

## 식사하는 이 시간만이라도 그들이 함께 웃을 수 있었더라면

주인공 레스터 번햄은 미국 중산층 가정의 가장이다. 번듯해 보이는 그의 삶을 한 겹만 들춰보면 회사에서 눈치 보고 집에서는 아내와 딸에게 무시당하는 초라한 중년 남자가 보일 것이다. 영화에서 이들의 관계를 잘 묘사한 장면이 바로 저녁 식사 신이다.

넓은 다이닝룸에는 클래식 음악이 흐르고, 촛불을 켠 테이블에는 자연스레 와인이 함께한다. 분위기는 완벽한데 정작 저녁 식사를 하는 레스터 번햄의 가족들은 불만이 가득한 얼굴이다. 그들은 서로 대화도 나누지 않고 숨 막히는 시간을 버텨내며 간신히 음식을 넘길 뿐이다. 보고만 있어도 숨 막히는 이들의 식사는 가족 중 한 명이 입이라도 열면 이내 싸움으로 번져 엉망진

창으로 끝난다. 덩그러니 놓인 음식과 와인은 무슨 잘못이 있어 저런 가족들을 만나게 되었을까. 테이블에 위태롭게 놓인 화이트 와인을 보며 필자는 이들이 캘리포니아 샤르도네를 마시지 않았을까 생각했다. 오크향을 입힌 볼륨감 있는 샤르도네는 미국 화이트 와인을 대변하기도 한다.

샤르도네는 묘한 품종이다. 세계에서 가장 많이 재배되는 이 화이트 품종은 어디서나 잘 자라는 것은 물론, 중립적인 성향을 가지고 있다. 비유하자면 샤르도네는 마치 햇살 좋은 날 이젤 위에 펼쳐 놓은 순백의 캔버스와 같은 느낌이다. 텅 빈 캔버스 상태의 샤르도네는 주인을 잘못 만나면 개성 없는 밋밋한 와인이 되기도 하고, 반 고흐와 같은 거장을 만나게 되면 폭발적인 과실향과 황홀한 텍스처를 지닌 와인으로 만들어지기도 한다. 전자의 경우 마트나 와인샵에 가서 만 원 이하의 샤르도네 와인을 사서 마셔보면 느낄 수 있고, 후자는 프랑스 부르고뉴의 탑클래스 와인인 뫼르소*Meursault*나 몽라셰*Montrachet*를 마셔보면 그 뜻을 이해할 수 있다.

중립적인 성향인 샤르도네의 캐릭터는 오크 숙성을 거치느냐 거치지 않느냐로 크게 달라진다. 참고로 오크나무로 만들어지는 오크통은 만드는 과정에서 내부를 불에 그을리는 추가 작업을 거친다. 이를 토스트*Toast*라 부르며 강도에 따라 라이트, 미디엄, 헤비 토스트로 나뉜다. 만약 샤르도네를 강하게 그을린 오크통에 숙성시키면 오크나무와 내부의 그을음에서 비롯된 여러 향내가 와인에 스며들게 된다. 그렇게 순백의 샤르도네는 오크통을 만나 완전히 다른 와인으로 태어난다. 여기서 오크통을 얼마나 밸런스 있게 잘 사용하는지가 관건이다. 오크를 지나치게 사용하면 와인이 응당 가져야 할 싱그러운 과실향이나 신선함이 묻혀버린다. 과거 캘리포니아에는 이런 와인들이 꽤 많이 생산됐고, 이때 ABC라는 단어가 탄생했다.

와인의 세계에서 ABC는 Anything but Chardonnay의 약자다. '샤르도네만 아니면 뭐든'이라는 이 말은 한때 오크 풍미가 지나친 미국 샤르도네를 피하려 시음자들이 쓰던 말이다. 오크통을 사용하면 고급 와인이라는 소비자의 잘못된 인식 때문에 미국 샤르도네 와인들은 오크통을 사용하는 것을 당연시 해버렸고, 과도한 오크 터치로 태어난 샤르도네 와인은 마치 헐크처럼 묵직한 성격을 보였다. 몇몇 와이너리는 재료비를 절감하기 위해 오크통을 사용하지 않고, 저렴한 오크칩을 사용해서 오크 향과 맛을 내는 곳도 있었다. 이런 샤르도네는 마치 버터 스카치 캔디를 입에 문 듯 첫 모금은 임팩트 있지만 지속적으로 즐기기에는 부담스럽다. 다르게 비유해서 버터로 지글지글 구운 스테이크를 삼시세끼 먹는 것과 같다. 결국 오크 숙성 샤르도네에 환호하던 소비자들도 등을 돌렸고, 종내는 ABC라는 단어까지 탄생하게 된 것이다.

물론 이제는 트렌드가 바뀌었다. 내추럴 와인이 주목받은 요즘은 포도 품종이 지닌 본연의 과실향과 맛을 잘 살린 와인들이 더 사랑을 받고 있다. 오크 숙성이 반드시 이루어지는 고급 와인의 경우에도 새 오크(한두 번 쓴 오크보다 풍미가 강렬하다) 사용을 배제하거나 비율을 줄이는 방향으로 샤르도네 와인을 만들고 있다. 이처럼 좋은 밸런스를 갖춘 캘리포니아의 샤르도네 와인 두 가지를 추천한다. 켄달 잭슨 빈트너스 리저브*Kendall-Jackson Vintner's Reserve* 샤르도네와 더 힐트*The Hilt* 샤르도네다. 전자는 오랜 시간 필자가 애호했던 착한 가격의 샤르도네고, 후자는 가격대는 높지만 뛰어난 와인이다.

켄달 잭슨 빈트너스 리저브 샤르도네는 가격과 맛, 와이너리의 명성 삼박자가 잘 맞아떨어진 가성비 와인으로 오랜 시간 한국 시장에서 사랑받아 왔다. 잘 만든 미국 샤르도네 와인이 어떤 매력을 지니고 있는지 확인할 수 있는 밸류 와인이다. 더 힐트는 오크 터치와 과실향의 경계선에서 그 밸런스를 매우 잘 잡고 있는 와인이다. 데일리 와인으로 편하게 마실 수 있는 가격은 아니지만 돈을 지불할 가치가 있다.

영화에서 레스터는 딸의 친구인 안젤라를 보고 첫눈에 반한다. 그리고 그녀를 소유하고 싶은 욕망에 사로잡힌다. 그 욕망은 레스터의 삶에 엄청난 파장을 불러일으킨다. 바로 자신이 참아오던 사람들에게 반기를 들려는 마음이 생겨난 것이다. 출세에 대한 욕망이 강한 아내와 아버지를 징그러운 시선으로 쳐다보는 사춘기의 딸, 자신을 무시해온 상사에 대한 반감으로 그는 보기 좋게 직장을 때려치워 버린다.

이후 그의 행보가 흥미롭다. 그는 퇴직금으로 자신이 그토록 갖고 싶어 했던 올드카를 덜컥 사더니, 햄버거 가게에서 아르바이트를 시작한다. 회춘을 위해 운동도 열심히 한다. 점차 불어나는 근육처럼 젊음에 대한 욕망은 그의 자신감으로 변해간다. 이런 그에게도 기회가 온다. 바로 실의에 빠진 안젤라와 단둘이 한집에 있게 된 것이다. 그는 안젤라를 온전히 가질 수 있었지만, 안젤라가 뜻밖의 순수한 속내를 고백하자 자신이 실수하고 있음을 깨닫고 마음을 돌린다. 이제 그는 다시 가족들에게 돌아갈 준비가 되었다. 그러나 이미 많은 것이 틀어져 버린 상태다.

아메리칸 뷰티 속 레스터는 영원한 젊음을 꿈꾸는 미국의 기득권 사람들을 대변한다. 동시에 무력해지고 늙어가는 미국 사회를 시사하기도 한다. 미국 중산층의 단면을 보여주는 듯하지만, 사실 미국 역사의 진보와 보수의 충돌을 다룬 상징성이 많은 영화다. 이면을 들여다볼수록 더 많은 것을 발견할 수 있을 것이다.

# 「붉은 돼지」와 추모의 한 잔

Director 미야자키 하야오

Cast 포르코 롯소(붉은 돼지)
지나(포르코의 옛 연인)
피오(정비사 소녀)
도널드 커티스(미국 비행사)

## 동료를 기리는 추모의 한 잔

영화의 시대적 배경은 제1차 세계대전이 끝나고 파시즘이 득세하던 1929년 이탈리아. 주인공 마르코는 마법에 걸려 돼지의 얼굴을 하고 살아간다. 어째서 이런 모습이 된 건지, 어떻게 해야 인간으로 돌아갈 수 있는지는 알 수 없다. 마르코는 아드리아해의 외딴 섬에 살며 와인과 담배, 라디오를 친구 삼아 지낸다. 한때 이탈리아 공군이었던 그의 비행 실력은 여전히 완벽했기에 사람들은 그에게 돈을 주고 국경의 해적단을 소탕해달라는 의뢰를 한다. 그는 사람들에게 붉은 돼지라는 뜻의 '포르코 롯소'라고 불린다.

포르코에게는 인간 마르코 시절을 유일하게 기억해주는 지나가 있다. 마르코의 연인이었던 지나는 그와 결혼하려 했으나 전쟁에 휘말리면서 결국 다른 남자와 결혼했었다. 불행히도 남편마저 전쟁통에 실종되고 만다. 그녀는 현재 호텔 아드리아노의 마담이 되어 언제 올지 모르는 남편의 소식을 기다린다. 그리고 포르코는 지나를 보기 위해 이따금 아드리아노를 찾아온다.

영화 속에서 지나는 저녁이 되면 호텔 레스토랑의 무대에 올라 노래한다. 그녀가 극중 부르는 노래는 「Le Temps des Cerises」. 직역하면 「체리가 익어갈 무렵」이다. 노래하는 지나의 목소리는 일본 가수 카토 토키코가 불렀는데 음색이 상당히 매력적이다. 종종 이 노래가 듣고 싶어 영화를 다시 본 적도 있다.

무대에서 내려온 지나는 레스토랑 구석에서 홀로 식사를 하며 와인을 마시고 있는 자신의 친구 마르코에게 다가와 앉는다. 지나는 마르코에게 자신의 남편이자 마르코의 친구였던 이의 유해가 벵골에서 발견되었다는 소식을 전한다. 3년을 기다렸건만 끝내 비보를 전해 들은 두 사람은 와인을 잔에 채우고 애도의 잔을 들이켠다. 두 사람이 마신 화이트 와인의 이름은 Mineo Maoria. 실제로 존재하는 와인은 아니다. 영화의 배경이 아드리아해라는 것과 상상력을 동원해 이탈리아 중남부에서 폭넓게 재배되는 화이트 품종인 트레비아노*Trebbiano*일 거라고 추측해 본다.

트레비아노는 이탈리아에서 가장 널리 재배되는 화이트 품종이다. 어원은 라틴어 'Tribulaum'에서 유래했다고 알려져 있다. 뜻은 '선택된 와인'. 그만큼 역사가 오래되었다는 의미다. 이탈리아 곳곳에서 이 품종으로 만든 화이트 와인을 찾아볼 수 있지만, 영화의 배경이 아드리아해인 걸 감안했을 때 필자가 가장 유력하게 꼽는 지역은 아브루초*Abruzzo*다.

아브루초는 기원전 6세기 이탈리아 반도에 거주하던 고대인인 에트루스칸으로부터 포도 재배와 와인 생산이 시작된 유구한 역사를 지녔다. 전설에 따르면 한니발이 군대를 이끌고 알프스를 넘을 때 병사들에게 지금의 아브루초 와인을 제공했다고 한다. 현재 이곳을 대표하는 와인은 레드에는 몬테풀치아노 다브루초*Montepulciano d'Abruzzo*가 있고 화이트에는 트레비아노 다브루초*Trebbiano d'Abruzzo*가 있다.

트레비아노 다브루초는 이 지역의 특산 화이트 품종인 봄비노 비앙코*Bombino Bianco*와 트레비아노를 메인으로 만드는 화이트 와인이다. 밝은 노란색에 열대과일 향과 신선한 꽃 향이 기분 좋게 느껴진다. 입에서도 부담 없는 산도와 깔끔한 미네랄 풍미가 매우 매력적이다. 이 와인을 만드는 수많은 와이너리가 있는데, 한국에서도 구할 수 있는 판티니*Fantini*의 트레비아노 다브루초를 추천한다.

영화에서 포르코와 지나는 생선과 채소 요리에 화이트 와인을 매칭한다. 생선에는 진한 화이트 소스가 뿌려져 있는데, 상큼한 산도의 트레비아노 와인이라면 소스로 텁텁해진 입안을 깔끔하게 정리해줬을 거라고 믿는다.

영화는 따스하고 밝은색으로 표현되지만, 그 안에 담겨있는 내용은 상당히 무겁다. 목에 붉은 스카프를 두른 마르코는 파시즘에 대한 회의적인 시선을 묘사하는 듯하다. 그러나 감독 미야자키 하야오는 「붉은 돼지」를 제작했을 때 "이 작품은 개인적이며, 나 자신을 위해 만든 것"이라 말하며 영화가 정치적으로 표현되는 것에 선을 그었다.

「붉은 돼지」는 어른들의 애니메이션이라 할 수 있다. 오래된 작품이지만 다시 봐도 괜찮을 영화다. 지나가 부른 「체리가 익어갈 무렵」의 감동을 여러분과 함께 느끼고 싶다.

# 「사랑할 때 버려야 할 아까운 것들」과 황제의 샴페인

## Something's Gotta Give

**Director** 낸시 마이어스
**Cast** 잭 니콜슨(해리 샌본)
다이안 키튼(에리카 배리)
아만다 피트(마린)
키아누 리브스(줄리안 머서)
프란시스 맥도맨드(조 배리)
**Wine** 샴페인 루이 뢰더러 크리스탈(프랑스 샹파뉴)

### 이런 남자 미워할 수 있나요?

60대 남자가 이렇게 매력적일 수 있을까? 엄청난 재력을 가진 사업가지만 꼰대 기질은 제로, 재치와 유머로 중무장한 주인공 해리는 능력만큼 화려한 여성 편력을 가지고 있다. 해리의 20대는 30년 전에 끝났지만, 그의 애인은 한번도 30대를 넘긴 적이 없다. 현재의 애인은 젊고 아름다운 경매사 마린. 둘은 오붓한 주말을 보내기 위해 마린의 엄마 에리카의 해변 별장으로 여행을 떠난다.

물론 "그 둘은 그렇게 행복한 주말을 보냈습니다"로 끝날 리가 없다. 이 소식을 모르는 마린의 엄마 에리카와 그녀의 여동생 조 역시 주말을 보내려 별장에 왔기 때문이다. 주말 동안 불편한 동거를 하게 된 네 사람. 하지만 엎친 데 덮친 격으로, 마린과 뜨거운 밤을 보내려던 고령자 해리의 심장에 문제가 생긴다. 이 남자, 과연 별장을 무사히 떠날 수 있을까?

영화의 진짜 러브 스토리는 해리와 에리카 사이에서 피어난다. 심장 발작으로 쓰러진 해리가 돌아갈 수 없게 되자 에리카가 남아 간호를 하게 되면서 점차 서로에게 호감을 느끼게 된다. 하지만 난관은 있다. 해리와 연애 중인 딸 마린의 입장도 그렇고, 해리의 주치의로 등장하는 줄리안이 인기 희곡 작가인 에리카의 열렬한 팬이라며 에리카에게 저돌적으로 구애를 하기 때문이다. 얽히고설킨 네 사람의 운명이 어떻게 풀리는지 지켜보는 것이 감상 포인트다.

여기서는 마린에 이어 에리카의 마음까지 훔쳐버리는 해리의 매력을 하나 적어보려 한다. 바로 여자를 고르는 것만큼 까다로운 해리의 와인 편력에 대한 이야기이다. 해리는 별장에 도착해 마린이 옷을 갈아입는 동안 준비해온 샴페인 루이 뢰더러 크리스탈*Louis Roederer Cristal* 두 병을 냉장고에서 미리 차갑게 칠링해놓는 남자다.

### 황제의 샴페인, 크리스탈

샴페인 루이 뢰더러는 역사상 최고의 샴페인 중 하나로 인정받는 곳이다. 1868년에 벌써 250만 병이 넘는 판매량을 올렸는데, 대부분의 샴페인을 러시아로 수출했다. 1876년에는 차르 알렉산드르 2세의 요청에 의해 러시아 왕실만을 위한 샴페인을 특별히 생산했고 그것이 지금의 크리스탈 샴페인이다.

직사광선은 와인병을 투과해 와인에 직접적으로 영향을 미친다. 와인을 구성하는 리보플라빈이나 판토텐산 등이 자외선과 반응하고, 이 반응이 일종의 촉매제가 되어 와인의 아미노산이 산화되면서 여러 휘발성 물질이 생산된다는 것이 과학적으로 증명되었다. 그렇게 되면 와인이 퇴색한다. 레드 와인은 벽돌색으로, 화이트 와인은 점점 갈색으로 변한다. 맛과 향에도 영향을 주는데, 와인에서 식초 같은 냄새가 나고 풍미가 밋밋해져 버린다. 이는 레드보다는 화이트 와인에서 더 뚜렷하다. 레드 와인보다 항산화 물질이 적기 때문이다.

갑자기 빛과 와인의 상관관계에 대해 이야기를 꺼낸 것은 이런 현상을 막기 위해 대부분의 와인들은 병에 색을 입히기 때문이다. 마치 우리가 자외선을 피하려고 선크림을 바르는 것과 같은 개념이다. 하지만 크리스탈을 보자. 병에 색이 없다. 어째서 한 병에 수십만 원을 호가하는 와인이 직사광선의 위험을 감수하고 투명한 병을 썼을까?

크리스탈이 탄생하는 데 큰 영향을 끼쳤던 러시아의 알렉산더 2세는 정치적으로 굉장히 불안한 시기에 있었고, 늘 암살 위협에 시달렸다. 그는 평소 즐겨 마시는 루이 뢰더러의 샴페인들이 펀트*Punt*◆가 깊고 색이 진한 병에 담겨 있는 것을 우려했다. 혹여나 병 내부나 아래에 무언가를 감출 수 있다고 생각했기 때문이다. 그래서 루이 뢰더러에 바닥이 평평하며, 병 전체가 투명한 샴페인을 만들어줄 것을 요구한다. 그렇게 루이 뢰더러는 황실의 격에 맞춰 크리스탈병에 담은 특별한 샴페인을 만들게 된다. 샴페인 이름인 크리스탈도 여기서 비롯됐다.

이후 크리스탈 샴페인은 러시아 황실을 비롯해 일부 특권층에서 소비되다가 로마노프 왕조가 망한 후 1945년 일반인에게 공개되었다. 현재의 크리스탈 샴페인은 보관이 용이하도록 투명한 유리를 사용하지만 병의 바닥은 여전히 두꺼운 크리스탈을 사용한다. 다만 근래에는 주황색 비닐로 병을 감싸서 자외선을 차단하고 있다.

러시아에 많은 의지를 했던 루이 뢰더러는 1917년 러시아 혁명과 함께 힘든 시기를 겪으

◆ **펀트**
와인병의 바닥이 움푹 들어간 부분. 병의 압력을 견디게 돕고, 찌꺼기를 모아주는 역할을 한다.

면서 시장 점유율이 급속하게 줄어들었다. 그렇다고 해서 샴페인의 품질이 낮아진 것은 아니다. 그들의 완벽에 가까운 품질 지향은 여전히 유효하다. 이름 있는 샴페인 하우스들이 대부분 기업화된 것과는 달리 루이 뢰더러는 여전히 뢰더러 가문의 일원이 운영하고 있는 완전히 독립된 가족 경영 샴페인 하우스다.

다시 영화 이야기로 돌아가 보자. 영화의 주인공들이 다들 성공한 부류이기 때문에 와인은 어디서나 등장한다. 별장에서의 첫날 저녁 식사 자리에서 풀어놓는, 해리가 마린을 처음 만난 일화 역시 와인과 이어져 있다. 와인 경매장에 참석한 그는 경매사로 나온 마린에게 한 눈에 반했고, 그녀의 웃는 모습을 보기 위해 자꾸 손을 들다 보니 경매장에 나온 샤토 마고를 다 사버렸다는 것이다. 경매가 끝난 후 마린이 자신과 함께 마고 한 병을 마셔주었고 둘은 연인 사이로 발전할 수 있었단다. 심지어 이 이야기를 하는 저녁 식사 테이블에는 화이트 와인의 제왕이라 할 수 있는 코르통 샤를마뉴*Corton Charlemagne*가 샐러드와 파스타에 매칭되고 있다. 이 남자의 여성 편력과 와인 편력은 도대체 어디까지일까? 의심의 눈초리로 영화를 보다 보면 어느새 뻔뻔하지만 미워할 수 없는 해리의 매력에 빠져들 것이다.

# 「터미널」과 세기의 와인 대결

**Director** 스티븐 스필버그

**Cast** 톰 행크스(빅터 나보스키)
캐서린 제타존스(아멜리아 워랜)
스탠리 투치(프랭크 딕슨)

**Wine** 클로 뒤 발 카베르네 소비뇽(미국 나파 밸리)

## 공항 터미널에서 이렇게 낭만적인 데이트라니

영화 「터미널」은 제목처럼 공항 터미널이 영화의 주 무대다. 톰 행크스가 열연한 주인공 빅터 나보르스키는 미국에 입국하기 위해 뉴욕 존 F. 케네디 국제 공항 입국 심사대에 들어선다. 하지만 빅터가 비행기를 타고 뉴욕으로 날아오는 동안 조국 크라코지아가에 쿠데타가 발생하고 국경이 폐쇄된다. 빅터의 비자는 효력을 잃고, 그는 공항에 갇혀 버린다.

법의 사각지대에서 낙동강 오리알 신세가 되어버린 빅터. 그는 국제선 67번 게이트에서 생활하며 조국에서 날아올 희소식을 기다린다. 하지만 쿠데타는 계속되고 빅터가 터미널에서 체류하는 기간은 점점 길어진다. 이 상황이 당혹스럽기는 공항 직원들도 마찬가지. 하지만 빅터는 특유의 친화력을 발휘하며 터미널에서 먹고 자는 생활에 적응해나간다. 처음에는 차갑게 굴던 공항 직원들도 이제 빅터가 자신들의 동료나 다름 없다고 느끼며 그를 감싸준다. 이런 빅터에게 사랑이 찾아온다. 그 대상은 승무원 아멜리아.

공항 직원들은 자신들의 일을 헌신적으로 도왔던 빅터를 위해 의기투합해서 두 사람의 데이트를 준비해준다. 복도 끝 텅 빈 테라스에 테이블을 놓고 촛불과 와인까지 준비 완료. 둘만을 위한 식사 코스는 아니나 다를까 기내 음식과 공항 라운지에 제공되던 음식이다. 그런데 보기 좋은 음식이 먹기도 좋다는 말이 있지 않은가. 음식 하나하나를 트롤리에 담아 정성스럽게 차리고 보니 꽤 수준 있는 레스토랑 음식처럼 보인다. 여기에 두 사람을 위한 특별 공연이 이어지는데 엉성한 서커스처럼 보여도 보는 이로 하여금 따뜻한 미소가 흘러나오게 한다. 게다가 와인만큼은 제대로 서빙된다. 빅터와 아멜리아가 마시는 와인은 바로 미국 나파 밸리의 클로 뒤 발 카베르네 소비뇽*Clos du Val Cabernet Sauvignon*이다.

클로 뒤 발은 미국인들의 자부심과 같은 와인이다. 그 이유는 클로 뒤 발이 이른바 파리의 심판라 불렸던 세기의 와인 테이스팅, 그 두 번째 격전에서 프랑스 와인을 꺾고 당당히 1위를 차지했기 때문이다.

### 세기의 와인 대결, 파리의 심판

때는 1976년. 프랑스 와인이 세계 최고라는 것에 누구도 이의를 제기하지 않았을 때, 영국의 와인 전문가인 스티븐 스퍼리어*Steven Spurrier*는 미국 캘리포니아의 유명 와인들과 프랑스의 전설적인 와인들을 모아 블라인드 시음회를 열었다. 시음단은 모조리 프랑스인. 하지만 이 테이스팅에서 1위를 한 건 미국 와인이었다. 그것도 레드와 화이트 부문 둘 다.

이때 레드 와인 부문에서 1위를 한 스태그스 립*Stag's Leap*은 미국에서 7.49달러에 판매되고 있었고, 2위를 한 샤토 무통 로칠드가 25달러에 판매되고 있었다는 것을 감안하면 정말 센세이션한 일이었다. 패널들은 이 결과에 엄청난 충격을 받았고, 심지어 프랑스 와인의 명성에 누를 끼쳤다는 이유로 스티븐 스퍼리어를 1년 동안 프랑스의 명망 있는 와인 테이스팅 투어에 참석하지 못하게 했다. 프랑스의 신문사들도 이 사건을 다룬 곳이 없었다. 시음회가 있고 3개월 뒤에야 프랑스 출간지인 「르 피가로」에서 이 결과가 터무니없으며 심각하게 받아들일 수 없다는 식의 기사를 내보냈고, 6개월 뒤에 또 다른 프랑스 출간지인 「르 몽드」에서도 비슷한 내용의 기사를 써냈다.

말도 안 되는 해프닝이었다고 치부될 수 있었던 이 시음회가 세상에 알려지게 된 데에는 「타임」지의 조지 테이버*George M. Taber* 기자의 역할이 컸다. 스퍼리어는 시음회에 많은 기자들을 초청했지만, 유일하게 조지 테이버만 참석을 했다. 테이스팅 행사 다음 주 월요일, 그가 보도한 '파리의 심판(Judgment of Paris)'이라는 제목의 기사는 캘리포니아 와인의 품질을 전 세계에 널리 알리는 신호탄 역할을 하게 됐다. 파리의 심판이 일으킨 영향력은 상상 이상이었다. 이 사건은 미국 캘리포니아 와인을 비롯한 신세계 와인의 높아진 품질을 널리 알리는 계기가 되었고, 영화로도 제작되어 「와인 미라클」이라는 이름으로 2008년 한국에서도 개봉했다.(237쪽 참고)

세기의 충격이라 할 만한 파리의 심판이 치러진 뒤, 프랑스는 도저히 결과를 받아들일 수 없었다. 결국 1986년에 파리의 심판 10주년을 기념해 또 한 번의 블라인드 와인 테이스팅이 개최된다. 이번만큼은 왕좌를 미국에 내주지 않겠다는 각오로 시작된 테이스팅이지만, 이때도 1위를 거머쥔 와인은 미국의 클로 뒤 발 1972년 빈티지였다. 이번만큼은 콧대 높은 프랑스인들도 인정하지 않을 수 없었을 것이다. 공항 직원들이 이런 역사적 배경을 알고 있었는지는 모르겠지만, 와인을 선택하는 센스는 훌륭했다.

영화 속 빅터는 무려 9개월이나 공항에 머물게 된다. 이게 가능한 일인가 싶지만 이 영화는 실화를 바탕으로 하고 있고 현실 속 주인공의 상황은 더 심했다. 빅터의 모티브가 된 실존 인물은 메헤란 카리미 나세리다. 그는 1977년 이란 국왕을 비판하는 시위에 참여했다가 투옥되었던 인물이다. 감옥에서 풀려난 그는 이란을 떠나기 위해 유럽 여러 국가에 난민 신청을 했지만 받아들여지지 않았다. 숱한 노력 끝에 1981년 벨기에의 유엔난민기구로부터 난민 지위를 얻게 되면서 영국 국적을 얻을 수 있게 되었다. 희망을 안고 파리에서 런던으로 향하던 그는 안타깝게도 망명 서류를 잃어버린다. 영국은 서류가 없는 그를 다시 파리 샤를드골 공항으로 돌려보냈다.

그렇게 이란으로 돌아가지도 영국으로 입국하지도 못하는 처지가 된 나세리의 터미널 생활이 시작된다. 그는 놀랍게도 1988년부터 2006년까지 프랑스 샤를드골 공항 제1터미널에서 무려 18년을 생활했다고 한다. 그는 공항 터미널에 지내며 쓴 자전적 소설 『터미널맨』을 출간했고, 그 이야기는 스티븐 스필버그 감독의 손에서 영화 「터미널」로 만들어졌다. 영화에서는 9개월, 현실에서는 18년. 현실이 때로 더 영화 같다.

# 「만추」, 낯선 남자가 건네는 와인

Late Autumn

Director 김태용
Cast 현빈(훈)
탕웨이(애나 첸)

Wine 도멘 생 미쉘 브륏(미국 콜롬비아 밸리)

## 오늘은 그냥 나를 따라와요

영화 「만추」의 개봉 소식은 무척 반가웠다. 고백하건대 필자는 김태용 감독의 오랜 팬이다. 그의 작품에는 은유적인 표현과 복선, 상징성이 적절하게 녹아들어 있다. 특히 등장인물을 향한 감독의 따뜻한 시선이 그대로 전해지는 화면들은 보는 이에게 위안을 준다. 그가 2006년에 내어놓은 「가족의 탄생」은 지금도 변함없이 필자의 인생 영화다.

김태용 감독은 상업 영화를 가뭄에 콩 나듯 내놓기 때문에 그의 작품을 기다리는 팬들은 인내가 필요하다. 「만추」도 수년을 기다려 만나게 된 작품이다. 1966년 이만희 감독의 「만추」가 원작으로, 원작에서는 여죄수와 위조지폐범의 3일간의 사랑을 그렸다. 김태용 감독 이전에도 일본의 사이토 고이치, 한국의 김기영, 김수영 감독에 의해 몇 차례 리메이크된 바 있다.

김태용 감독의 「만추」의 두 주인공 훈과 애나가 만난 것은 버스 안. 폭력을 일삼던 남편을 죽이고 교도소에서 수감 생활 중인 애나에게 어머니의 부고가 전해지고, 그녀는 3일의 휴가를 받아 세상으로 나가게 된다. 시애틀로 향하는 버스에 탄 애나는 곧 출발하려는 버스에 황급히 올라탄 훈을 만난다. 차비가 부족했던 훈은 애나에게 돈을 빌린다. 그리고 돈을 갚을 때까지 맡아 달라며 애나에게 자신의 시계를 건네준다. 그렇게 영화는 두 사람이 시애틀에서 함께하는 시간을 따라간다.

「만추」 속 와인이 있는 장면은 두 사람이 시애틀 퍼블릭 마켓의 레스토랑에서 식사를 하는 장면이다. 훈은 레스토랑에 들어가며 오늘이 자신의 생일이라 말한다. 거짓말이지만, 훈은 그렇게라도 애나의 하루에 특별함을 불어넣어 주고 싶어 한다.

창으로 들어오는 따스한 햇살, 훈이 건네는 와인 한 잔에도 조심스러운 애나에게 훈은 오늘 하루 무얼 하고 싶냐고 묻는다. 중국 이민자 가족으로 태어나 남편에게 갇혀 살고, 이제는 감옥에 갇혀 사는 애나는 자신이 무엇을 하고 싶은지 생각해낼 수 없다. 그저 훈에게 시애틀을 잘 아냐고 되묻는 것이 그녀가 대답할 수 있는 최선이다. 돈을 받고 여자와 함께 시간을 보내주는 것이 직업인 훈은 그런 애나를 자연스럽게 리드한다. 훈은 애나를 향해 웃으며 말한다.

"오늘은 내가 가이드해줄 테니 그쪽은 그냥 나를 따라와요."

이때 두 사람이 마신 와인은 미국 워싱턴 주에서 생산되는 도멘 생 미쉘 브륏*Domaine Ste. Michelle Brut*이다. 워싱턴 주 와인 산지는 미국 내에서 캘리포니아 다음으로 큰 규모의 와인 산지다. 저명한 와인 전문 매거진인 「Food & Wine」은 한때 "나파 밸리 최고의 카베르네 소비뇽과 필적할 만한 품질을 지닌 와인을 워싱턴 주에서 반값에 즐길 수 있다"고 썼다. 이처럼 워싱턴 주 와인이 세계적인 관심 속에서 호평을 받는 이유는 포도 재배에 있어 천혜의 환경을 지닌 자연 조건 덕분이다.

세계를 떠돌며 와인 여행을 할 때 워싱턴 주에서 가장 인상적이었던 것은 캐스케이드 산맥을 사이에 두고 펼쳐지는 서부 워싱턴과 동부 워싱턴의 자연환경이다. 시애틀이 위치한 워싱턴 주의 서부가 울창한 삼림의 연속이었다면, 동부 워싱턴 주는 건조하고 황량한, 일종의 사막과도 같은 진풍경이 펼쳐진다. 산맥의 중요한 역할은 태평양으로부터 불어오는 습한 기후의 영향을 막아주는 이른바 레인 섀도우 이펙트*Rain Shadow Effect*.

태평양으로부터 불어오는 습한 기후는 캐스케이드 산맥을 넘어 오면서 가지고 있는 대부분의 비를 뿌리게 되는데 결과적으로 동부 워싱턴 주는 매우 건조한 상태가 된다. 이렇게 형성된 극도의 건조한 기후는 포도 재배에 치명적인 여름이나 수확기 가을의 강우를 미연에 방지해 주는 효과가 있고, 각종 병충해로부터 포도를 보호하는 역할을 한다. 한마디로 천혜의 포도 재배지인 셈이다. 영화에 등장한 샤토 생 미셸 또한 동부 워싱턴 주에서 수확한 포도를 서부로 가져와 양조한다.

샤토 생 미셸은 워싱턴 주에서 가장 오래된 와이너리다. 일찍이 세계적으로 유명한 이탈리아의 명가 안티노리*Antinori* 혹은 독일의 닥터 루젠*Dr. Loosen*은 워싱턴 주의 잠재력을 눈여겨보고 워싱턴 주 와인 산업의 거인 샤토 생 미쉘*Chateau Ste. Michelle*과 합작하여 콜 솔라레*Col Solare*, 에로이카 리슬링*Eroica Riesling*과 같은 고품질 와인을 선보인 바 있다. 샤토 생 미셸의 서브 브랜드 격인 도멘 생 미셸은 전통 방식의 스파클링을 만드는 것에 집중한다. 훈과 애나가 마신 도멘 생 미셸 브륏은 샴페인을 만드는 클래식 품종인 피노 누아, 피노 뫼니에, 샤르도네의 블렌딩으로 만든다. 상큼한 산도와 과실 향을 기분 좋게 즐길 수 있는 밸류 와인이다.

영화를 본 많은 이들이 훈과 애나가 함께 걸었던 시애틀 거리를 따라가는 여행을 했다. 필자도 그중 한 명이었고, 시애틀 거리를 걷는 내내 훈의 목소리를 떠올렸다. "그쪽은 그냥 나를 따라와요."

# 「매트릭스」와 와인 로망

**Director** 릴리 워쇼스키, 라나 워쇼스키

**Cast** 키아누 리브스(네오)
로렌스 피시번(모피어스)
캐리 앤 모스(트리니티)
휴고 위빙(스미스 요원)
조 판톨리아노(사이퍼)

**이게 진짜가 아니란 걸 알지만**

"2199년 AI의 지배 속에서 가상현실 매트릭스 안에 살고 있는 인간들과 AI의 지배에서 벗어나기 위해 저항하는 인간들의 이야기." 이것이 바로 영화 「매트릭스」의 세계관이다. AI와의 전쟁에서 패배한 인간은 태어나자마자 AI가 만들어낸 인공 자궁 안에 갇혀 AI를 위한 에너지원으로 쓰이는 신세가 되었다. 몸은 인공 자궁 안에 있지만 정신은 가상현실인 매트릭스 안에서 살게 된 것이다. 그들은 스스로 각성하지 않는다면 매트릭스 안에 갇혀 허상의 세계를 살아갈 뿐이다.

한편 가상현실 세계에서 각성한 인간들은 지하 도시 시온에 모여 살며 AI에 투쟁하는 저항군이 되어 살아간다. 오랜 전쟁으로 지쳐 있는 저항군들은 예언자 오라클의 예언 속에 나오는 '이 전쟁을 종식시킬 수 있는 유일한 인간인 네오'를 찾아내기 위해 고군분투하고, 전함 느부갓네살 호의 선장 모피어스는 마침내 매트릭스 안에서 그를 찾아낸다. 네오는 자신이 살던 세계를 부정당하고 자신의 예언의 주인공이라는 믿지 못할 사실에 혼란스럽기만 하다. 하지만 동료들의 도움으로 이윽고 각성하게 되고, AI에게 치명적인 반격을 시작한다.

영화의 스토리를 기억하지 못한다 하더라도 제목을 들으면 누구나 빨간약, 파란약을 고르는 장면과 네오를 연기한 키아누 리브스의 총알 피하기 액션 장면을 떠올릴 것이다. 그만큼 영화 「매트릭스」는 한 시대를 풍미한 불세출의 영화다.

「매트릭스」는 여러 측면에서 기독교적인 세계관을 보인다. 네오는 인류를 구원한 메시아 예수를, 네오를 안내하는 모피어스는 사도 요한을 상징한다. 그리고 동료를 배신하는 사이퍼는 유다를 나타낸다. 유다는 예수의 제자였지만 은화 30냥에 예수를 팔아 넘긴 인물이다. 영화 속 사이퍼 역시 가상현실로 돌아가 풍족한 삶을 누리기 위해 AI에게 동료들을 팔아 넘긴다. 사이퍼는 매트릭스 안의 고급 레스토랑에서 요원과 협상한다. 그는 육즙이 흐르는 스테이크를 잘라 입에 넣고 고급 와인의 향을 음미한 후 요원에게 말한다.

“이게 진짜가 아니란 걸 알아요. 입에 넣으면 매트릭스가 내 두뇌에 신호를 보내주죠.”

사이퍼는 자신의 미각과 후각에서 느껴지는 것들이 가상 현실이 보내주는 신호일 뿐이라는 걸 잘 알지만, 감각 하나하나를 놓치지 않겠다는 듯 천천히 스테이크와 와인을 음미한다. 만약 우리가 사이퍼의 입장이라면 어떤 선택을 할까? 매트릭스에서 느끼는 와인의 향과 맛이 두뇌로 전달되는 신호라고는 하지만, 사실 현실도 마찬가지다.

한 잔의 와인을 즐기는 것은 우리의 훌륭한 감각 기관인 눈과 코와 입을 통해 이루어진다. 그리고 각각의 감각 기관이 감지한 것을 최종적으로 판단하는 건 뇌다. 신경, 후각, 미각 세포가 감지한 것은 전기신호로 바뀌어 뇌로 전달되고 뇌는 이 신호를 분석하여 정체를 파악한다. 매트릭스와 다를 게 없다. 그렇다면 눈, 코, 입을 통해 와인 한 잔에서 파악할 수 있는 정보는 뭘까?

눈을 통해서는 와인의 색을 관찰한다. 훈련된 전문가라면 와인의 색에서 포도 품종, 나이, 와인의 강도를 짐작할 수 있다. 레드 와인은 나이가 들면 진한 자주색에서 연한 벽돌색으로 변해간다. 화이트 와인은 영롱한 볏짚색에서 황금색으로 변해간다. 색만 보고 품종을 완벽하게 맞추는 것은 어렵지만 숙련된 시음자라면 그 또한 어느 정도 가능하다.

코를 통해서는 와인의 향을 맡는다. 와인이 지닌 향은 실로 다채로우며, 포도 품종 고유의 향을 뜻하는 아로마와 오크향처럼 양조 과정에서 만들어지는 향인 부케로 나뉜다.

사실 와인의 향을 감지하는 행위는 와인 초보자들에게 종종 곤혹스럽게 다가온다. 왜냐면 전문가들이 표현하는 블랙커런트, 감초, 정향 등은 우리가 일상적으로 맡기 힘든 것들이기 때문이다. 그리고 이런 향들이 정말로 포도로 만든 술에서 감지되는 것이 맞는지도 의문스러울 수 있다. 하지만 이런 아로마와 부케는 실제로 와인에 아로마틱 컴파운드(유기화합물)로서 존재한다. 때문에 소믈리에는 와인에 실재하는 향을 더욱 잘 감지하기 위해 와인에서 나는 향을 모은 아로마 키트로 연습하기도 한다.

입으로는 와인을 구성하는 여러 요소를 느낄 수 있다. 특히 와인을 이루는 중요한 요소인 탄닌, 산도, 당도, 알코올이 얼마나 조화롭게 느껴지는지 판단한다. 어느 한 요소가 지나치게 튄다면 그 와인은 밸런스가 좋은 와인이라 할 수 없다. 물론 와인은 기호 식품이기 때문에 개인의 입맛에 맞는 것이 가장 중요하다.

와인을 마실 때는 곧장 목구멍으로 넘기지 말고, 우리의 훌륭한 감각 기관을 통해 와인을 음미해보자. 처음에는 어렵겠지만, 감각 기관과 뇌가 훈련된다면 어느새 와인의 다양한 면모를 눈치 채고 평가하는 자신을 발견할 수 있다. 그렇게 되면, 어떤 와인을 마시든지 지불한 돈의 가치가 전혀 아깝지 않을 것이다.

앞서 "우리가 사이퍼라면 어떤 선택을 할까"라는 질문을 던졌다. 독자의 대답은 들을 수 없지만 필자의 솔직한 심정은 고백하고 싶다. 필자는 나약한 인간임이 분명하다. 매트릭스의 세계에 들어가서 느껴보고 싶은 와인이 너무나 많다. 그것이 허상이라 할지라도, 감각으로 전달된다면 가상현실에서 떠나고 싶지 않을 것 같다. 가상현실에 있다고 상상하며 마시고 싶은 와인 목록까지 만들어 버렸다.

일단 도멘 드 라 로마네 콩티의 모든 밭에서 나오는 와인들로 시작하고 싶다. 그리고 안젤로 가야의 바르바레스코를 종별로 테이스팅한 후, 보르도 그랑 크뤼 클라세 1등급의 5대 샤토 와인을 늘어놓고 비교 테이스팅을 해볼 것이다. 레드 와인만 계속 마시다가 탄닌 때문에 입이 피곤해지면 독일 에곤 뮐러*Egon Muller*의 트로켄베렌아우스레제*Trockenbeerenauslese*로 달콤하게 마무리한 다음, 마지막으로 이탈리아 토스카나의 오르넬라이아 그라파를 한 모금 마시고 잔향을 즐겨야겠다. 다시 한번 고백하건대, 필자는 무척이나 나약한 인간이다.

# 「탈룰라」와 브루클린 와이너리

**Director** 시안 헤더
**Cast** 엘렌 페이지(루, 탈룰라)
앨리슨 재니(마고)
타미 브랜차드( 캐롤린)
에반 조니킷(니코)
아기 (매기)

**Wine** 브루클린 와인(미국 뉴욕)

### 의외의 선택, 브루클린 와인

영화 「탈룰라」는 감독 시안 헤더가 2006년에 만든 단편영화 「마더」를 장편 영화화한 작품이다. 주인공 탈룰라, 일명 루는 집시처럼 남자친구 니코와 함께 밴을 타고 이곳저곳 떠도는 생활을 한다. 그러던 어느 날 둘은 크게 다투게 되고 니코가 인사도 없이 떠나버리자, 그녀는 니코의 행방을 물을 수 있는 유일한 곳, 그의 엄마 마고가 사는 뉴욕의 고급 아파트를 찾아간다.

또 다른 주인공 마고의 인생도 루 못지않게 기구하다. 교수인 남편은 남자를 사랑한다며 집을 나가 별거 중이고, 부모를 원망한 아들은 2년간 집을 떠나 돌아오지 않는다. 지내고 있는 뉴욕의 고급 아파트는 남편이 직장 사택으로 제공받은 곳이라 주변에 별거 중인 사실도 숨기며 살아야 하는데, 느닷없이 들이닥친 루가 반가울 리 없다. 마고는 루를 문전박대하고 돌려보낸다.

돈도 없고 갈 곳도 없는 루는 뉴욕 시내 호텔로 들어간다. 투숙객들의 객실 문밖을 서성이며 누군가 먹다 남긴 룸서비스 음식으로 주린 배를 채우고 있는데 루를 불러세우는 여자가 있다. 바로 호텔 투숙객 캐롤린이다. 철이 없다는 표현만으로 부족한 답이 없는 그녀는 어떤 남자와 데이트를 하기로 했다며 한 살밖에 안 된 딸 매기를 맡아달라고 부탁한다. 루는 안 될 일이라고 생각하면서도 돈이 필요했기에 아기를 맡는다. 늦은 밤, 만취 상태로 호텔에 돌아온 캐롤린. 그녀 옆에 아기를 둘 수 없다고 생각한 루는 매기를 데리고 호텔 방을 나온다.

다음 날 매기를 안고 호텔로 들어서는 루는 분위기가 심상치 않음을 감지한다. 아침에 아기가 유괴되었다고 생각한 캐롤린이 호텔 직원을 몰아붙였고, 호텔 측은 경찰에 신고를 한 것이다. 자수하면 꼼짝 없이 유괴범으로 몰릴 거라 생각한 루는 매기를 데리고 마고의 집으로 간다. 루는 마고에게 쫓겨나지 않기 위해 매기가 니코와 자신의 아기라는 거짓말을 하고 만다. 아기까지 딸린 루를 되돌려 보낼 수 없게 된 마고, 오갈 데 없는 부랑자 신세가 된 루와 매기, 이렇게 셋의 불안한 동거가 시작된다.

셋이 처음으로 둘러앉아 식사할 때 와인이 등장한다. 아기를 안고 허겁지겁 식사하는 루와는 대조적으로, 차분히 식사와 와인을 즐기는 마고를 보고 있자니 한평생 뉴요커로 살아온 그녀는 어떤 와인을 마시는지 궁금해졌다. 다행히 영화 속 와인을 찾는 것은 어렵지 않았다. 그런데 찾아내고 보니 마고의 선택이 놀랍다. 그녀의 선택은 브루클린 와이너리*Brooklyn Winery*다.

와인 애호가들에게도 낯선 브루클린 와이너리는 실제로 브루클린 도시 한복판에 있다. 포도나무라고는 눈을 씻고 찾아도 볼 수 없는 뉴욕의 힙한 동네 브루클린에서 와인을 만드는 방법은 간단하다. 미국 내 몇 곳의 포도밭과 계약을 하고 포도를 사서 브루클린에서 양조를 하는 것. 수확기가 되면 포도 재배자들은 포도를 수확해 냉장 트럭에 포도를 싣는다. 트럭은 바로 브루클린으로 달려 포도를 기다리는 브루클린 와이너리의 와인메이커들의 손에 전달한다.

포도를 수확한 재배지에서 와인을 만들지 않는다는 것에 의구심이 들기도 하겠지만, 맥주 양조를 생각해보면 좀 더 이해가 쉽다. 세계 여러 도시에 수제 맥주 양조장이 있고 수입한 홉으로 맥주를 만들고 있지 않은가? 비슷한 개념이다.

또한 브루클린 와이너리는 프랑스의 네고시앙을 떠올리게 한다. 먼 과거 프랑스의 와인 산업은 네고시앙*Negociant*이 발달되어 있었다. 포도를 재배하는 사람이 따로 있고, 그걸 받아 와인으로 만드는 사람이 따로 있었다. 그렇게 만들어진 와인을 가지고 고객 니즈에 맞춰서 와인의 향과 맛을 재탄생시킨 후 병입을 해서 파는 이가 있었는데, 바로 네고시앙이다. 굳이 왜 이렇게 분리를 해서 일을 했냐면 과거에는 한 곳이 포도를 재배하고, 와인을 만들고, 마케팅을 할 여력이 없었기 때문이다.

하지만 이 시스템은 치명적인 오류가 있었다. 바로 네고시앙이 와인을 자기 마음대로 성형할 수 있다는 점이다. 지금은 있을 수 없는 일이지만, 그때의 네고시앙은 자기의 입맛에 따라 다른 지역의 와인을 섞기도 하고, 와인에 넣어서는 안 되는 향신료나 재료를 섞어 와인을 만들기도 했다. 당연히 힘들게 포도를 재배한 포도 재배자나, 와인을 만든 와인메이커들의 마음에 들 리가 없었다. 이런 시스템을 탈피해서 자기의 와인을 직접 병입한 최초의 와이너리가 샤토 무통 로칠드다. 무통이 레이블에 쓴 Mis en Boutellu au Chateau(샤토에서 병입했음)이라는 문구는 소비자에게 신뢰를 심어주는 역할을 했고, 이제는 세계 어디서든 이 문구를 각국의 언어로 레이블에 넣는다.

지금은 네고시앙의 이미지가 과거와는 많이 달라졌다. 이들은 대부분 기업화되어 있으며 전문적으로 일을 처리한다. 와이너리의 와인을 대량으로 구입한 후 마진을 두고 판매하는 중개업으로 기능하기도 하고, 단순히 와인 시장의 정보를 공유하는 네고시앙도 있다. 그리고 기업화된 곳들은 자체 브랜드로 직접 포도를 재배하고 병입까지 담당하기도 한다. 이외에도 과거처럼 소규모 와인 생산자를 위한 병입부터 포장에 이르기까지 필요한 설비를 대여하는 아웃소싱이나 와인 저장 창고를 대여하고 와인을 관리하는 업무를 맡는 등 그 분야가 실로 다양해졌다.

브루클린 와이너리의 와인메이커들은 캘리포니아를 비롯해 여러 와이너리에서 경험을 쌓은 뒤 뉴욕으로 돌아와 와인을 만드는 이들이다. 이런 양조 방식의 최대 장점은 미국 전역의 포도밭의 포도를 가지고 자신들의 창의적인 와인을 만들 수 있다는 점일 것이다. 뉴욕에 가면 꼭 한번 마셔보고 싶은 와인이다.

◆ 영화의 제목이자 주인공의 이름인 「탈룰라」가 무슨 뜻일까 궁금할 독자를 위해 부연하자면, 탈룰라는 신조어로 '대화 중에 의도치 않게 상대방의 가족을 욕보이게 되는 상황에서 말실수한 화자가 상황을 재치 있게 넘기고자 하는 변명'을 말한다.
탈룰라의 어원은 1993년 개봉한 영화 「쿨 러닝」에서 시작되었다. 영화에는 자메이카 봅슬레이팀이 나오는데 팀원 중 한 명이 자신들의 썰매를 탈룰라로 지으면 어떻겠냐고 제안한다. 다른 팀원이 이름이 매춘부 같다며 어디서 이런 이름을 따온 거냐며 묻자 이름을 제안한 친구는 "엄마 이름"이라고 대답한다. 이 상황이 난감한 동료는 "예쁜 이름이네"라고 말하며 상황을 수습한다. 탈룰라는 바로 이런 상황을 뜻한다.

# 「로마 위드 러브」와 와인 토킹

## To Rome with Love

**Director** 우디 앨런
**Cast** 제시 아이젠버그(잭)
엘렌 페이지(모니카)
알렉 볼드윈(존)
페넬로페 크루즈(안나)
로베르토 베니니(레오폴도)
그레타 거윅(샐리)
알레산드로 티베리(안토니오)
알레산드라 마스트로나르디(밀리)
우디 앨런(제리)

### It's wine talking

「미드나잇 인 파리」에 이어, 우디 앨런의 창의력과 재치가 가감 없이 담긴 영화 「로마 위드 러브」는 로마를 배경으로 네 가지의 이야기가 '일탈'이라는 공통분모를 가지고 옴니버스 형식으로 전개된다. 네 가지 에피소드 모두 흥미로운 소재로 시작해 걷잡을 수 없는 전개로 흘러가기 때문에 상상력이 뛰어난 관객들에게 충분한 자극이 될 만하다.

네 가지 에피소드 중 여기서 소개할 이야기는 로마로 유학 온 건축학도 잭이 여자친구의 절친한 친구 모니카와 벌이는 일탈이다.

잭의 여자친구 샐리는 배우 지망생인 모니카가 로마에 와서 한동안 같이 지내게 되었으니 잘해달라고 부탁한다. 그러면서 모니카의 매력이 치명적이니 그녀에게 빠지지 말라고 신신당부한다. 잭은 결코 그럴 일 없다며 호기롭게 친구 레오나르도까지 모니카에게 소개해주는데, 시간이 지날수록 질투를 느끼는 자신을 보며 모니카의 매력에 자신 역시 완전히 빠졌음을 인정하고 만다. 가운데 낀 샐리를 생각하면 잭과 모니카에게는 적절한 거리 두기가 필요했다. 하지만 모니카와 잭의 관계에 불을 지피는 사건이 있으니, 바로 와인 토킹*wine talking*이다.

샐리와 레오나르도가 학교에서 돌아올 때까지 모니카와 잭은 집에서 저녁을 준비하기로 한다. 모니카는 파스타를 만들겠다며 고군분투하는데, 요리의 요 자도 모르는 그녀는 이탈리아 음식에는 와인이라며 토마토 소스에다 애꿎은 와인만 쏟아붓는다. 그렇게 와인 한 병이 다 들어갔을 즈음 계속해서 소스 맛을 보던 모니카는 취기가 오른 것 같다며 소파에 털썩 앉아버린다.

이제 모니카의 위험한 유혹이 시작된다. 그녀는 "조금 취해서 나오는 말인데(It's wine talking)"라는 말로 운을 떼며 잭의 마음을 흔든다. 이후 둘은 술에 취한 젊은 남녀가 한 공간에 있으면 안 되는 이유를 몸소 보여준다. 필자는 모니카가 이야기를 시작할 때 쓴 와인 토킹이라는 표현이 꽤 신선했고, 마음에 들었다. 와인을 좋아하는 애호가로서 킵해두어도 좋을 표현이라고 생각한다.

도대체 어떤 와인을 요리에 그렇게 쏟아부었는지는 여러 번 돌려봤지만 밝혀내지 못했다. 하긴 뭘 넣든 무슨 상관일까. 이탈리아에 널린 게 저렴하고 맛있는 와인일 텐데.

이탈리아는 '진정한' 와인의 천국이다. 프랑스가 와인의 '종주국'이라고 얘기하지만, 종주국이라는 단어가 '문화적 현상과 같은 어떤 대상이 처음 시작한 나라'라고 정의된 것을 상기하면, 그리스나 이탈리아가 와인의 종주국에 걸맞다. 우선 역사가 그렇다. 고대에 와인이라는 술을 사랑했고 가장 많이 발전시킨 민족은 그리스와 로마인들이었다. 특히 로마인들의 와인 사랑은 대단해서, 한때 서유럽을 지배했던 그들은 정복하는 곳마다 포도나무를 심었고 와인 문화를 전파했다. 그렇게 지금의 프랑스 땅에도 와인 문화가 발전하게 된 것이다.

또한 이탈리아는 전 국토에서 와인이 나지 않는 곳이 없다. 오죽하면 그리스인들이 이탈리아를 두고 오에노트리아

*Oenotria*(잘 길들여진 포도의 땅)라고 불렀을까. 그만큼 이탈리아 전역은 포도가 자라기 적합하고, 지방마다 개성이 가득한 와인을 생산하고 있다.

다만 프랑스와 달리 이탈리아는 통일된 이탈리아를 이루기까지 오랜 시간이 걸렸다. 그 영향으로 지금까지 각 지방은 뚜렷한 지방분권적 성향을 보인다. 와인도 마찬가지다. 1935년, 일찍이 와인과 관련한 법을 제정하고 품질 향상에 열을 기울인 프랑스와 달리 이탈리아는 30년이나 늦은 1963년에 프랑스와 비슷한 DOC 법을 만들었다. Denominazione di Origine Controllata의 약자인 DOC는 이탈리아의 와인 산지의 경계를 구분하고, 포도를 재배하고 와인을 만드는 과정을 법으로 제한한다. 이를 통해 이탈리아 와인의 품질을 정부가 보증하고 있다.

이탈리아 와인 등급은 DOC 이외에도 한 단계 높은 등급인 DOCG가 있고, 이보다 규제가 느슨한 IGT, VdT가 있다. 흥미로운 건, 이탈리아 와인에 한해서는 IGT나 VdT가 반드시 품질이 낮다는 것을 의미하지는 않는다는 점이다. 예를 들어 한 병에 수십만 원에서 백만 원을 호가하는 마세토*Masseto*도 IGT 와인이다. 이런 와인들이 이탈리아에는 수두룩하다. 그러니 영화에서처럼 와인 한 병을 요리에 쏟아붓는다고 해서 그 와인이 꼭 VdT나 IGT 등급일 것이라고 제한할 필요는 없다. 물론 요리용으로 사용하는 와인이니 그럴 가능성이 더 클 뿐이다.

영화를 다 본 뒤 여운과 함께 남은 생각은 와인이 뭐였을까, 도대체 무슨 와인을 마시고 저리도 취한 것일까? 아니 진짜 취한 게 맞긴 한가? 와인의 등급은 뭐였을까? 하는 의문들이 아니었다. 어떻게 이런 이야기들이 건드리면 툭 쓰러질 것 같은 호리호리한 노인의 몸에서 나올 수 있었을까다. 나이는 숫자에 불과할 뿐. 우디 앨런 감독은 천재가 틀림없다.

# 「라따뚜이」와 비밀을 말하게 할 와인

**Director** 브래드 버드

**Cast** 천재적 요리사 쥐(레미)
요리 못하는 요리사(링귀니)
요리사 혼령(구스토)
레스토랑 주방장(스키너)

**Wine** 샤토 라투르 1961(프랑스 보르도)

## 자 여기 샤토 라투르 1961, 이제 비밀을 말해보게

영화 「라따뚜이」를 한 줄로 요약하면 천부적인 요리 실력을 가진 쥐 레미의 인생 역전 스토리다. 그러나 픽사 애니메이션답게 영화 속에 담긴 철학과 방향성은 결코 단순하지 않다. 주방에서 가장 적대시되는 쥐가 요리사가 된다는 아이러니한 설정부터 상식을 깨버린다.

요리 실력은 뛰어나지만 사람이 아니기에 요리사가 될 수 없었던 레미와 사람이지만 요리 실력이 형편없는 링귀니가 영화의 주인공이다. 이 둘 사이에는 요리와 함께 또 다른 연결 고리가 있다. 바로 작고한 최고의 요리사 구스토다.

레미는 과거 구스토가 요리 프로그램에 출연해 "누구나 요리를 할 수 있다"고 말하는 것을 보고 요리사를 꿈꿔왔다. 링귀니 역시 구스토의 숨겨진 후계자다. 이 둘은 몰락해가던 구스토의 레스토랑을 다시 일으키고자 한 팀이 되어 요리한다. 이때 갑자기 딴사람이 된 것처럼 요리를 잘하게 된 링귀니를 의심하는 사람이 있으니, 호시탐탐 레스토랑을 노려왔던 주방장 스키너다. 그는 링귀니를 불러 최고급 와인을 미끼로 비밀을 캐묻는다. 이때 스키너가 링귀니를 꿰어내기 위해 오픈한 와인이 바로 샤토 라투르*Chateau Latour*의 1961년 빈티지다.

샤토 라투르는 오직 다섯 곳의 와이너리만이 랭크되어 있는 프랑스 보르도 그랑 크뤼 클라세 1등급 와인이다. 샤토 라투르의 포도밭의 역사는 무려 1378년 백년전쟁의 시대로 거슬러 올라간다. 그리고 뛰어난 색, 순도 높은 과일 향, 강한 힘과 긴 숙성력으로 대변되는 라투르의 명성은 19세기에 탄생했다. 이후 1993년 완벽주의자인 프랑수아 피노*Francois Pinault*가 샤토 라투르를 소유하면서 날개를 달았다. 완벽하지 않은 것은 철저하게 거부하는 그의 성격 탓에 라투르는 좋은 빈티지에서건 나쁜 빈티지에서건 뛰어난 품질을 만들어내는, 결점이 없는 와인의 대명사로 잘 알려져 있다. 이런 이유에서 많은 이들이 라투르를 세계 최고의 와인으로 손꼽는다.

이런 와인으로 꾀어내는데 당해낼 사람이 있을까? 순진한 링귀니가 술술 실토를 했다 해도 이해가 된다.

레미의 정신적 스승인 최고의 요리사 구스토는 실제 프랑스 미식의 도시 리옹의 전설적인 셰프 폴 보큐즈*Paul Bocuse*를 모델로 하고 있다. 폴 보큐즈 역시 고인이 되었지만, 그의 레스토랑은 현재도 미슐랭 3스타의 명성을 이어가고 있다. 필자도 리옹을 여행하면서 폴 보큐즈의 레스토랑을 방문했다. 음식의 맛과 서비스는 말할 것도 없었고, 백과사전을 방불케 하는 두꺼운 와인 리스트에 입을 다물지 못했던 기억이 난다. 다만 영화와 달리 폴 보큐즈 레스토랑의 메뉴에는 라따뚜이가 없다.

영화의 제목인 라따뚜이는 프랑스 프로방스 지역의 전통 요리로 가지, 토마토, 호박 등의 야채에 허브와 올리브 오일을 넣어 끓인 야채 스튜다. 영화 속에서 악랄한 음식 평론가로 묘사된 이고가 레미가 만든 라따뚜이를 먹고는 유년기의 따뜻했던 추억 속으로 빠져드는 장면도 영화의 하이라이트. 프랑스의 대표적인 가정식 요리인 라따뚜이는 누구나 쉽게 만들 수 있으니 영화 속 맛이 궁금하다면 도전해보길 바란다. 구스토의 말처럼 "누구나 요리를 할 수 있다."

# 「귀여운 여인」은 샴페인에 딸기를 먹는다

*Pretty Woman*

**Director** 게리 마샬

**Cast** 리차드 기어(에드워드 루이스)
줄리아 로버츠(비비안 워드)

**Wine** 샴페인 모엣 샹동(프랑스 샹파뉴)

## 원샷 말고 샴페인 페어링

영화 「귀여운 여인」은 성공한 기업 사냥꾼 에드워드와 콜걸 비비안의 사랑 이야기를 담고 있다. 한마디로 신데렐라 스토리의 정석 같은 영화다. 실제로 당시 신인이었던 줄리아 로버츠는 이 영화를 통해 톱스타로 거듭나 현실판 신데렐라가 되기도 했다.

사실 이 영화를 제대로 감상한 것은 최근이다. 돈 많은 남자, 가난한 여자가 사랑에 빠지는 서사는 식상한 이야기였고 그 결말이 어떻게 흘러가는지도 뻔했기 때문이다. 그런데 영화가 시작되자 왜 이 영화가 오랜 시간 많은 이들에게 사랑을 받아왔는지 단번에 수긍할 수밖에 없었다. 알면서도 속는 기분이랄까? 거기에 줄리아 로버츠의 패션과 특유의 시원한 웃음은 정말이지 매력적으로 다가왔다.

영화는 사업상 출장을 온 에드워드가 친구의 차를 빌려 직접 호텔을 찾아가다가 길을 헤매면서 시작한다. 길가에서 손님을 기다리던 비비안 앞에 차를 세우고 길을 물어보자 비비안은 에드워드 차에 올라타 직접 길을 안내해주기로 한다. 호텔을 찾아가는 그 잠깐의 시간 동안 지금껏 만나왔던 여성들과는 다른, 솔직하고 거침없는 비비안에게 매력을 느낀 에드워드는 그녀를 자신의 스위트룸으로 데리고 올라간다.

에드워드는 룸서비스로 주문한 샴페인을 비비안에게 따라준다. 이때 비비안은 시원하게 샴페인을 원샷해 버리는데, 이를 본 에드워드는 그녀에게 딸기를 함께 먹어볼 것을 권한다. 왜 딸기를 먹냐고 묻는 비비안에게 에드워드는 대답한다.

"딸기가 샴페인의 향을 돋워주거든."

이건 에드워드가 관객에게 건 주문과도 같았다. 지금도 샴페인을 마실 때면 이 대사가 생각나 딸기를 곁들이고 싶다는 생각이 든다. 그런데 정말 에드워드의 권유처럼 샴페인에 딸기가 어울리는 것일까?

사실 샴페인이든 다른 어떤 와인이든 와인에 신맛이 강한 과일을 매칭하는 건 피하는 것이 좋다. 와인을 구성하는 필수 요소인 당, 산도, 탄닌, 알코올에서 신맛을 담당하는 산도가 과일의 산과 부딪혀 신맛을 극대화하기 때문이다. 극 중에서 에드워드가 권한 딸기는 분명 완숙되어 달콤한 딸기였을 거라고 믿는다. 디저트에 샴페인을 즐기는 것처럼 한껏 달콤한 딸기라면 분명 샴페인의 향을 돋워줬을 것이다.

만약 호텔에 딸기가 없었다면 둘은 샴페인에 어떤 음식을 먹었을까. 비비안이 마신 샴페인은 영화 속 와인이 있는 장면에 단골로 등장하는 모엣 샹동이다. 모엣 샹동 샴페인의 캐릭터는 크게 세 가지로 표현되는데, 하나는 오랜 병 숙성으로 인한 구수한 플레이버 그리고 지속적으로 느껴지는 자글자글한 기포, 마지막으로 기분 좋게 느껴지는 상큼한 산도다. 이 세 가지 특징을 고루 갖춘 샴페인이라면, 굳이 딸기가 아니어도 매칭할 수 있는 음식이 꽤 많다.

우선 샴페인의 구수한 플레이버와 통통 튀는 기포는 바삭하고 고소한 질감의 음식과 좋은 궁합을 가지고 있다. 비스킷이나 얇게 잘라 구운 빵 위에 다양한 재료를 올린 식전 카나페에 샴페인을 마시는 것도 그 때문이다.

상큼한 산도에는 신선한 모차렐라 치즈, 토마토, 어린 채소에 상큼한 발사믹 소스를 뿌린 카프레제 샐러드가 연상된다. 햇살 좋은 봄날. 카페 테라스에 앉아 카프레제 샐러드와 함께 샴페인 마시는 시간을 상상해보자. 저절로 기분이 좋아질 것이다.

샴페인의 산도는 짠맛이 있는 음식과도 훌륭한 조합을 이룬다. 전통적으로 샴페인에는 캐비아를 먹었다. 캐비아의 비릿하고 짠맛을 샴페인의 산도가 말끔하게 씻어주기 때문이다. 하지만 캐비아는 비싸고 구하기도 힘드니, 시중에서 쉽게 구할 수 있는 명란젓이 대안이 될 수 있다. 명란을 살짝 구워내 신선한 오이와 마요네즈를 곁들인 요리라면 더할 나위가 없다. 또한 샴페인의 기포와 산도는 음식의 기름기를 잡아주는 역할을 하기 때문에 버터에 구운 관자 또는 새우 요리, 각종 전과도 매우 잘 어울린다.

개인적으로는 육회에 샴페인 마시는 것을 좋아한다. 각종 허브, 향신료, 참기름 혹은 올리브유로 양념한 소고기에 신선한 노른자를 비빈 육회를 상상해보자. 고소한 맛과 쫄깃한 식감을 즐긴 후에 입안에 남는 기름기를 샴페인 한 잔이 말끔히 씻어낸다. 샴페인의 고장인 샹파뉴의 특산 음식인 비프 타르타르*Beef tartare*는 우리네 육회와 같다. 샹파뉴 지역을 여행하다 보면 점심 식사로 비프 타르타르를 먹으며 샴페인을 마시는 현지인들을 쉽게 볼 수 있다. 이 멋진 페어링을 경험한 독자라면 딸기로 시작해 육회로 끝나는 이유를 이해하리라 생각한다.

# 「퍼펙트맨」과 형님들의 와인

Man of Men

**Director** 용수
**Cast** 설경구(장수), 조진웅(영기)
허준호(범도), 진선규(대국)
김사랑(은하), 지승현(난다리)
**Wine** 발디비에소 카베르네 소비뇽(칠레)

**계획대로면 더 좋은 와인을 마시게 될 거야**

머리끝부터 발끝까지 건달 포스를 뿜는 주인공 영기, 암흑가의 보스로 살아왔으나 양지의 사업으로 조직원들과 밝은 세상에서 살겠다는 꿈을 실행 중인 범도. 둘 사이에 문제가 있었으니 오른팔인 영기가 범도가 그리는 비즈니스와 영 그림이 맞지 않는다는 점이다. 조직에서 줄어드는 입지를 눈치 챈 영기는 한 몫 잘 챙겨서 이 바닥 뜰 궁리를 하지만 역시나 일이 꼬여 거액의 빚과 함께 보스의 손에 죽을 일만 남았다.

목숨이 위태로워진 영기에게 한 줄기 희망이 생긴다. 전신마비에 시한부 선고까지 받은 로펌 대표 장수가 영기에게 자신을 죽여주면 생명보험금을 영기 앞으로 넘기겠다는 제안을 한다. 그냥 죽으면 12억, 사고사는 27억. 보스의 돈을 갚고 새 출발하기에 충분한 돈이다. 영기는 장수의 제안을 기꺼이 받아들인다.

단 장수는 죽기 전 자신의 버킷 리스트를 모두 해보고 싶어 한다. 영기는 장수의 버킷 리스트를 함께 이뤄주고 평온하게 그를 죽음으로 데려갈 것이다. 영화는 물러설 곳 없는 영기와 삶의 의욕을 잃은 장수, 두 남자가 만들어가는 우정을 그렸다.

필자의 눈에 영화의 중심축이 되는 또 하나의 인물인 조직의 보스 범도가 눈에 띄었다. 범도 역의 허준호 배우는 목소리와 비주얼에서 풍겨오는 아우라만으로 화면을 압도한다. 그가 정상적인 사업체를 이끌고 싶어 하는 것은 단지 자신만의 야망 때문만은 아니다. 그는 자신의 조직을 아끼는 인물이다. 사람답게 살아보는 것, 그것이 범도의 목표다.

영화 속 와인이 있는 장면은 범도가 조직원들을 불러모아 신사업을 발표하며 사기를 북돋우는 장면이다. 고급 와인 바에 가득 앉은 조직원들은 모두 깔끔한 수트 차림으로 와인을 마시고 있다. 한국형 조폭 영화에서는 조직원들이 폭탄주를 말아서 들이키는 모습이 익숙하다 보니 이 장면이 신선하게 느껴졌다. 조직의 보스를 비롯해 조직원들은 무슨 와인을 마시고 있을까?

범도가 선택한 와인은 칠레의 발디비에소 카베르네 소비뇽 *Valdivieso Cabernet Sauvignon*. 발디비에소는 한국 시장에서 오랜 시간 사랑을 받아온 칠레 와인이다. 1897년 알베르토 발디비에소*Alberto Valdivieso*가 설립한 스파클링 와이너리인 '샴페인 알베르토 발디비에소*Champagne Alberto Valdivieso*'가 와이너리의 전신으로, 남미 최초로 스파클링 와인을 생산했다. 현재까지도 질 좋은 스파클링 와인을 20여 종 이상을 생산하고 있고, 스틸 화이트와 레드까지 영역을 넓혀 승승장구하고 있다.

사실 영화에 등장한 와인은 발디비에소의 엔트리급 와인이다. 대개 칠레의 대형 와인 생산자들은 와인을 수십 종류씩 만든다. 그리고 사용하는 포도의 질이나 포도밭의 질, 그리고 만드는 방법에 따라 등급을 매긴다. 와이너리마다 등급에 주는 명칭이 제각각이라 한마디로 정의내리기는 어렵지만, 대개 엔트리급 와인은 VARIETAL이라는 표현을 쓴다. VARIETAL은 보통 평범한 포도밭의 포도로 대량 생산되는 저렴한 와인들이다. 이보다 등급이 높은 와인들에는 RESERVA나 GRAN RESERVA와 같은 수식어가 붙는다.

발디비에소의 경우도 가장 낮은 등급의 와인들에 VARIETAL을, 높은 등급의 와인에 WINEMAKER RESERVA, SINGLE VALLEY LOT, SINGLE VINEYARD라는 수식어를 붙였다. 와인에 SINGLE VINEYARD라는 문구가 적히면 해당 와인은 다른 포도밭의 포도를 섞어서 만들지 않고, 한 포도밭의 포도만 사용했다는 의미다. 보통 이런 독립된 포도밭은 와이너리의 입장에서 다른 포도밭보다 뛰어난 입지를 지녔다고 판단해서 탄생한다. 즉, 싱글 빈야드 와인은 와이너리 입장에서 입지가 뛰어나다고 생각한 포도밭의 포도로만 만든 와인이라는 뜻이다.

필자는 범도의 테이블에 올려진 발디비에소의 엔트리급 와인을 보면서 이런저런 생각을 했다. 더 좋은 와인을 살 여유가 없었던 걸까? 아니면 와인을 잘 몰라서일까? 그래도 품종은 카베르네 소비뇽을 골랐다. 이 품종은 다른 레드 품종에 비해 껍질이 두꺼워서 탄닌이 높고, 천연 산도 또한 많아서 풀바디 와인을 만들기에 아주 좋다. 아마도 범도는 와인을 전혀 모르는 조직원들을 와인의 세계에 입문시키려고 일부러 저렴하지만 맛있게 즐길 만한 와인을 골랐을 수도 있다. 그렇다면 그는 매우 훌륭한 선택을 한 셈이다.

범도의 염원대로 된다면 일 년 뒤에는 조직원들이 회사원 명찰을 차고 와인 바에서 알마비바*Almaviva*나 세냐*Sena*를 마시고 있을지도 모를 일이다. 알마비바는 프랑스의 샤토 무통 로칠드와 칠레의 국가 대표 와이너리인 콘차 이 토로*Concha y Toro*가 합작해서 만든 와인이다. 세냐는 칠레의 부티크 와이너리인 에라주리즈*Errazuriz*와 미국의 국가 대표 와이너리 로버트 몬다비*Robert Mondavi*의 합작으로 탄생했다. 두 와인 모두 칠레를 대표하는 프리미엄 와인이다.

영화는 등장인물들의 뛰어난 연기력과 함께 예상한 대로 흘러간다. 가격이나 맛이나 전혀 부담 없는 발디비에소 카베르네 소비뇽 한 병을 옆에 두고 가볍게 즐기기 좋은 작품이다.

# 「투어리스트」와 기차에서 마시는 와인

*The Tourist*

**Director** 플로리안 헨켈폰 도너스마르크
**Cast** 안젤리나 졸리(엘리제 클리프턴 워드)
조니 뎁(프랭크 투펠로)

## 기차에서 마시는 화이트 와인 한 잔

도너스마르크 감독의 「투어리스트」는 전작 「타인의 삶」에서 보여준 삶에 관한 통찰이나 훌륭한 심리 묘사 대신 가벼운 오락영화로 탄생해 여러 모로 아쉬운 점을 남겼다. 그 가운데 돋보이는 점이 있다면 바로 볼거리다. 주연 배우의 화려한 외모도 아름답지만, 주 무대가 되는 이탈리아 베네치아가 당장이라도 떠나고 싶을 만큼 멋지게 그려졌다.

영화는 국제 범죄자 알렉산더 피어스의 연인 엘리제로부터 시작한다. 그녀는 국제수사망에 오른 애인과 2년째 떨어져 지내며 인터폴의 감시를 받는 생활을 하고 있다. 파리의 카페에서 차를 마시던 엘리제에게 연인 알렉산더의 메시지가 도착한다. 그녀는 메시지를 따라 파리에서 이탈리아 베네치아로 향하는 기차에 오른다. 메시지의 내용은 기차 안에서 알렉산더와 가장 비슷한 사람을 만나 경찰이 그 남자를 알렉산더로 착각하도록 유도하라는 것. 엘리제는 기차에서 혼자 앉아 있는 미국인 수학 선생 프랭크를 낙점하고 그를 이용하기로 한다. 엘리제를 연기한 배우 안젤리나 졸리의 미모 덕분인지 영화 속 모든 인물은 엘리제를 넋을 잃고 바라보고, 프랭크 역시 그녀에게 첫눈에 반한다.

영화 속 와인이 있는 장면은 프랭크와 엘리제가 열차 안 레스토랑에서 와인을 마시며 대화하는 신이다. 와인은 투박한 유리잔에 담겨있지만, 베네치아로 향하는 창밖의 풍경과 열차 안의 분위기가 더해져 낭만적으로 그려진다. 장면을 좀 더 자세히 관찰하면 식당칸에 앉아있는 모든 이들이 약속이나 한 것처럼 화이트 와인을 마시고 있다. 궁금하지 않을 수 없는 이 화이트 와인의 정체는 끝내 나오지 않지만, 우리에게 주어진 몇 가지 정보는 이렇다.

첫째, 기차 안에서 낮에 서빙되는 와인. 둘째, 유리 와인 잔에 서빙되는 와인. 셋째, 프랑스에서 베네치아로 향하는 열차 안에서 마시는 와인. 이 세 가지 사실을 조합해보니 이탈리아 베네토의 화이트 산지인 소아베가 가장 먼저 떠올랐다.

소아베는 지역의 토착 품종인 가르가네가*Garganega*, 트레비아노와 세계에서 가장 널리 재배되는 샤르도네의 블렌딩으로 탄생하는 화이트 와인이다. 소아베를 표현하는 특징들은 복숭아, 멜론, 오렌지 껍질, 아몬드 향 같은 것들인데, 이미지에서 상상할 수 있듯이 감각적이고 사랑스러운 풍미를 보인다. 특히 화창한 오후의 분위기와 잘 어울려서 야외에서 식사를 즐길 때나, 가벼운 해산물을 곁들인 샐러드를 먹을 때 더할 나위 없이 좋은 선택이 되곤 한다. 필자도 베네토 지역에서 와인 여행을 하면서 점심에 참 많은 파스타와 소아베를 즐겼다.

소아베를 만드는 와인 생산자들이 많은 만큼 어떤 와인을 선택해야 할지 난감한 분들에게 추천하자면, 이나마*Inama*, 지니

*Gini*, 안셀미*Anselmi*, 마이넨테*Mainente*, 피에로판*Pieropan* 이다. 모두 소아베 와인 산지를 여행할 때 방문했던 곳으로, 매우 훌륭한 소아베 와인을 만들고 있다.

필자는 아쉽게도 유럽에서 기차 여행을 해보지 못했다. 일생에 꼭 한번 경험해보고 싶은 일로 남겨두었는데 이탈리아로 향하는 기차를 타게 된다면 식당 칸에 앉아 화이트 와인을 반드시 주문해보려 한다. 베네치아로 향하는 기차에 진짜 소아베 와인이 메뉴에 있을지 기대된다.

# 「인턴」은 일등석에서 몇 잔의 와인을 마셨을까

*The Intern*

**Director** 낸시 마이어스
**Cast** 앤 해서웨이(줄스 오스틴)
로버트 드니로(벤 휘태커)

## 이런 인턴 어디 없나요?

영화 「인턴」은 성공한 젊은 경영인 줄스와 70대의 나이에 줄스의 회사에 인턴으로 취업한 벤의 우정을 담았다. 줄스가 운영하는 온라인 패션몰 어바웃 더 핏은 출범 1년 반 만에 220명의 직원을 둔 중견 기업으로 성장한다. 열정 넘치는 줄스는 상품을 체크하고 고객을 관리하는 일에서부터 직원들을 챙기는 것까지 어느 하나 소홀히 하지 않는 이상적인 CEO로 그려진다. 다만 바쁜 스케줄 탓에 남편과 아이와 함께할 시간은 언제나 부족하다.

인턴으로 입사한 벤은 줄스의 개인 비서로 일을 시작하는데, 줄스는 나이가 많아도 너무 많은 벤을 처음에는 탐탁지 않아 한다. 그러나 벤에게는 수십 년간의 직장 생활 동안 쌓아온 인생 경험이 있지 않은가! 벤은 회사 내 감초 같은 역할들을 해내고, 줄스 역시 벤을 존중하며 마음을 열게 된다.

한편 줄스는 급성장하는 회사를 위해 전문 경영인의 필요성에 대해 고민하기 시작한다. 그녀는 회사의 오너지만 자신의 상사가 될 사람을 채용해보려는 것이다. 회사에서 한 발짝 물러서면 가정에서의 관계도 회복할 수 있을 거라는 희망도 품고 있다. 줄스는 벤과 함께 업계의 전문 경영인을 스카우트하기 위해 샌프란시스코행 비행기에 오른다.

샌프란시스코행 비행기 일등석에 나란히 앉아있는 줄스와 벤. 의자에 앉자마자 노트북부터 열고 일을 시작하는 줄스를 바라보며 벤은 결심한 듯 말한다.

"줄스 우리가 지금 뭐 하는 거죠? 하루 쉬는 날이고 일등석을 타고 여행 중인데 즐기자고요."

거절할 수 없는 벤의 요청에 줄스는 미소지으며 노트북을 덮는다.

“그거야 얼마든지 가능하죠.”

일등석의 매력은 단연 와인 아닐까? 두 사람은 와인과 기내식을 즐기며 유쾌하게 대화한다. 대화의 내용이 일과 무관한 소소한 일상 이야기였다는 점이 보기 좋았다. 밝게 웃는 줄스는 매일같이 그녀를 붙잡고 있던 고민들에서 잠시나마 벗어난 것처럼 보인다. 벤은 줄스를 그렇게 웃을 수 있게 만들어주는 사람이다.

영화 「인 디 에어」에서 기내 와인에 대한 이야기를 한 차례 풀어냈는데, 여기서는 조금 다른 의문이 들어서 이에 대해 이야기를 나눠보려고 한다.

과연 기내에서는 와인을 얼마나 마셔도 될까? 대부분의 항공사는 3회까지 제한 없이 주류를 제공한다. 그럼 3회 이상은 안 되는 것일까? 기본 매뉴얼은 그렇다. 기내에서 취한 손님이 발생하는 불상사를 막기 위해 항공사는 주류를 제공하되 제한을 두는 것이다. 다만 항공사마다 주류를 제공하는 횟수는 조금씩 다르다. 5회인 곳도 있고, 3회인 곳도 있다. 그 이상은 승무원의 재량에 달렸다.

여기서 많은 이들이 갖는 궁금증 한 가지 더. 기내에서 와인을 마시면 빨리 취할까?

항공기 내부의 공기 흐름은 지상과 다르다. 지상보다 기압이 낮고, 건조하다. 그 때문에 일부 심리학자와 의사들은 저기압, 저산소 상태에서 와인을 마실 때 더 빨리 취하고 숙취가 심해진다고 말하기도 한다. 반면 알코올이 신체에 미치는 영향은 고도와는 전혀 무관하다고 주장하는 이들도 있다. 그들은 기내에서 더 빨리 취하는 느낌이 드는 것은 심리적인 플라시보 효과라고 말한다.

그래서 결론을 내려보자면 기내에서 와인을 마시면 더 빨리 취한다는 전문가의 의견이 많지만, 기압의 차이에 의한 개개인의 신체 반응이 모두 다르기 때문에 절대적이라고 할 수 없다. 그러니 일단 가볍게 한 잔만 마셔보자. 각 항공사의 기내 와인은 항공사 이미지와도 직결되기 때문에 선정 기준이 까다롭다. 만약 해외로 와인 여행을 떠나려 한다면 여행의 첫 번째 시음 목록에 항공사의 기내 와인도 잊지 않고 넣어두길 추천한다. 여행의 시작과 끝을 와인으로 채울 수 있다.

# 「마이 원 앤 온리」와 인생 첫 와인

*My one and olny*

**Director** 리처드 론크레인
**Cast** 르네 젤위거(앤 데베로)
케빈 베이컨(댄 데베로)
로건 레먼(조지 데베로)
마크 렌달(로비)

### 자녀들과 첫 와인을 함께할 때

영화 「마이 원 앤 온리」는 1953년대 미국을 배경으로 두 아들과 남편감을 찾아 여행을 떠나는 앤 데베로 부인의 이야기를 담고 있다. 유명 밴드 리더 벤과 결혼해 경제적으로 풍족한 삶을 살았지만, 남편의 바람 잘 날 없는 바람기에 질려버린 그녀는 자신과 두 아들을 위해 더 좋은 남편을 찾아 여행을 떠난다.

새로운 시작을 꿈꾸는 앤은 여전히 아름답고 기품이 흐른다. 그런데 젊음을 떠나보낸 지 시간이 너무 많이 흘러서일까? 그녀의 주변에는 별별 이상한 남자들만 꼬인다. 앤의 지갑을 털어가는 남자부터, 괴팍한 군인, 앤을 침대에 눕힐 생각만 하는 사업가까지, 하나같이 문제가 심각하다. 엄마가 이런 남자들을 만나 약혼하고 결혼을 깨버리기를 반복하는 걸 두 아들은 묵묵히 지켜본다.

드디어 앤은 모든 조건이 완벽하다고 생각되는 중년의 사업가 매시를 만난다. 그는 매너 있고 아들들에게도 따뜻하다. 첫째 로비의 연극 무대를 응원하기 위해 동행하고, 둘째 조지에게는 여자를 위해 스웨터나 재킷을 덮어줄 수 있게 들고 다녀야 한다고 조언해주는 남자다. 매시의 청혼을 받은 앤은 기쁨에 들떠 있다. 앤은 언니의 집에서 아들들과 샴페인을 마시며 축배를 든다.

그런데 가만, 두 아들은 아직 고등학생 아닌가? 여기서 필자는 기분 좋은 상상에 빠졌다. 필자에게는 소중한 두 명의 조카가 있다. 아직 매우 어리지만 우리가 함께 마실 첫 와인을 고르고 먼 미래에 함께 와인 잔을 기울이는 상상을 해봤다. 국내 정서와는 맞지 않겠지만 고등학생이 되었을 때 몇 번 경험시켜주는 것도 좋을 것 같다. 몰래 밖에서 마시는 것보다 가족이 와인을 가르쳐주는 것이 백번 나을 것이다.

자녀와 함께 마시는 첫 와인, 또는 조카들과 함께 마시는 첫 와인을 상상하는 것만으로 행복해진다. 그것은 누군가의 인생에서 가장 강렬한 기억을 선사하는 아주 중요한 순간이기도 하다.

유럽의 가정에서는 아이들의 성년식을 위해 부모가 미리 와인을 준비해두는 경우가 많다. 아이들의 인생에서 가장 소중하고 중요한 순간을 위한 부모의 작은 선물이다. 문제는 아이들이 성년이 될 때까지 와인이 버틸 수 있어야 한다는 것. 그런 와인은 십수 년을 견딜 만큼 단단한 구조감을 지닌 고가의 와인들이다. 하지만 꼭 고가의 와인이 아니더라도 괜찮은 선택이 있다. 바로 포트 와인*Port Wine*이다.

포트 와인은 포르투갈에서 생산되는 주정 강화 와인이다. 와인에 알코올(보통 와인을 증류한 77%의 무색, 무취의 증류주)을 넣어 알코올 도수를 끌어올린다. 포트 와인은 와인의 발효 도중에 알코올을 첨가하기 때문에, 미처 발효되지 못한 당분이 와인에 남아 달콤한 맛을 지닌다. 알코올 도수가 높아서 오랜 시간 동안 변질되지 않으며, 달달한 맛 때문에 성년이 된 아이들이 처음 체험하는 와인으로도 좋다.

이렇게 미리 준비한 케이스가 아니라면, 와인에 입문하는 사람들에게는 달콤한 모스카토 다스티*Moscato d'Asti*도 제격이다. 모스카토는 이 와인을 만드는 청포도 품종의 이름이고, 아스티는 이 와인을 만드는 지역의 이름이다. 즉, 아스티 지역에서 재배한 모스카토로 만든 와인이 바로 모스카토 다스티다. 적당한 단 맛과 자글거리는 기포가 매력적이라서 와인을 처음 마셔보는 이들에게 좋은 인상을 줄 수 있다.

영화는 '앤이 매시와 결혼해 행복하게 살았다'라는 동화 같은 결말로 끝나지 않는다. 따뜻하고 능력있는 남자 매시에게는 치명적인 단점이 있었으니 이미 아내가 있다는 것. 앤은 또다시 상처받고 두 아들과 떠도는 생활이 시작된다. 끝내 인내심이 바닥난 둘째는 불만을 터트리고, 그 과정에서 서로가 상처를 주고 실망도 하지만, 힘든 시기를 함께한 세 사람은 서로가 서로를 더 단단히 끌어안게 된다. 제목처럼 우리에게 소중한 원 앤 온리를 떠올리게 하며 영화는 막을 내린다.

# 「바스터즈: 거친 녀석들」과 쿠엔틴 타란티노의 센스

*Inglourious Basterds*

**Director** 쿠엔틴 티란티노

**Cast** 브래드 피트(알도 레인 소위)
멜라니 로랑(쇼산나 드레이퍼스)
크리스토프 왈츠(한스 란다 대령)
다이앤 크루거(브릿지 본 하머스마크)

**Wine** 피아스코에 담긴 키안티 레드 와인
(이탈리아 토스카나)

## 키안티 와인을 준비한 저 센스

쿠엔틴 타란티노. 이렇게까지 개성이 뚜렷한 감독이 몇이나 존재할까? 그는 1992년 「저수지의 개들」을 세상에 선보이며 B급 영화의 아이콘으로 화려하게 등장했다. 이후 「펄프픽션」, 「황혼에서 새벽까지」, 「킬빌」로 이어지는 그의 영화들은 B급 영화 팬들에게는 교과서라 할 수 있다.

그런데 B급 영화란 무엇일까? 할리우드에서 탄생한 개념으로, 간략하게 정의하면 'B Movie', 'B Film'이라 불리는 B급 영화는 저예산으로 단기간에 촬영한 영화다. 할리우드 메이저 영화사의 끼워 팔기와 동시 상영 마케팅 전략이 어우러져 탄생했다. 1920년대 전후 할리우드의 메이저 영화사에서는 무명 감독과 배우들로 만들어진 저예산 영화를 자신들의 영화와 함께 극장에 상영하도록 했다. 이러한 관행은 관객들에게 다양한 경험과 선택의 기회를 줄 수 있었다.

쿠엔틴 타란티노의 영화에 등장하는 배우들은 선과 악의 구분이 없고 하나같이 잔인하다. 그들은 감정에 호소하지 않으며, 영화 속 총질은 피바다를 만들 때까지 멈추지 않는다. 여기서 관객들은 어떤 카타르시스를 느끼는지도 모른다. 쿠엔틴 타란티노는 이런 B급 코드에 긴장감 있는 대사와 유머를 녹여냈다. 그리고 「바스터즈: 거친 녀석들」은 이 모든 요소가 잘 배합된 영화다.

영화의 배경은 제2차 세계 대전 당시 독일이 무차별적으로 유대인을 학살하던 시기다. 나치의 행동대장인 한스 대령은 유대인 사냥꾼이란 별명답게 잔인하고 집요하다. 그는 예의 바르지만 고압적이고, 웃고 있어도 두려운 인물이다. 한스 대령을 연기한 크리스토프 왈츠는 이 역할을 특유의 표정 연기로 익살스럽게 연기해 칸 영화제를 비롯해 각국의 시상식에서 10개에 달하는 남우조연상을 휩쓸며 최고의 나치 캐릭터를 만들어냈다.

브래드 피트가 연기한 엘도 레인 소위는 한스 대령의 반대편에 서 있는 인물이다. '개떼들'이라는 조직을 이끄는 유대인 출신의 미군으로, 선과 악이 모호한 타란티노 영화의 주연답게 잔인함과 폭력성은 한스 대령과 맞먹는다. 그는 당한 만큼 돌려줘야 직성이 풀리는 인물이다.

그리고 또 하나의 주축이 되는 인물인 쇼산나. 그녀는 어린 시절 한스 대령에 의해 가족들이 몰살당하던 순간 있는 힘을 다해 도망쳐 살아남았다. 그녀는 유대인임을 숨기고 고모의 극장을 물려받아 젊은 나이에 극장의 주인이 된다.

극의 중반, 쇼산나의 극장에서 나치 선전 영화를 상영할 기회가 오고, 그녀는 나치로 가득 채워진 상영관을 불바다로 만들어버릴 계획을 꾸민다. 개떼들의 대장 알도 레인 소위 역시 극장에 잠입해 폭탄 테러를 계획한다. 그는 부하 동료들과 함께 미국 스파이로 활동하는 독일 배우 브릿지 본 하머스마크와 동행하며 이탈리아인인 척 연기한다. 하지만 이미 브릿지를 스파이라고 의심하고 있던 한스 대령은 영화관에 입장하려는 그들을 막고 떠보기 시작한다. 이때부터 알도 레인 소위와 부하들의 어색한 이탈리아인 연기가 시작된다.

불어, 영어, 이탈리어까지 완벽히 구사하는 언어 능력자 한스 대령에게 그들은 쉽게 들통난다. 알도 레인 소위와 그의 부하들은 잔인한 고문을 각오했는데, 어쩐 일인지 한스 대령은 알도에게 친절하게 와인까지 대접하며 의외의 제안을 한다. 바로 폭탄 테러를 상부에 보고하지 않을 테니 미국으로 귀화할 기회를 달라는 것. 독일의 패망이 뻔하니, 미국으로 귀화해 전범으로 몰리지 않으려는 것이 한스 대령의 계획이다.

이 협상 테이블에서 한스 대령은 피아스코*Fiasco*에 담긴 키안티 와인을 손수 따라준다. 이는 이탈리아인인 척 연기했던 알도 레인 소위를 재치 있게 비웃는 장치다. 피아스코는 라피아*Raffia*라는 짚으로 병의 배 부분을 감싼 뚱뚱한 와인병을 말한다. 와인병을 이렇게 짚으로 감싼 데는 이유가 있다. 먼 옛날 포도밭에서 일하던 이탈리아 농부들은 일하다 갈증이 나면 와인을 한 잔 마시기 위해 와인을 어깨에 짊어지고 다녔는데, 와인병끼리 부딪히면서 병에 금이 가거나 깨지는 일이 생긴 것이다. 그래서 이를 방지하기 위해 구하기 쉬운 짚을 와인병의 배에 돌돌 감았던 것이 피아스코의 시작이다.

선조의 지혜를 담고 있는 전통은 없어지지 않고 지속되었으면 하는 바램이 있으나, 이제 피아스코는 찾아보기 힘들게 됐다. 기록에 따르면 20세기 초까지 피아스코는 매우 활발하게 만들어졌다. 이탈리아 엠폴리*Empoli*에 설립된 피아스코 제조업체에는 30,000명의 직공이 와인병에 쓰이는 짚을 만들었다고 한다. 1950년대에는 병을 만드는 자동화 시설이 생기면서 더욱 활성화되는가 싶었지만, 전 세계적으로 보르도 스타일의 병이 유행하면서 피아스코 제조는 점점 사라지게 되었다.

물론 아직도 피아스코에 담긴 와인이 출시되고 있긴 하다. 다만 현재는 짚으로 감싸지 않고 베트남에서 수입한 갈대를 사용한다. 이런 피아스코에 담긴 와인을 구입하는 이도 많지 않다. 이탈리아 관광객을 위한 기념품이나, 레스토랑 주방의 장식용 아이템 정도로 사용된다. 안에 담긴 와인의 맛은 크게 기대하지 않는 게 좋다.

# 「도둑들」에서 예니콜이 훔쳐 마신 와인

*The Thieves*

Director 최동훈

Cast 김윤석(마카오박), 김혜수(팹시)
이정재(뽀빠이), 전지현(예니콜)
임달화(첸), 김해숙(씹던껌)
오달수(앤드류), 김수현(잠파노)

Wine 제이콥스 크릭 세인트 휴고 카베르네 소비뇽
(호주 쿠나와라)

## 훔쳐 마시는 와인이 더 맛있을까?

'무분별한 행동', '범죄행위'란 뜻의 'Caper'에서 유래한 케이퍼 무비는 범죄의 치밀한 준비와 실행 과정에 초점을 맞춘 범죄 영화를 말한다. 케이퍼 무비의 대표작이라고 한다면 「오션스 일레븐」이 있겠고, 한국에서는 최동훈 감독의 작품들을 꼽을 수 있다. 「범죄의 재구성」, 「타짜」, 「도둑들」, 「암살」에 이르는 최동훈 감독의 케이퍼 무비는 촘촘한 짜임새와 캐릭터의 개성이 잘 드러난다. 그의 영화 중 가장 성공한 영화로 꼽히는 「도둑들」은 국내에서 여섯 번째로 천만 관객을 넘긴 흥행작이다.

영화는 10인의 도둑들이 마카오 카지노에 숨겨진 태양의 눈물이라 불리는 다이아몬드를 훔치는 이야기를 다룬다. 그들은 공동의 목표를 향해 조직적으로 움직이는 것처럼 보이지만, 각자 딴 주머니를 차려는 꿍꿍이를 품고 있다. 이러한 설정이 영화에 긴장감과 재미를 더한다.

10인의 도둑들은 홍콩으로 모이고, 이들을 불러모은 마카오 박은 태양의 눈물을 훔칠 계획을 알려준다. 10인의 도둑들은 의기투합하는 듯 보이지만 저마다 머릿속에는 '어떻게 하면 태양의 눈물을 독차지할 수 있을까?'라는 생각에 사로잡힌다. 눈치 빠른 예니콜은 뽀빠이와 팹시가 있는 방 테라스에 숨어 뽀빠이가 준비해둔 와인을 몰래 홀짝이며 그들의 계획을 엿듣는다. 이때 예니콜이 마시고 있는 와인은 제이콥스 크릭 세인트 휴고 카베르네 소비뇽*Jacob's Creek St. Hugo Cabernet Sauvignon*이다.

제이콥스 크릭은 호주의 유명 와이너리다. 규모가 큰 만큼 저렴한 데일리 와인부터 고급 와인까지 레인지가 다양한데, 영화에 나온 세인트 휴고는 독립된 프리미엄 와이너리로 운영되고 있다. 그만큼 이 와인이 특별하다는 의미다. 와인의 이름도 와이너리의 초대 설립자 휴고 그램프*Hugo Gramp*에서 따왔다. 영화에 등장한 와인은 호주 쿠나와라 지역의 카베르네 소비뇽 품종으로 만들었다.

쿠나와라는 전체 호주 와인 생산량의 겨우 3%를 차지하는 작은 곳이지만, 특별한 토양, 그리고 뜨거운 한낮과 서늘한 밤의 기온차 덕분에 포도를 재배하는 최적의 환경을 갖춘 곳이다. 별칭이 Australia's Red Wine Centre일 정도. 여기서 '특별한 토양'은 테라 로사*Terra Rossa*를 말한다. 테라 로사란 라틴어로 땅을 뜻하는 Terra와 장밋빛을 뜻하는 Rossa가 결합된 용어로, 어원 그대로 붉은색의 토양을 말한다. 석회암의 칼슘 성분이 물에 녹아 빠져 나오고 철과 알루미늄이 토양 안에 남게 되면서 독특한 붉은 색을 띠게 됐다.

테라 로사 토양은 놀라울 정도로 배수가 잘 되고 미네랄이 풍부하다. 포도를 재배하기에 이상적이다. 특히 이 테라 로사 토양에 잘 적응해 좋은 품질을 보여주는 품종이 바로 카베르네 소비뇽이다. 그래서 쿠나와라 지역의 와이너리들은 대부분 카베르네 소비뇽 와인에 주력하고 있고, 품질 또한 세계적인 인정을 받고 있다. 작지만 내실 있는 와인 산지다.

예니콜은 뽀빠이가 와인을 가지러 테라스로 오자 가볍게 벽을 타고 달아난다. 그리고 유유히 뽀빠이와 팹시가 있는 방을 다시 찾아간다. "좋은 와인을 둘만 마시고 있냐?"며 능청스럽게 옆에 앉아 와인을 병째 들이키는 예니콜.

같은 와인이라도 상황과 분위기에 따라 다르게 느껴지기도 한다. 예니콜이 테라스에서 두 사람의 대화를 엿들으며 와인을 훔쳐 마실 때와 병나발을 불 때, 두 상황에서 와인의 맛이 어떻게 느껴졌을지 궁금하다. 필자는 와인을 훔쳐 마셔본 경험은 없지만, 다양한 형태로 와인을 시음해왔다. 상대방이 가져온 와인을 마시기도 하고, 정보를 숨기고 블라인드로 시음을 하면서 호기심을 끌어올린 적도 있다. 때로는 감사하게도 와인을 선물 받아 오픈하기도 한다.

와인의 맛은 개인의 경험에 맡겨야 하겠지만 그래도 명확한 것은 있다. 내 돈 주고 직접 산 와인이 기억에 오래 남는다는 것이다. 와인의 정보를 살펴 가며 와인을 구입하고, 적정한 때를 기다려 와인을 오픈하는 일련의 과정들이 더해져 와인의 맛과 향이 머릿속에 더 오래 기억에 남는다. 물론, 이건 지극히 개인적인 의견이다. 도둑이 직업인 예니콜이 훔쳐 마시는 와인이 가장 맛있다고 말한다면 그것도 이해가 된다.

# 「미스터&미세스 스미스」, 정체를 들킨다 vs. 와인을 포기한다

## Mr. and Mrs. Smith

**Director** 더그 라이만
**Cast** 브래드 피트(존 스미스)
안젤리나 졸리(제인 스미스)

**Wine** 케이머스 빈야드 스페셜 셀렉션 카베르네 소비뇽
(미국 나파 밸리)

### 당신이 누구인지 알고 있어

「미스터&미세스 스미스」는 권태기가 찾아온 킬러 부부 존과 제인의 살벌한 결혼 생활을 다룬 영화다. 둘은 매일 저녁 무미건조하게 식사를 함께하고, 아침이 되면 각자의 일터로 출근한다. 그들이 일터에서 하는 업무는 바로 암살. 둘은 각자의 조직에서 새로운 임무를 부여받는데 이번 타깃은 심각한 문제가 있다. 바로 두 사람이 같은 타깃을 노린다는 것이다. 둘은 서로의 정체를 모른 채 타깃의 단서를 쫓게 되고, 마침내 같은 타깃을 노리는 또 한 명의 킬러가 자신의 배우자라는 사실을 알게 된다.

서로가 킬러라는 사실을 알게 된 당일 저녁. 제인은 여느 때처럼 저녁을 차려놓고 존을 기다린다. 존과 제인은 서로를 살피며 긴장을 풀지 않고 식사를 한다. 여기서 존은 제인의 정체를 시험하기 위해 잔에 와인을 따라준 뒤 일부러 와인병을 놓친다. 바닥으로 떨어지기 직전에 와인병을 정확하게 잡은 제인. 찰나의 순간 둘은 서로를 바라본다. 제인은 잡았던 병을 놓치는 척하지만, 이미 존의 의심은 확신으로 변했다.

이때 바닥으로 떨어지는 와인은 미국 캘리포니아의 케이머스 빈야드 스페셜 셀렉션 카베르네 소비뇽*Caymus Vineyards Special Selection Cabernet Sauvignon*이다.

케이머스는 미국 나파 밸리를 대표하는 프리미엄 와이너리다. 미국의 저명한 와인 평론가인 로버트 파커는 케이머스에 관해 이런 이야기를 한 적이 있다.

"케이머스가 카베르네 소비뇽의 제왕이라는 점은 의심할 여지가 없다. 매해 기복 없이 뛰어난 품질의 와인을 생산하는 케이머스와 비견할 수 있는 와이너리는 전 세계를 통틀어 극히 드물다."

케이머스는 프랑스 알자스 출신의 찰리 와그너*Charlie Wagner*가 1972년 나파 밸리에 설립한 와이너리다. 찰리의 부모는 이제 갓 고등학교를 졸업한 찰리에게 자기들과 함께 와이너리를 해보지 않겠냐고 제안했다고 한다. 만약 아들이 거절하면 목장을 팔고 호주로 이주할 생각이었던 것. 찰리는 부모님의 제안을 받아들였고, 그렇게 케이머스 와이너리가 탄생했다. 와그너 가문은 1972년 최초의 카베르네 소비뇽 와인 240케이스를 세상에 내놓았고, 현재까지 세계 최고의 카베르네 소비뇽 와인을 만드는 데 헌신하고 있다.

케이머스는 세계적 와인 매거진인 「와인 스펙테이터」가 매해 뽑는 100대 와인에서 올해의 와인(1위)에 무려 두 번이나 선정된 유일무이한 와이너리다. 그후로도 올해의 와인 2위, 3위를 연달아 차지하며 그야말로 신화적인 명성을 만들어냈다. 현재는 찰리의 아들 척 와그너*Chuck Wagner*가 오너이자 와인메이커로 와이너리를 이끌고 있고, 그의 자녀들 또한 전원이 와이너리에서 일하면서 40년 넘게 패밀리 와이너리의 역사를 이어가고 있다.

개인적으로도 케이머스의 카베르네 소비뇽을 특별하다고 생각한다. 몇 차례 테이스팅을 하면서 그때마다 공통적으로 느낀 것이 있다. 우선 카베르네 소비뇽이라는 품종이라면 응당 지녀야 할 블랙커런트, 블랙체리, 자두 등의 풍부한 과실 향과 은은한 오크 향의 밸런스가 환상적일 정도로 좋다. 그리고 흡사 비단처럼 부드러운 질감이 입안을 가득 채우고, 놀랄 만큼 긴 여운을 보여준다. 카베르네 소비뇽 애호가라면 반드시 마셔봐야 할 와인이다. 특히 영화 속에도 나온 스페셜 셀렉션을 마셔본다면 왜 케이머스가 카베르네 소비뇽의 제왕으로 군림하는지 이해할 수 있을 것이다.

영화에서 그 와중에 제인이 케이머스 와인과 함께 준비한 저녁 식사는 정말 훌륭했다. 그린빈을 곁들인 로스트 비프. 두 사람이 마음놓고 음식과 와인을 즐길 수 있었다면 완벽한 마리아주를 경험했을 것이다.

누구나 학창 시절 밥상 앞에서 딴짓하다가 부모님께 가장 많이 들었던 소리 '먹고 해'. 필자 역시 제인과 존 두 사람에게 이렇게 말하고 싶다. "싸움도 먹고 해."

# 「베이비 드라이버」와 떠나는 애틀랜타 여행

*Baby Driver*

**Director** 에드가 라이트

**Cast** 안셀 엘고트(베이비)
케빈 스페이시(박사)
릴리 제임스(데보라)
에이사 곤살레스(달링)
존 햄(버디)
제이미 폭스(뱃츠)

**바카날리아에서 마신 와인은 뭘까**

「베이비 드라이버」는 매력적인 사운드트랙과 스타일리시한 연출로 완성된 케이퍼 무비다. 천부적인 운전 실력을 가진 주인공 베이비는 이름처럼 베이비 페이스에 귀여운 미소가 매력적인 안셀 엘고트가 맡아 열연했다.

영화의 제목은 1960~70년대를 주름잡았던 밴드 '사이먼 앤드 가펑클'의 동명 곡 「베이비 드라이버」에서 가져왔다. 실제로 이 곡은 영화의 마지막 신에 멋지게 흘러나온다. 감독은 「베이비 드라이버」의 오프닝 트랙인 존 스펜서 블루스 익스플로전의 「벨바텀*Bellbotoms*」를 들으며 영화를 기획했다고 한다. 운전 중에 즐겨 듣는 음악을 떠올리다가 범죄를 벌이는 주인공들이 범행 장소에서 탈출하는 시간 동안 이런 사운드트랙이 필요할 것이라는 생각을 한 것이다.

주인공 베이비는 어린 시절 사고로 귀가 울리는 현상이 지속되어 온종일 음악을 듣는다. 그래서 관객들도 영화를 감상하는 내내 베이비의 귓가에 흘러들어 가는 음악을 함께 듣게 된다. 감독은 영화 현장에서도 OST를 틀어놓고 촬영을 진행했다고 한다.

범죄와는 거리가 멀 것 같은 순둥이 베이비가 어떻게 범죄에 가담하게 되었을까? 10년 전 베이비는 차를 몰고 싶은 마음에 무작정 차를 훔쳐 달아났는데 그 차의 주인은 '박사'라 불리는 범죄 기획자였다. 베이비는 박사의 벤츠 안에 있던 장물들을 모두 내다버리고 차만 끌고 다니다 박사에게 붙잡힌다. 베이비가 내다버린 장물의 어마어마한 가치는 베이비가 박사에게 물어줘야 하는 족쇄가 된다. 긴 세월 박사에게 진 빚을 갚기 위해 범죄 현장에서 운전사 역할을 해온 베이비는 페리미터 신용금고털이 건을 끝으로 마침내 박사에게 진 빚을 모두 청산한다.

드디어 자유의 몸이 된 베이비. 그는 여자친구 데보라와 함께 근사한 레스토랑 바카날리아*Bacchanalia*에서 로맨틱한 데이트를 한다. 풋풋한 이 커플이 한 순간도 서로에게 눈을 떼지 않으면서 와인을 기울이는 장면은 보는 이를 설레게 만든다. 이때 데보라는 레드 와인 한 잔을 앞에 두고 있고, 베이비는 유리잔에 담긴 갈색 음료를 마신다. 어떤 관객들은 베이비가 운전 때문에 콜라를 마셨다고 주장하기도 하는데, 콜라는 레스토랑에서의 데이트와 왠지 어울리지 않는다. 그래서 영화 속에 등장한 실제 바카날리아 레스토랑의 음료 메뉴판을 살펴봤더니 베이비가 마셨을 것으로 생각되는 몇 종의 음료가 있다. 먼저 레드 애플 소다가 가장 유력하다. 알코올음료를 마셨다면 칵테일 뷰카레*Vieux Carre*나 갈색빛이 도는 칼바도스*Calvados*일 확률도 있다.

이제 또 다른 궁금증, 데보라가 마시던 레드 와인은 무엇일까? 글라스로 주문이 가능한 수십 여 종의 와인 리스트를 가지고 있는 바카날리아에서 데보라의 선택을 유추해보는 건 쉽지 않았다. 다만 와인이 보르도 잔에 서빙된 것을 힌트로 부르고뉴 잔에 서빙되어야 하는 와인들은 제외시켰다. 그래도 주문 가능한 글라스 와인 종류가 꽤 많다. 미국 캘리포니아의 카베르네 소비뇽, 미국 산타 바라라의 시라, 스페인 템프라니요, 보르도 생테밀리옹의 블렌딩 와인, 토스카나의 산지오베제 품종의 와인 중에서 선택했을 것으로 추측한다. 물론 두 사람은 너무 예쁘고 서로를 향한 눈빛은 사랑이 가득했으니 어떤 술을 마셔도 행복했을 것이다.

둘의 행복한 시간을 관객만 지켜보고 있지는 않았다. 박사는 베이비 테이블의 와인값을 먼저 계산해버림으로써 자신이 그곳에 함께 있음을 베이비가 알아차리게 만든다. 필자는 박사에게 제발 이 귀여운 커플을 그대로 놔두라고 외치고 싶었으나 박사가 등장하지 않으면 영화가 진행되지 않을 테니 이해하기로 했다.

영화는 애틀랜타에서 촬영됐다. 영화가 흥행하면서 촬영지를 가보고 싶어 하는 이들을 위한 리스트◆도 정리가 되어 있다. 바카날리아는 영화가 촬영되기 전부터 애틀랜타 사람들이 사랑하는 레스토랑이었다고 한다. 언젠가 바카날리아에 앉아있을 날이 올까? 그런 날이 온다면 베이비가 마신 음료의 진짜 정체를 찾아낼 것이다.

◆ 웹사이트(https://www.atlantamagazine.com/news-culture-articles/baby-driver-filming-locations-map) 참고.

# 「와인을 딸 시간」과 화해의 와인

*Uncorked*

**Director** 프렌티스 페니

**Cast** 마무두 아티(일라이저)
코트니 B. 반스(루이스)
니시 내쉬(실비아)
사샤 콩페르(타냐)

**Wine** 브리콜리나 바롤로 2012(이탈리아 피에몬테)

## 마스터 소믈리에의 길을 가려는 아들에게

영화 「와인을 딸 시간」은 제목처럼 수많은 와인들이 대거 등장한다. 와인 애호가들이 사랑하는 영화 「사이드웨이」의 뒤를 이을 만한 작품이다.

소믈리에를 꿈꾸는 주인공 일라이저는 가업인 바비큐 레스토랑을 이어받는 것과 소믈리에로 일하는 것 사이에서 고민한다. 사실 그는 바비큐 레스토랑에는 전혀 관심이 없다. 다만 아버지 루이스의 간절한 바람을 외면하기 어려울 뿐이다. 자신이 소믈리에가 되고 싶다고 이야기하면 소말리아를 말하는 거냐고 받아칠 정도로 와인에 관심이 없는 가족들 사이에서 어머니인 실비아와 일라이저의 연인 타냐만이 그의 꿈을 지지해준다. 일라이저는 둘의 응원에 힘입어 와인샵과 아버지 가게에서 번 돈으로 소믈리에 학교를 등록한다.

그리고 그에게 꿈에 그리던 프랑스로 갈 기회가 생긴다. 바로 학교에서 제안한 교환학생 프로그램이다. 하지만 등록금을 내기도 빠듯한 일라이저는 경비가 부족해 주저한다. 이때 엄마가 친척들을 불러 아들의 입학 축하 자리를 만들고 프랑스에 갈 수 있도록 십시일반 돈을 모아준다. 감동한 일라이저는 그날 저녁 아버지에게 감사의 인사를 전하고 싶어 와인을 들고 찾아간다. 그는 와인을 내밀며 아들과 아버지가 함께 만든 와인이라고 설명하지만, 아버지 루이스의 반응은 싸늘할 뿐이다. 자신처럼 가업을 물려받을 거라고 기대해 2호점에 와인 바도 만들어줄 계획이었던 아버지로서는 서운할 만도 하다.

일라이저의 목표는 다른 곳에 있다. 바로 마스터 소믈리에가 되는 것. 이 자격을 수여하는 코트 오브 마스터 소믈리에 *Court of Master Sommelier*는 1977년에 설립된 교육 기관으로 소믈리에가 가져야 하는 서비스 능력, 와인 시음 감각, 와인과 음식 페어링 능력을 모두 섭렵한 최고의 소믈리에가 이곳에서 탄생한다. 지원자는 많았으나 2020년 기준 단 267명만이 마스터 소믈리에로 졸업장을 수여받았다. 그만큼 심사 기준이 까다롭다. 한국인으로서는 2016년에 김경문 소믈리에가 마스터 소믈리에가 되었다.

영화에도 나오지만, 마스터 소믈리에 시험에 도전하는 지원자는 잔에 담긴 와인의 색, 향, 맛만 가지고 해당 와인에 대한 정보를 유추해야 한다. 실제 테이스팅 시험도 영화에서처럼 진행된다. 어떠한 사전 정보도 없이 전 세계에서 생산되는 와인 중 6종의 와인을 테이스팅하고, 와인의 모든 정보를 설명하고 이름과 빈티지를 정확하게 맞춰야 한다. 이 어려운 시험에 주인공 일라이저가 도전하는 것이다.

그는 테이스팅 감각도 뛰어나고 이론 공부에도 열성적이다. 하지만 프랑스 유학 중 엄마 실비아가 지병으로 죽자 모든 것을 내려놓고 집으로 돌아온다. 그리고 아내의 빈자리를 버텨가며 홀로 식당을 꾸려가는 아버지를 돕기 시작한다. 아들이 자신에게 돌아온 것이 기쁘지만, 아들이 행복하지 않다는 것을 모를 리 없는 아버지는 결국 아들의 꿈을 지지해주기로 결심한다. 식당에서 일하는 중간 중간 아들에게 퀴즈도 내주고 와인 테이스팅도 옆에서 도와준다. 그는 와인을 마시고 막힘없이 표현하는 아들이 신기할 따름이다.

일라이저는 마스터 소믈리에 시험을 치르기 위해 집을 나선다. 실제로 마스터 소믈리에 시험은 미국 콜로라도주 아스펜 *Aspen*에서 치러진다. 영화 속 일라이저도 아스펜으로 향했을 것이다. 시험을 치르고 결과가 발표되기 전날 밤, 아버지는 아들이 묵고 있는 모텔로 먼 길을 찾아온다. 그리고 아들이 파리로 떠나기 전 자신에게 들고 왔던 와인을 가방에서 꺼낸다.

브리콜리나 바롤로*Briccolina Barolo* 2012년산.

바롤로는 이탈리아를 대표하는 프리미엄 와인이다. 지역의 토착 품종인 네비올로*Nebbiolo*를 긴 시간 숙성시켜 탄생하는 바롤로는 오랜 시간 숙성시켜야 제 모습을 드러낸다. 와인의 색이 자주색에서 주황색을 띠는 나이가 되면 그윽한 향과 고급스러운 버섯 풍미가 매력적으로 올라온다.

본래 바롤로는 스위트한 와인이었다. 하지만 이탈리아 왕국의 정치가이자 외교관이었던 카보우르의 백작 카밀로 벤소는 피에몬테 지역의 와인 질을 높이고자 프랑스의 와인 양조가를 초청했고, 그때부터 드라이한 스타일의 바롤로가 만들어지게 된다. 그렇게 탄생한 바롤로 와인은 왕가와 귀족의 열렬한 사랑을 받으면서 '와인의 왕'이라는 칭호를 얻게 된다.

와인 영화답게 수많은 바롤로 와인 중에 브리콜리나를 선택한 건 정말 탁월했다. 왜냐하면 브리콜리나가 아버지와 아들의 끈끈한 유대감으로 탄생한 와인이기 때문이다. 이 와이너리를 탄생시킨 그라소*Grasso* 가문은 원래 피에몬테 세라룽가 달바의 포도 재배자였다. 주변의 큰 와이너리에서 일하기도 하고 자신들의 포도를 인근의 와이너리에 팔면서 평생 포도와 끈끈한 연을 놓지 않았다.

그들이 바롤로 와인을 만들기 시작한 것은 아버지 티지아노*Tiziano*를 도와 아들 다니엘레*Daniele*가 양조에 뛰어들면서부터다. 아들은 아버지에게 바롤로 와인을 만들 것을 제안했고, 두 사람의 첫 바롤로 와인이 2012년에 탄생했다. 영화 속에 등장한 와인의 빈티지도 2012년이다. 두 사람이 처음으로 만들어낸 바롤로 와인의 품질은 놀라웠고 국제적으로 훌륭한 평가를 받으면서 세상의 주목을 받게 된다. 안타깝게도 아버지 티지아노는

2017년 세상을 떠났지만 다니엘레가 아버지의 뜻을 이어 여전히 훌륭한 와인을 만들고 있다.

영화 속 아버지 루이스가 이 와인의 속 깊은 사정은 다 알지 못했겠지만, 그가 가방에서 와인을 꺼냈을 때 이미 서로에 대한 서운함은 모두 풀어졌을 것이다. 어쩌면 부자지간의 화해에는 긴 말이 필요 없을지도 모른다. 하지만 적어도 먼저 한 발 다가가는 용기는 가져야 한다. 그 한 발짝이 가장 중요하다.

# 「5 to 7」과 블라인드 테이스팅

5 to 7

**Director** 빅터 레빈

**Cast** 안톤 옐친(브라이언)
베레니스 말로에(아리엘)
램버트 윌슨(발레리)
올리비아 설비(제인)

### 와인을 시음할 때 테이블 워터를 준비해 보세요

뉴욕을 배경으로 한 영화 「5 to 7」은 24살의 작가 지망생 브라이언과 33살의 프랑스 출신의 매력적인 여인 아리엘의 끝이 정해진 사랑 이야기를 담고 있다. 끝이 정해졌다고 설명한 이유는 브라이언의 온 정신과 마음을 빼앗은 아리엘이 두 아이의 엄마이고, 남편이 있는 기혼녀이기 때문이다. 심지어 아리엘은 남편과도 문제없이 잘 지낸다.

영화의 제목은 5시에서 7시 사이의 시간을 말한다. 파리지앵이었던 아리엘의 설명을 따르자면, 5시에서 7시 사이에 만나는 사람은 부부 사이라도 관여하지 않는, 즉 자신만의 시간을 의미한다. 이 시간 동안은 배우자가 아닌 다른 사람을 만날 수 있고, 이 시간에 만나자는 것은 자신이 기혼자이지만 상대를 연인 관계로 만나고 싶다는 암묵적인 의미이기도 하다. 브라이언은 처음 아리엘에게 반하고 다시 재회할 때까지 아리엘이 기혼자라는 것도, 5시에서 7시 사이의 시간이 그런 의미가 있다는 것도 전혀 알지 못했기 때문에 당황한다.

브라이언은 그녀를 만나지 않겠다고 말하지만 아리엘을 잊을 수 없어 결국 그녀의 제안을 받아들이고 연인 관계가 된다. 이후 전개는 더 놀라운데, 아리엘의 남편 발레리가 브라이언을 집으로 초대한 것이다. 그는 브라이언 덕분에 아내에게 활기가 생겼다고 말하며 자신의 정부인 제인을 소개한다. 불륜 영화라고 말해야겠지만 등장인물들이 사랑에 최선을 다하는 모습에 복잡한 감정이 드는 이 영화에 대한 판단은 개개인에게 맡긴다.

그들이 누비는 뉴욕은 아름답고 아리엘과 브라이언의 데이트 장면들은 산뜻하고 귀엽기까지 하다. 영화 속 와인이 있는 장면은 아리엘과 브라이언이 와인샵에서 데이트하는 장면이다. 아리엘은 프랑스인답게 그를 뉴욕의 역사적인 와인샵 '셰리-르만 *Sherry-Lehmann*'으로 데려가서 와인을 마시게 한다. 먼저 브라이언의 눈을 가리고 화이트 와인과 레드 와인을 각각 시음시키는데 와인에 문외한인 브라이언은 화이트 와인을 마시고는 레드 와인이라고 대답해버린다.

브라이언의 엉뚱한 대답에 실소를 지을 수 있지만, 충분히 가능한 이야기다. 영화 「매트릭스」에서 이야기한 것처럼 한 잔의 와인을 제대로 시음하는 데는 시각, 후각, 미각이 모두 필요하다. 특히 와인의 평가에 있어서 가장 처음 기능하는 것이 시각이다. 눈으로 봤을 때 레드 와인이면 이미 그 와인에 대한 선입견이 생길 수밖에 없다. 하지만 눈을 가린 상태에서 와인을 시음하게 되면 모든 것이 불분명해진다.

오렌지 와인(aka. 앰버 와인)이라 불리는 와인이 있다. 오렌지로 만든 것은 아니고, 일반적인 화이트 와인과 달리 청포도를 껍질과 함께 발효 및 숙성시켜서 색이 오렌지빛을 띤다. 보통 블라인드 테이스팅을 할 때는 와인의 레이블 정도만 가린 채 진행하지만, 오렌지 와인은 색이 독특하기 때문에 시음자의 눈을 가리는 블라인드 테이스팅을 진행한다. 오렌지 와인은 청포도로 만들었으므로 화이트 와인으로 분류할 수 있지만, 색을 볼 수 없는 시음자는 레드 와인이라고 착각하는 경우를 많이 봤다. 그만큼 와인의 테이스팅에 있어서 시각이란 매우 중요한 감각이다.

아리엘은 브라이언이 다음 와인을 마시기 전에 미리 준비한 바게트를 권한다. 여기서 바게트는 단순히 허기를 채우는 것 외에 다른 역할이 있다. 바로 테이블 워터. 테이블에 올려진 물을 말하는 것이 아니다.

여러 와인을 시음하는 자리에서는 연거푸 종류가 다른 와인을 마셔야 하기 때문에 입안이 쉽게 피로해진다. 그래서 다음 와인을 마시기 전에 입안을 정돈할 필요가 있고 이를 위해 담백한 크래커나 빵을 준비해주는데 이를 테이블 워터라고 부른다. 물론 와인 초보자인 브라이언에게 테이블 워터가 있다고 큰 변화가 있을 것 같진 않지만, 이 장면은 사랑스럽고 귀엽다. 만약 여러 와인을 시음할 기회가 있는 날이면 테이블 워터를 준비해보기를 바란다. 와인을 파악하는 데 분명 도움을 받게 될 것이다.

# 「부르고뉴, 와인에서 찾은 인생」, 프리미에 크뤼는 안 돼

*Back to Burgundy*

**Director** 세드릭 클라피

**Cast** 피오 마르마이(장)
아나 지라르도(줄리엣)
프랑수아 시빌(제레미)
마리아 발베르드(알리시아)
장-마크 룰로(마르셀)

## 추모의 순간을 엮어준 와인

「부르고뉴, 와인에서 찾은 인생」이 국내에 개봉했을 때 영화사 프로모션의 일환으로, 필자가 쓴 「프랑스 와인 여행」 책의 독자들을 시사회에 초청하는 이벤트를 진행한 바 있다. 시사회 때도 프랑스를 여행 중이라 참석하지 못해서 영화가 좋았어야 할 텐데 걱정이 됐다. 뒤늦게 감상했을 때 먼저 든 생각은 '다행이다'였다.

영화는 많은 와인 애호가들의 로망인 부르고뉴의 사계절을 담아내면서 수확부터 양조에 이르기까지 그 과정들을 현실감 있게 보여준다. 영문 제목은 「Back to the Burgundy」, 프랑스 원제는 「Ce qui nous lie」인데 영화의 주제는 원제가 가장 잘 담아냈다. 해석하면 '우리를 묶어주는 것'. 하지만 국내에서 와인 영화를 개봉하는데 와인이란 단어도 지명도 나오지 않는다면 관객들은 이게 무슨 영화인지 도저히 알 수 없었을 테니, 「부르고뉴, 와인에서 찾은 인생」 이란 제목도 영화를 잘 드러내는 최선이었다고 생각한다.

영화는 부르고뉴의 한 와이너리에서 태어난 삼 남매의 이야기를 다룬다. 10년간 집을 떠나있던 장남 장은 아버지가 위독하다는 소식을 전해 듣고 고향으로 돌아온다. 타고난 와인 시음 감각을 지닌 능력자 둘째 줄리엣은 아버지의 와이너리를 도맡아 관리 중이다. 막내 제레미는 누나와 장인의 와이너리를 오가며 양조를 돕는 착한 동생으로 나온다.

장이 돌아오면서 삼 남매는 드디어 한자리에 모인다. 오빠가 돌아온 것이 마냥 기쁜 줄리엣과는 달리 형의 빈자리를 느끼며 지내온 막내 제레미는 서운함을 드러낸다. 그럴만도 한 게, 장은 집을 떠난 이후 가족들과 연락을 끊고 어머님이 돌아가셨을 때조차 집에 오지 않았다. 그간의 세월 동안 장이 어떻게 지냈는지 알 수 없는 동생들은 장에게 마음을 온전히 열지도 용서를 하지도 못한다. 이들을 다시금 묶어주는 것은 무엇이었을까? 영화를 보면서 그 해답을 찾아갈 수 있다.

영화에서 가장 좋았던 것은 역시 배경이 부르고뉴라는 것이다. 오프닝에서 어린 시절의 장은 창밖으로 펼쳐지는 부르고뉴 포도밭의 사계절을 지켜본다. 시시각각 변화하는 포도밭의 색채와 아름다운 풍경은 관객의 마음을 사로잡기 충분하다.

사실 부르고뉴 와인이 이름만 친숙할 뿐이지 친절한 와인은 아니라고 생각한다. 오랜 역사가 얽혀 복잡한 와인 등급, 그리고 지갑을 열기 어려운 높은 가격 때문이다.

부르고뉴 와인의 긴 역사는 크게 중세 수도원 시대와 나폴레옹 이후의 시대로 나눌 수 있다. 중세는 교회와 수도원의 힘이 막강하던 시기다. 부르고뉴의 시토*Citeaux* 수도원은 기부받은 넓은 포도밭을 관리하며 와인을 만들었다. 그 형태가 여전히 남아 있는 포도밭이 그 유명한 클로 드 부조*Clos de Vougeot*다. 'Clos'는 포도밭을 두른 담장을 뜻하는데 이 특별한 포도밭을 보호하기 위해 수도사들이 담장을 두른 데서 유래했다. 이 담장은 수세기가 지난 지금도 그 형태를 온전히 유지하고 있다. 부르고뉴 와인의 전통은 수도사들이 만든 것이라 해도 과언이 아니다.

하지만 프랑스 대혁명이 일어나고 나폴레옹이 유럽을 제패하면서 부르고뉴에도 큰 변화가 생겼다. 나폴레옹은 영토 확장을 통해 유럽 전역의 문화 수준을 프랑스에 맞추도록 지시했고, 교화 운동이야말로 그의 사명이라고 여겼다. 그리고 교화 운동의 목적 중 하나가 교회의 경제력 약화였다. 프랑스 군은 1790년대 초기 혁명 정부가 그랬던 것처럼 교회 소유의 땅을 발견할 때마다 모조리 압수해 일반인들에게 팔아넘겼다. 결국 수도원이 소유했던 포도밭은 조각조각 팔려 나가게 된다.

이런 역사 때문에 부르고뉴에서는 여러 명의 소유주가 한 포도밭을 소유하게 됐으며, 그가 사망하면 그의 자식들이 또다시 땅을 나눠 가지면서 계속해서 쪼개졌다. 예를 들어 위에서 언급한 클로 드 부조 포도밭의 경우 총 넓이가 약 50ha(약 15만 평)인데, 85명이 나누어 소유하고 있다. 이들이 각자의 와인을 생산한다고 가정했을 때, 총 85가지의 서로 다른 클로 드 부조 와인이 탄생하는 것이다. 이것이 바로 부르고뉴 포도밭의 가장 큰 특징이다.

영화에서 남매들이 아버지의 유산 상속 문제로 법률가와 상담할 때 법률가가 이렇게 말한다.

"프리미에 크뤼는 페리에르가 557평, 루지앙이 800평, 수르 도 단이 1,100평. 포도밭 17구획 중에 프리미에 크뤼가 3구획, 빌라주가 5구획이네요. 나머지는 레지오날급 화이트와 레드들이고."

이후 세 남매가 5억이라는 상속세를 내기 위해 포도밭을 팔지 말지 논의하는 장면에서는, 막내가 페리에르와 루지앙 네 줄 정도를 팔자고 하자 줄리엣이 노발대발하며 말한다.

"그건 못 팔아. 너 미쳤어? 프리미에 크뤼는 있어야 돼!"

와인 초보자들은 이게 도대체 무슨 말인지 이해가 안 갈 것이다. 바로 아버지가 소유하고 있던 포도밭과 등급에 관한 이야기다.

부르고뉴 와인은 낮은 순으로 레지오날*Regional*, 코뮈날*Communal*, 프리미에 크뤼, 그랑 크뤼 등급으로 나뉜다. 레지오날은 '지역의'라는 뜻이다. 부르고뉴 와인의 등급에서 가장 낮은 것으로 그나마 저렴한 와인들이 여기에 속한다. 대표적으로 레이블에 Appellation Bourgogne Controlee라고 적혀 있는 와인을 예로 들 수 있다. 이 말은 곧, Bourgogne라는 광대한 지역에서 재배된 포도라면 어떤 것이든 상관없이 이 와인을 만드는 데 쓰였을 수 있다는 뜻이다.

레지오날보다 한 단계 더 높은 등급이 코뮈날이다. 우리나라로 따지면 시, 읍, 면을 이야기하는데, 그냥 쉽게 마을이라고 생각하면 된다. 영화에서는 빌라주라고 하는데 같은 말이다. 간단한 예로 Appellation Gevrey-Chambertin Controlee(Protegee)라고 레이블에 적혀 있다면, 그 와인은 쥬브레 샹베르탱 마을(과 그 일대)에서 재배한 포도로 만들었다는 의미다. 이처럼 단위가 작아질수록 고급 와인이고, 가격도 올라간다.

코뮈날(빌라주)이 마을에 국한된다면, 프리미에 크뤼는 그 마을에서 특별히 좋은 포도밭을 지칭한다. 만약 Appellation Gevrey-Chambertin Premier Cru Controlee(Protegee)라고 적혀 있다면, 이 뜻은 쥬브레 샹베르탱 마을에서도 프리미에 크뤼로 지정된 포도밭의 포도로 와인을 만들었다는 의미다. 그리고 대개 어떤 포도밭인지도 레이블에 적힌다.

영화에서 설명한 페리에르*Les Perrieres*와 수 르 도 단*Sous le dos d'Ane*은 뫼르소*Meulsault* 마을의 프리미에 크뤼 밭이고, 루지앙*Les Rougiens*은 포마르*Pommard* 마을의 프리미에 크뤼 밭이다. 영화 속에서 나온 이들의 대화만 봐도 아버지가 매우 훌륭한 유산을 남겼다는 걸 알 수 있다. 프리미에 크뤼라는 단어가 레이블에 붙기만 해도 와인 가격은 높게 형성된다. 거기에 생산자의 명성이나 포도밭의 명성에 따라 가격이 더 치솟을 수 있다.

그리고 마지막 그랑 크뤼는 포도밭의 테루아가 뛰어난 것은 기본이고, 긴 역사를 지닌 곳이다. 그랑 크뤼 포도밭은 아주 오랜 시간 동안 꾸준히 최상급의 포도를 생산해온 곳으로, 이 포도밭에서 만들어지는 와인은 전체 부르고뉴 와인 생산량의 겨우 1%다. 가격은 수십만 원부터 시작한다. 세계에서 가장 유명한 와인 중 하나인 로마네 콩티가 바로 대표적인 부르고뉴 그랑 크뤼 와인이다.

영화는 실제로 뫼르소 마을에 위치한 도멘 룰로*Domaine Roulot*에서 촬영했다. 뫼르소에서는 레드와 화이트 와인이 모두 생산되며, 화이트의 경우 몽라셰*Montrachet*와 더불어 부르고뉴 최고의 화이트 와인으로 여겨진다. 그중에서도 도멘 룰로는 최고급 뫼르소 와인 생산자다.

아버지의 장례식이 끝난 직후 장은 지하 셀러에서 두 병의 와인을 꺼내온다. 레드와 화이트. 분명 포마르와 뫼르소일 것이다. 세 남매는 테라스에 앉아 아버지가 만든 와인을 그리고 할아버지가 만든 와인을 하나씩 맛본다.

이들은 어린 시절에 같은 자리에 앉아 아버지에게 미각 훈련을 받았었다. 영화는 어린 시절 삼 남매와 현재의 삼 남매의 모습을 함께 보여준다. 그들은 그렇게 와인을 마시며 아버지를 추모하고 할아버지를 떠올린다. 너무나 세련되고 멋진 추모의 모습이다. 원제인 '우리를 묶어주는 것'의 의미를 온전히 담은 장면이기도 하다. 그들을 묶어주는 포도밭은 아버지의 유산이고, 할아버지의 삶이었고, 현재 그들이 살아가는 터전이다. 삼 남매는 아버지가 그리운 날이면 셀러에서 아버지가 만든 와인을 꺼내 마시고 함께한 추억을 이야기하며 살아갈 것이다.

# 「와인 미라클」과 갈색으로 변한 화이트 와인

**Director** 랜달 밀러

**Cast** 앨런 릭먼(스티븐 스퍼리어)
크리스 파인(보 바렛)
빌 풀만(짐 바렛)
레이첼 테일러(샘)
프레디 로드리게스(구스타보)
데니스 파리나(모리스)
엘리자 더쉬쿠(조)

**Wine** 샤토 몬텔레나 샤르도네(미국 캘리포니아)

### 미국 와인의 판도를 바꾼 파리의 심판

와인 애호가들을 설레게 하는 또 하나의 와인 영화 「와인 미라클」은 와인 역사에서 가장 중요한 사건 중 하나로 꼽히는 '파리의 심판'에 관한 내용이다. 영화 「터미널」(167쪽)에서도 한 차례 다루었는데, 파리의 심판은 1976년 5월 24일 스티븐 스퍼리어가 주최한 와인 시음회에서 미국 와인이 프랑스 와인을 꺾고 1위에 오른 충격적인 사건이다. 당시 레드 와인 부분에서는 미국 스태그스 립 와인 셀러 1973 빈티지가 1위를, 화이트 와인 부분에서는 샤토 몬텔레나*Chateau Montelena* 1973년 빈티지가 1위를 했다.

현재 두 와이너리의 명성을 생각해보면 이게 왜 충격일까 싶겠지만 때는 1976년이다. 미국은 1933년 금주법이 폐지된 후 황무지나 다름없던 캘리포니아에 간신히 포도밭이 재건되기 시작했고, 1950년대에 들어서면서 상업적인 시장을 만들어냈다. 지금은 미국 프리미엄 와인의 본고장인 캘리포니아 와인 산지가 제대로 주목을 받은 것은 1970년대부터다.

상대적으로 프랑스 와인의 역사는 어떠한가. 기원전 6세기부터 포도나무가 심어졌고 2천 년이 넘는 긴 세월 동안 와인 종주국의 위상이 흔들리지 않았다. 그런 백전노장의 프랑스 와인을 꺾고 신생아 같은 미국 와인이 우승을 했다는 것은 프랑스 와인 역사상 최대의 오명이었고, 반대로 미국 와인 역사에서는 가장 명예로운 순간이었을 것이다.

실화를 바탕으로 한 영화이기 때문에, 영화는 실제 파리의 심판이 개최되는 과정을 하나씩 보여준다. 프랑스 파리에서 와인샵과 와인 아카데미를 운영하는 스티븐 스퍼리어는 자신의 아카데미와 와인샵을 홍보하기 위해 프랑스 와인과 미국 와인을 대결시키는 이벤트를 기획한다. 그리고 이 대결에 등장할 와인을 찾아내기 위해 캘리포니아로 건너간다.

스퍼리어를 반갑게 맞이해주는 곳도 있지만, 반대로 대놓고 적대감을 보이는 곳도 있다. 영화의 주인공인 샤토 몬텔레나 와이너리의 오너 짐 바렛은 후자다. 그는 스티븐 스퍼리어가 캘리포니아 와인을 공개적으로 망신 주려는 것이라 생각하고, 와인을 절대 출품하지 않을 것이라고 단언한다. 하지만 그의 아들 보 바렛의 생각은 다르다. 그는 아버지에게 골칫거리 취급을 당하는 신세지만, 와이너리를 대하는 자세만큼은 진지하다. 보는 프랑스로 돌아가는 스티븐 스퍼리어를 만나기 위해 공항으로 달려가고, 아버지 몰래 샤토 몬텔레나 샤르도네 두 병을 그의 손에 건

넨다.

자신의 와인이 스퍼리어가 주최한 시음회에 선정된 걸 알게 된 짐 바렛은 크게 분노하고 아들을 와이너리에서 내쫓는다. 아버지를 이해할 수 없는 보도 갈등을 풀려는 의지가 없다. 그런데 다음 날 보는 와인 셀러 바닥에 주저앉아 절망에 빠져 있는 아버지를 발견한다. 아버지는 세상이 무너진 것 같은 얼굴로 울부짖으며 와인병을 깨고 있다. 그 이유는 영롱한 황금빛을 띠어야 할 샤르도네 와인들이 모두 갈색으로 변해버렸기 때문이다. 이에 당황한 보 역시 황급히 와인을 마셔보는 데 신기하게도 맛에는 문제가 없다. 오히려 퀄리티만 두고 보면 너무나 훌륭하다. 다만 와인 색이 갈색일 뿐이다. 짐은 모든 와인을 폐기 처분하기로 결정하고, 자신이 과거 변호사로 일했던 로펌에 복직을 상의하기 위해 찾아간다.

한편 전문가의 조언이 필요하다고 생각한 보 바렛은 와인을 들고 캘리포니아의 와인 양조 대학인 UC 데이비스로 향한다. 대학의 양조 전문가는 보 바렛이 들고 온 와인을 맛보더니 웃음을 터트리고 만다. 그의 설명은 이렇다. 와인이 너무 완벽해서라는 것. 화이트 와인에는 원래 자연적인 갈색 효소가 있으며, 와인 만드는 과정 중에 소량의 산소와 접촉해도 중화 현상이 일어나면서 갈변 현상이 나타나지 않는다. 하지만 산소가 완벽히 차단된 상태에서 완성된 와인은 병입됐을 때 일시적으로 색이 변한다는 것이다. 하지만 하루 이틀만 지나면 본연의 와인 색으로 돌아올 거라고 말해준다.

영화의 원제인 '보틀 쇼크*Bottle Shock*'도 이와 비슷한 현상을 뜻한다. 보틀 쇼크의 정확한 의미는 와인을 병입한 직후 와인의 향과 맛이 일시적으로 밋밋해지는 걸 의미한다. 과학적인 이유는 밝혀지지 않았지만, 와인을 하루에서 이틀 정도 가만히

내버려두면 상태가 돌아온다.

진실을 알게 된 보 바렛은 급히 아버지가 있는 로펌으로 전화를 건다. 침울한 표정으로 사무실에 앉아있던 짐 바렛은 전화기 너머 아들의 흥분한 목소리를 듣는다. 짐은 자신이 변호사를 다시 그만두려 할 경우를 대비해서, 자신의 실패를 상기시키기 위해 갈색으로 변한 와인 한 병을 사무실에 들고 왔었다. 그는 당장 와인병을 꺼내 색을 확인한다.

와인의 색은 거짓말처럼 원상태로 돌아와 있었다. 영롱한 황금빛이 감도는 레몬색! 짐은 색이 돌아온 와인을 보며 미친 듯이 기뻐한다. 그러고는 실성한 사람처럼 사무실을 뛰어다니며 와인 오프너를 찾는다. 사무실에 준비된 와인 오프너가 없자, 그는 사무실 벽에 걸린 전시용 검을 빼들고 와인병목을 시원하게 날려버린다. 옛 동료들에게 와인을 마셔보라며 따라주던 짐 바렛은 흥분이 가라앉지 않은 채 병에 남은 와인을 넘겨주고는 미련 없이 와이너리로 돌아간다. 이후의 스토리는 역사 그대로다.

영화란 본디 사실보다는 관객의 흥미를 유발할 수 있는 장치들이 더 필요하다. 이에 충분히 공감하지만 갈색 와인이 되어버린 샤토 몬텔레나 샤르도네의 팩트 체크는 해볼 필요가 있다.

영화에서처럼 샤토 몬텔레나 샤르도네가 갈색으로 변했던 것은 사실이다. 그러나 1973년 빈티지에서 발생하지 않았다. 짐 바렛이 샤토 몬텔레나를 인수한 1972년 빈티지에서 갈변 현상이 발생했고, 1968년부터 샤토 몬텔레나의 수석 와인 메이커를 맡고 있던 마이크 그르기치*Mike Grgich*는 이 문제의 원인을 알고 있었다. 당연히 대처 방법도 알고 있었다.

또한 영화 속에는 짐 바렛과 보 바렛이 와이너리에 살며 와인을 만드는 것으로 나오지만, 실제 바렛 부자는 LA 근처에 집이 있었다. 그리고 서로 치고받고 할 정도로 사이가 안 좋은 것도 아니었다. 샤토 몬텔레나의 와인 양조는 마이크 그르기치의 역할이 가장 컸다고 할 수 있다. 영화가 제작될 당시 그는 이미 자신의 이름을 건 와이너리를 운영하고 있었기에 자신의 캐릭터가 영화의 일부로 들어가는 것을 원치 않았다고 한다. 그래서 그르기치의 역할은 아버지 짐 바렛의 캐릭터에 덧입혀졌다.

영화에서 보 바렛의 친구이자 샤토 몬텔레나에서 일하던 구스타보도 실존 인물이다. 그는 실제로는 해고를 당하지 않았고 그르기치가 '그르기치 힐' 와이너리를 만들었을 때 샤토 몬텔레나를 떠나 마이크 그르기치와 함께 일했다. 1996년부터는 자신의 독자적인 와이너리인 구스타보 와인을 만들어 지금까지 생산하고 있다.

영화는 실화를 바탕으로 제작되었지만, 각색을 통해 영화적 요소를 채워가려다 보니 사실과는 다른 장면들이 곳곳에 보인다. 그럼에도 파리의 심판 당시 상황을 화면을 통해 볼 수 있다는 점 하나만으로도 매력이 충분한 영화다. 참고로 스미스소니언 재단이 선정한 '미국을 만든 101가지 물건'에 샤토 몬텔레나 샤르도네 1973 빈티지가 선정되어 스미스소니언 박물관에 전시되어 있다. 그야말로 미국 와인 역사의 살아 있는 전설인 셈이다.

파리의 심판 1위의 와인 샤토 몬텔레나 샤르도네는 그 명성에 비해 가격은 아직도 합리적이라고 생각한다. 10~20만 원대에 시중에서 구입할 수 있다. 이 와인은 꼭 한 번 경험하길 추천한다. 와인에 담긴 역사를 마시는 특별한 순간을 공유하고 싶다.

# 「콜 미 바이 유어 네임」과 이탈리아 햇살 같은 와인

*Call Me by Your Name*

**Director** 루카 구아다니노

**Cast** 티모시 샬라메(엘리오)
아미 해머(올리버)
마이클 스털버그(펄먼)
아미라 카서(아넬라)
에스더 가렐(마르치아)

## 이탈리아 북부 어딘가의 와인

「콜 미 바이 유어 네임」은 첫사랑의 열병과도 같은 사랑 영화다. 인디 영화임에도 불구하고 선댄스 영화제에서 첫선을 보인 후, 죽기 전 꼭 봐야 할 영화 1001편에 선정되는 등 지금까지도 전 세계적인 사랑을 받고 있다.

영화는 1983년 여름, 이탈리아 북부 어딘가(Somewhere in northern Italy)라는 글귀로 시작한다. 주인공 엘리오의 아버지는 고고학자이자 역사학자다. 그는 매년 여름 가족들과 이탈리아 별장에 머물며 연구에 몰두한다. 그리고 연구를 위해 장래가 촉망되는 젊은 학자 한 명을 초대해 함께 작업하는데, 이번에는 24살의 매력적인 미국 청년 올리버를 초대한다. 그해 여름, 한낮의 뜨거운 열기처럼 불현듯 방문한 올리버는 17살 엘리오의 몸과 마음을 송두리째 흔들어놓는다. 동명의 원작 소설 『콜 미

바이 유어 네임』은 우리나라에서 『그해 여름 손님』이란 제목으로 출판되었다. 원작 작가 안드레 애치먼은 영화의 제작에 상당 부분 의견을 내며 감독과 소통했다고 한다.

엘리오와 올리버의 열병 같은 사랑은 여름에 시작되어 내내 뜨겁다가 겨울날 한 통의 전화로 끝을 맺는다. 영화 내내 사랑의 감정을 보여주지만 '사랑해'라는 대사가 단 한 번도 나오지 않는다. 영화의 제목처럼 엘리오와 올리버가 '서로의 이름을 바꿔 부르는' 그 행위는 온전히 하나가 되고 싶은 그 어떤 사랑 고백의 말보다 더 애틋하게 느껴진다.

영화 속에서 와인은 여러 차례에 걸쳐 화면에 등장한다. 엘리오가 저녁 식사 자리에 오지 않는 올리버를 기다리며 그의 말버릇인 "Later"를 비꼬는 장면에서도, 이탈리아의 따뜻한 햇살을 품은 몇 번의 점심 테이블 장면에서도 와인이 늘 함께한다. 필자는 그들이 마시고 있는 와인에 대해 궁금증을 느끼면서도, 한편으로 영화의 시작에 화면에 써진 '이탈리아 북부 어딘가'라는 모호한 설정이 주는 매력을 떠올렸다.

실제 영화는 이탈리아 북부 크레마에서 촬영이 되었으나 지명 대신 'Somewhere'이란 단어를 사용했다. 그 감성을 해치고 싶지 않지만, 크레마에서 어떤 와인을 마셨을지 궁금하긴 하다.

진한 에스프레소가 연상되는 이름의 도시 크레마는 이탈리아 롬바르디아주에 위치한다. 패션과 금융의 도시 밀라노의 트렌디한 이미지에 가려져서 그렇지 롬바르디아도 특색 있는 와인을 생산한다. 사실 필자도 몇 차례 이탈리아 북부를 여행하면서 롬바르디아 일정은 가능한 짧게 잡았고 와인도 크게 기대를 하지 않았다. 그 이유는 왼쪽에는 피에몬테, 오른쪽에는 베네토라는 이름만으로도 압도적인 와인 산지가 있기 때문이었다.

하지만 여행하며 만난 롬바르디아의 와인들은 깊은 인상을 남겨주었다. 이탈리아 최고의 스파클링 와인을 생산하는 프란챠코르타*Franciacorta*, 명상 와인이라 불리며 극소수의 와인 애호가들에게 열렬한 지지를 받고 있는 모스카토 디 스칸초*Moscato di Scanzo*, 그리고 이 지역 최고의 레드 와인 산지인 발텔리나*Valtellina*가 이 지역 와인의 매력을 여실히 보여주고 있었다.

크레마에서 와인을 마신다고 해서 롬바르디아 와인을 마셨을 거라고 단언하기는 어렵다. 하지만 이탈리아라면 가능도 하다. 왜냐면 이탈리아는 여전히 지방 분권적인 성향이 강한 국가이기 때문이다. 피에몬테에서 토스카나 와인을 찾기가 쉽지 않고, 마찬가지로 롬바르디아에서는 다른 와인을 찾기가 쉽지 않다. 때문에 영화에 등장한 레드 와인은 롬바르디아 와인, 특히 발텔리나 지역의 와인일 가능성이 매우 크다.

이탈리아 와인 애호가에게도 다소 생소한 발텔리나 와인은 롬바르디아의 바롤로라고 불린다. 바롤로를 만드는 네비올로 품종을 메인으로 우아한 스타일의 레드 와인을 생산하기 때문에 붙여진 별칭이다. 굳이 피에몬테의 네비올로 와인과 비교를 하자면, 발텔리나 지역이 북쪽 산기슭에 위치하다 보니 서늘한 기후의 영향을 받아 와인 자체도 검은 과실의 향이 부족하고 입안에서도 피에몬테의 와인들보다는 살짝 가벼운 느낌이다. 하지만 네비올로의 새로운 캐릭터를 찾고자 하는 이들에게는 안성맞춤이며, 가격도 합리적이다. 국내에도 소량이지만 발텔리나 와인들이 들어와 있으니 네비올로 품종을 좋아하는 사람에게 추천하고 싶다.

# 「스토커」와 욕망을 깨우는 와인

**Director** 박찬욱
**Cast** 미아 와시코브스카(인디아 스토커)
매튜 구드(찰리 스토커)
니콜 키드먼(이블린 에비 스토커)

## 성인이 된 인디아의 욕망이 깨어나는 순간

「스토커」는 박찬욱 감독의 할리우드 데뷔작으로 스토커 *Stoker* 가문 사람들의 비밀과 욕망을 담고 있다. 한국에서는 미드 「프리즌 브레이크」로 유명한 배우 웬트워스 밀러가 각본을 썼다는 점도 흥미로운 부분이다.

주인공 인디아는 18살이 되는 생일에 갑작스러운 사고로 아버지를 잃는다. 그리고 존재조차 몰랐던 삼촌 찰리가 장례식에 찾아와 몇 주간 함께 머물기로 한다. 남편을 사랑했지만, 남편과 딸 사이의 끈끈한 유대감에 항상 소외감을 느끼며 지냈던 엄마 이블린은 남편의 젊은 시절을 꼭 닮은 다정한 찰리에게 애틋한 감정을 갖는다. 이렇게 세 사람은 위태로운 동거를 시작한다.

한편 비밀스럽고 묘한 분위기를 풍기는 찰리는 인디아에게 은밀한 관심을 보인다. 그는 인디아에게 친구가 되고 싶다며 접근하는데, 인디아는 그런 삼촌이 불편하기만 하다. 그리고 찰리가 온 후, 스토커 집안을 둘러싼 인물들이 하나씩 사라진다. 인디아는 찰리를 의심하는 동시에 묘한 동질감에 이끌리게 된다.

사실 찰리는 소시오패스 성향을 가진 인물이다. 그는 어린 시절 동생을 산 채로 땅에 매장시켜 죽이고 정신병원에 갇혀 지냈다. 비상한 시각과 청력을 가진 그는 먼 곳의 소리를 듣고, 작은 사물을 관찰할 수 있다. 그는 병원에서 인디아의 소식을 전해 들으며 그녀가 자신과 같은 능력을 가졌다는 것을 직감하고 그녀 속에 감춰진 악마적 본성을 이끌어내려 한다. 그리고 이 과정에서 와인이 중요한 매개체 역할을 한다.

찰리는 저녁 식사 자리에서 성인이 된 인디아에게 와인을 권한다. 1994년, 인디아가 태어난 해의 빈티지를 준비한 것이다. 와인을 마신 인디아는 자기 안에 무엇인가가 깨어나는 듯한 감정을 느낀다. 영화의 분위기는 긴장감이 가득하고 때론 섬뜩하기까지 하지만, 영화 속 상황만 아니라면 성년이 된 조카에게 생년 빈티지의 와인을 권하는 삼촌은 너무나 매력적이다.

여행하면서 자식들의 생년 빈티지의 와인을 미리 사놓는 부모들을 여럿 만났다. 그들은 소중한 보물을 대하듯 와인을 설명했었다. 비록 영화에서는 인디아의 본성을 깨우는 도구였지만,

그래도 인디아는 성년이 된 날 마신 그 와인의 맛을 결코 잊지 못할 것 아닌가.

영화 「마이 원 앤 온리」에서도 한 차례 다뤘지만, 자녀들의 성년식에 선물하는 대표적인 와인이 포트 와인이다. 알코올 도수가 18~21도 정도로 높기 때문에 병에서 오랜 시간 동안 숙성이 가능하고, 풍미가 달콤하기 때문에 처음으로 술을 접하게 되는 아이도 마시기 쉽다. 하지만 포트 와인은 알코올 도수가 상대적으로 높기 때문에 일반 레드 와인을 준비하는 부모들도 많이 있다. 문제는 아이들이 성년이 될 때까지 와인이 지닌 향과 맛을 간직하거나 혹은 나아지는 와인을 골라야 한다는 것. 장장 18년이라는 시간을 견딜 수 있는 와인은 도대체 어떤 와인일까?

와인은 때때로 사람과 같다고 비유한다. 그 말은, 와인이 병에 담긴 이후에도 끊임없이 변한다는 의미다. 조금 더 디테일하게 풀어보면 와인을 구성하는 가장 중요한 요소들인 당도, 산도, 탄닌, 알코올은 서로 반응하고 그 안에서 변화를 이루어낸다. 그래서 와인이 오랜 시간 향과 맛을 유지하려면 이 요소들의 양이 많아야 유리하다. 반대로 이런 요소들의 양이 적은 와인을 무턱대고 오래 숙성시키면 향과 맛이 꺾여 밋밋한 와인이 되어 있기 일쑤다. 일반적으로는 화이트 와인보다 레드 와인이 장기 숙성에 유리하다. 화이트 와인은 대개 청포도의 즙으로 만들기 때문에, 껍질이나 씨까지 활용하는 레드 와인이 화이트 와인에 비해서 가지고 있는 성분이 많다.

그렇다면 어떻게 이 요소들을 와인에 많이 담을 수 있을까? 가장 기본이 되는 건 와인의 재료가 되는 포도다. 포도가 재배되는 지역이 햇빛이 많은 곳이라면 포도의 당도가 올라가고, 껍질과 씨가 충분히 여물게 된다. 당도가 높다는 것은 알코올을 많이 만들어낼 수 있다는 거고, 껍질과 씨가 성숙해진다는 것은 탄닌이나 안토시아닌과 같은 성분들을 많이 추출할 수 있다는 이야기다. 또한 포도의 산은 해가 지고 밤이 되면 생성된다. 만약 낮에는 햇빛이 충만하고 밤에 이와 같은 열기를 식혀 줄 수 있는 서늘한 밤이 이어진다면, 당과 산을 고루 갖춘 이상적인 포도가 탄생할 수 있다.

와인의 양조법도 장기 숙성 와인을 만드는 데 크게 기여한다. 가장 중요한 건 오크통이다. 오크나무에는 자연적인 탄닌이 존재하기 때문에 오크통에서 오랜 시간 숙성시킨 와인은 나무의 탄닌까지 함유하게 돼서 장기 숙성을 하기에 더욱 유리해진다.

자, 그럼 장기 숙성이 가능한 와인들에는 어떤 게 있을까? 필자가 추천하는 와인은 프랑스 보르도의 탑클래스 와인, 스페인 리오하*Rioja*의 그란 레세르바*Gran Reserva*급 이상의 와인, 이탈리아의 피에몬테의 바롤로와 바르바레스코, 이탈리아 토스카나의 브루넬로 디 몬탈치노*Brunello di Montalcino*, 미국 나파 밸리의 최고급 와인 등이다. 이곳들 모두 세계가 인정하는 최고의 포도 재배지들이다. 한 가지 알아두어야 할 것은 장기 숙성했을 때 맛있는 와인들은 대개 값이 비싸다는 점이다. 위에서 이야기한 와인의 요소를 듬뿍 담은 와인을 만들려면 포도 재배에서부터 굉장한 수고와 노력을 기울여야 해서다. 그래도 평생 단 한 번 아이에게 줄 수 있는 와인이라면 그 값이 아깝지 않을 것 같다.

# 「더 셰프」와 1989년산 샤토 안젤루스

**Director** 존 웰스

**Cast** 브래들리 쿠퍼(애덤 존스)
시에나 밀러(스위니 헬렌)
오마 사이(미쉘)
다니엘 브륄(토니)

**Wine** 샤토 안젤루스 1989(프랑스 보르도)

## 샤토 안젤루스 1989, 그리고 비둘기 요리

영화는 프랑스의 전설적인 셰프 장 뤼크의 수제자이자 미슐랭 2스타 레스토랑의 스타 셰프였던 애덤 존스로부터 시작한다. 뛰어난 요리 실력을 가졌지만 그 실력을 뛰어넘는 괴팍한 성격 탓에 애덤의 인생은 문제가 많다. 그는 마약에 찌들었었고 쫓겨나듯 파리를 떠나 미국 뉴올리언즈에서 은둔자처럼 지내며 굴 까는 일을 한다. 굴 백만 개를 까는 말도 안 되는 형벌을 스스로에게 내린 것이다. 그리고 마침내 백만 개를 채우는 순간이 오자 뒤도 안 돌아보고 런던으로 향한다. 그리고 그곳에서 옛 동료였던 친구들을 모아 미슐랭 3스타 레스토랑에 도전한다.

이미 수많은 문제를 일으켰던 애덤을 친구들이 환영할 리 없지만, 누구도 부정할 수 없는 그의 뛰어난 요리 실력은 등 돌렸던 친구들을 다시 돌아오게 만든다. 여기서 가장 큰 지원군이 되어주는 친구가 바로 토니다. 토니는 런던 중심가 호텔의 상속자이면서 호텔 내 레스토랑의 지배인이다. 토니는 애덤에게 아버지 호텔의 주방을 내어주고 애덤의 이름으로 레스토랑까지 열어준다. 게다가 토니는 매우 뛰어난 소믈리에다. 그야말로 애덤의 빈 구석을 완벽히 채워주는 존재다. 애덤의 천재적인 요리에 맞춰 그는 뛰어난 와인 매칭을 구사하는데, 그중에서도 입이 떡 벌어지게 만든 토니의 와인 매칭은 이것이다.

애덤의 비둘기 요리와 1989년산 샤토 안젤루스*Chateau Angelus*. 프랑스 보르도 생테밀리옹의 전설과도 같은 이름인 샤토 안젤루스는 와인 애호가들을 충분히 애타게 만들 수 있는 와인이다. 좋은 빈티지라면 100만 원을 가볍게 넘기겠지만, 영화 속에 등장하는 미슐랭 3스타 레스토랑 정도의 수준이라면 충분히 구성해볼 수 있는 와인 페어링이다. 토니처럼 소믈리에 일을 했던 입장에서, 89년산 안젤루스를 상자째 지하 셀러에 쟁여놓는 레스토랑 와인 셀러가 무척이나 부러웠다. 소믈리에에게 훌륭한 와인 리스트는 자부심이고 일의 원동력이 되어주기도 한다.

이 반가운 와인은 영화 속에 한 번 더 등장한다. 애덤이 런던에 도착하자마자 옛 지인이었던 노년의 레스토랑 지배인을 찾아가는데 그 역시 애덤에게 샤토 안젤루스를 권한다. 그런데 여기서 반전은 애덤이 와인을 거부한 것이다. 술과 마약에 빠져 지낸 과거의 자신으로부터 벗어나기 위해 스스로 내린 금주의 형벌을 지켜내는 중이기 때문이다.

샤토 안젤루스는 프랑스 보르도 생테밀리옹의 와인 등급에서 가장 높은 프리미에 그랑 크뤼 클라세 A등급을 차지하고 있는 명품 와인이다. 생테밀리옹은 메독과는 약간 다른 와인 등급제를 가지고 있다. 1955년에 처음 만들어진 이 등급제는, 메독의 수십 년째 요지부동인 그랑 크뤼 클라세와는 달리, 10년마다 재심사를 통해 등급을 새로 지정한다.

생테밀리옹의 와인 등급은 가장 높은 등급인 프리미에 그랑 크뤼 클라세 A와 프리미에 그랑 크뤼 클라세 B 그리고 그랑 크뤼 클라세, 그랑 크뤼, 마지막으로 일반적인 생테밀리옹 지역 와인으로 나눠진다. 1955년부터 2011년까지 A등급에는 샤토 슈발 블랑과 샤토 오존 단 두 곳만 존재했지만, 2012년 재심사를 통해 B등급에 있던 샤토 파비와 샤토 안젤루스가 A로 승급됐다. 그리고 지금까지 단 4곳의 와이너리만이 생테밀리옹 와인의 최고의 자리에 올라있다.

영화의 원제인 「Burnt」는 주인공 애덤 존스의 불같은 성격을 의미하기도 하고, 영화 속 무대가 되는 레스토랑 주방에서 터지고 깨지는 셰프들의 열기를 담아냈다고도 생각한다. 한국 개봉 당시 「더 셰프」로 이름이 바뀌게 된 건 우리나라 관객의 정서

와 관심을 고려해서였을 것이다. 결과적으로 흥행에 아쉬운 점수를 받았기에 원제의 느낌을 담는 것이 더 낫지 않았을까 싶다.

영화의 내용에 공감하기는 쉽지 않지만, 그럼에도 꽤 볼 만한 영화라 생각한다. 미슐랭 스타 레스토랑 주방에서 창조하는 감각적인 요리들이 연이어 등장해 영화를 보는 내내 눈은 즐겁고 배는 고파진다. 특히 '비둘기 요리에 1989년산 샤토 안젤루스'의 페어링만큼은 이번 생에 꼭 한번 도전해보고 싶다.

# 「페어런트 트랩」과 다시 사랑을 떠올리게 하는 와인

## The Parent Trap

**Director** 낸시 마이어스

**Cast** 린제이 로한(할리 파커, 애니 제임스, 1인 2역)
데니스 퀘이드(닉 파커)
나타샤 리처드슨(엘리자베스 제임스)
일레인 헨드릭스(메레디스 블레이크)

**Wine** 예르만 더블유 드림스(이탈리아 프리울리)

### 그에게 다시 기회를 주세요

1998년에 만들어진 디즈니의 선물 같은 가족 영화 「페어런트 트랩」. 어른이 된 린제이 로한의 인생은 많이 달라졌지만, 영화 속 주인공 쌍둥이 애니와 할리를 1인 2역으로 연기한 어린 시절의 그녀는 정말이지 꼭 안아주고 싶을 만큼 사랑스럽다.

영화는 어린 시절 부모님의 이혼으로 서로의 존재를 모르고 헤어져 살았던 쌍둥이가 여름 캠프장에서 재회하면서 벌어지는 이야기다. 이 깜찍한 쌍둥이는 캠프가 끝난 뒤 서로 집을 바꿔서 돌아가기로 한다. 나파 밸리에서 와이너리를 운영하는 아빠와 함께 살던 할리가 애니의 집으로 향하고, 런던에서 드레스 디자이너로 활동하는 엄마와 살아온 애니가 아빠의 집으로 향한다. 부모님은 딸이 바뀐 것을 눈치 채지 못하지만, 애니와 할리는 그

리웠던 아빠, 엄마를 만나 마냥 행복해한다.

하지만 재회의 행복도 잠시. 쌍둥이가 캠프에 가 있는 사이 아빠에게 약혼녀가 생기고 만 것이다. 심지어 약혼녀는 아빠의 돈만 밝히는 속물인 것 같다. 애니는 이 응급 상황을 런던의 할리에게 알린다. 이제부터 쌍둥이 자매는 엄마를 캘리포니아로 데려와 아빠의 결혼을 막고 다시 두 사람이 재결합하도록 돕는 새로운 작전에 돌입한다.

사실 엄마 엘리자베스와 아빠 닉은 젊은 나이에 결혼해 다투고 화해하는 것이 서툴렀을 뿐, 서로에 대한 감정이 남은 채로 헤어진 상태였다. 결국 닉은 약혼을 파기하고 엘리자베스에게 자신의 변치 않은 감정을 전한다. 영화 속 와인이 있는 장면은 그런 닉의 마음이 잘 드러나는 순간이다. 닉은 자신의 집 지하 와인 저장고로 엘리자베스를 데려간다. 그리고 모아온 와인들을 하나씩 보여주다가 한 와인 앞에 손을 멈춘다. 엘리자베스가 무슨 와인이냐고 묻자 그는 긴장한 목소리로 말한다.

"꿈이 끝나지 않는 곳, 1983 빈티지. 우리가 결혼식 때 마셨던 와인이야."

닉은 엘리자베스가 떠난 이후에도 그녀를 마음에서 놓지 않았다. 행복했던 결혼식을 그리워하며 결혼식에서 함께 마신 와인을 찾아서 수집해왔던 것이다. 와인을 알아본 엘리자베스도 감동한다.

결혼식에서 마신 와인을 수년간 모아온 남자라니, 너무 로맨틱하지 않은가? 와인의 이름인 "Where the Dreams have no end"라는 문구도 로맨틱하다. 꿈이 끝나지 않은 곳이란 의미처럼 그들이 꿈꿔왔던 사랑도 끝나지 않았음을 보여주는 듯하다. 두 사람은 어떻게 될까? 이 영화가 디즈니 제작이라는 점만 봐도 충분히 결말이 예측될 것이다.

필자는 닉이 나파 밸리에서 와인을 만들고 있으니 미국 와인일 거라 생각하며 와인을 찾아봤는데, 예상 외로 이탈리아 북부 프리울리 베네치아 줄리아*Friuli-Venezia Giulia*(이하 프리울리) 지역 와인이었다. 프리울리는 이탈리아 최고의 화이트 와인을 만드는 곳 중 하나다. 이탈리아의 최북단, 그러니까 오스트리아와 국경을 마주하고 있는 곳으로, 그림처럼 펼쳐지는 알프스 산맥의 영향을 받아 서늘한 대륙성 기후를 지닌 것이 특징이다. 이 때문에 레드 와인보다는 화이트 품종을 재배하기에 좋다.

닉이 소중하게 보관한 와인은 프리울리의 명문 와이너리라 할 수 있는 예르만*Jermann*의 와인이다. 와인의 정식 명칭은 영화에서 나온 그대로 'Where the Dreams have no end…'다. 이 와인은 록그룹 U2의 다섯 번째 앨범 수록곡 「Where the streets have no name」에서 영감을 받아 만든 이른바 헌정 와인이다. 앨범이 발매된 연도가 1987년이었고, 와인도 1987년 처음 탄생했다고 하니, 와이너리 오너가 U2의 엄청난 팬이었던 것 같다. 이후 9년간 Where the Dreams have no end…라는 긴 이름을 그대로 썼고, 레이블에는 일곱 색상의 아이리스 꽃으로 아름다움을 표현했다.

이후 1996년, 와인의 이름을 'Were Dreams, now it is just wine!'이라고 변경했다. 이 이름은 7년 동안 계속 쓰였고, 이번에는 캡슐에 해일 밥 혜성*Comet Hale-Bopp*을 그려 넣었다. 해일 밥 혜성은 20세기 중 가장 널리 관측된 혜성이었는데, 무려 18개월 동안 육안으로 관측이 가능할 정도로 밝았다고 한다. 이후 2003년, 와인 이름을 'W…Dreams…'라고 짧게 변경했다. '…'을 넣은 이유는 사람들이 점 안에 자신의 상상력을 펼치기를 바라는 마음에서였다고 한다.

그리고 2011년. 와인의 25주년을 기념하는 해에 처음 썼던 와인 이름인 Where the Dreams have no end…로 회귀한다. 레이블에는 이 문장 전체가 써져 있지만, W와 Dreams에 볼드 처리가 되어 있다. 그래서 그냥 이전 버전인 더블유 드림스라고 읽는 사람이 대다수다. 또한 이때부터 와인을 코르크가 아닌 스크류캡으로 밀봉하기 시작했다. 오너인 실비오 예르만은 스크류캡이 와인을 더욱 신선하고 안전하게 보관할 수 있는 마개라고 확신했고, 그 의견에 필자 역시 동의한다.

와이너리는 영화에 등장한 그 레이블 그대로 와인을 생산하고 있다. 다만 영화에는 두 가지 오류가 있다. 우선 엘리자베스와 닉이 결혼한 1983년에는 이 와인이 탄생하지도 않았다는 점. 또한 두 사람의 결혼식으로 시작되는 영화의 오프닝에 이 와인이 레드 와인으로 서빙되는 장면이 나오는데, 실제로는 화이트 와인이다. 아마 감독은 와인 레이블에 적힌 문구가 감동적이어서 영화에 꼭 쓰고 싶었던 모양이다. 더블유 드림스는 샤르도네 품종을 메인으로 만들었고, 한 병의 가격이 10만 원을 훌쩍 넘기는 예르만 와이너리의 최고급 와인 중 하나다.

한 가지 정보를 덧붙이자면, 영화 속에 등장하는 와이너리는 미국의 스태클린 패밀리 빈야드*Staglin Family Vineyard*다. 와이너리는 1985년에 설립되었지만, 이곳에서 포도가 재배된 역사는 130년 전으로 거슬러 올라간다. 특유의 아기자기한 감성이 가득한 「페어런트 트랩」을 떠올리며 와이너리 투어 프로그램에 참여할 날을 기다린다.

# 「여인의 향기」와 한낮의 탱고를 닮은 와인

## Scent of a woman

**Director** 마틴 브레이스트
**Cast** 알 파치노(프랭크 슬레이드)
크리스 오도넬(찰리 심스)
가브리엘 앤워(도나)
제임스 레브혼(미스터 트레이스크)
필립 세이모어 호프만(조지 윌리스 주니어)

### 탱고를 배우고 싶지 않나요?

영화팬들의 가슴 깊이 남아 결코 잊히지 않는 장면이 있다. 바로 「여인의 향기」 속 알 파치노가 열연한 프랭크 중령과 아름다운 여인 도나의 탱고 신이다.

영화는 명문 사립 고등학교의 가난한 장학생 찰리로부터 시작된다. 찰리는 크리스마스에 집으로 갈 차비를 벌기 위해 주말 동안 아르바이트를 구하게 되고, 사고로 시력을 잃고 퇴역한 프랭크를 돌보는 일을 맡게 된다. 앞을 못 보는 프랭크의 시중을 들며 조용한 주말을 보낼 거라고 생각한 찰리의 예상은 보기 좋게 빗나간다. 프랭크가 오랜 염원이었던 뉴욕 여행을 계획하고 있었고, 그 계획 안에 자신도 끼어 있기 때문이다. 프랭크는 찰리가 오자마자 그를 납치하듯이 끌고 가 뉴욕행 비행기에 태운다.

프랭크가 계획한 여행은 시작부터 예사롭지 않다. 일등석 비행기, 5성급 호텔의 스위트룸, 최고급 레스토랑까지. 호화 일색인 이 여행은 사실 프랭크의 자살 여행이다. 장님이 된 그는 암흑 속에서 아스러져 가는 인생을 더 이상 견딜 수 없다. 그는 뉴욕에서 계획한 것들을 이루고 나면, 명예와 품위를 지키며 자신의 삶을 마무리하려 한다. 두 사람의 여정이 어떻게 흘러가는지 궁금하다면 이 걸작을 꼭 직접 봐야 한다. 역사에 남은 알 파치노의 명연기를 누구도 놓치지 말았으면 하는 바람이다. 그리고 찰리의 친구 역으로, 지금은 고인이 된 젊은 날의 필립 세이모어 호프만의 등장 역시 무척 반갑다.

프랭크는 괴팍하고 불 같은 성격을 지녔지만, 그가 가진 생각과 내뱉는 말들은 눈이 멀쩡했던 과거의 그가 얼마나 매력적인 사람이었는지 드러낸다. 뉴욕으로 향하는 비행기에서 프랭크는 찰리에게 말한다.

"머리칼, 여자의 머리칼은 모든 것이야. 그 속에 얼굴을 묻어본 적이 있나? 영원히 잠들고 싶은 적 없었어? 또 입술이 닿는 느낌은 사막을 지난 뒤 마신 와인의 첫 모금 같은 거야."

한 모금의 와인을 이렇게 강렬하고 아름답게 표현하는 남자가 있을까? 그가 연인에게 어떤 남자였는지 상상해볼 수 있는 대사다.

영화의 중반, 프랭크와 찰리는 화창한 오후의 햇살이 가득한 고급 레스토랑으로 들어간다. 이때 프랭크는 향기로운 향이 풍겨오는 아름다운 여인에게 오감을 집중하고 찰리 또한 그녀의 모습에 시선을 빼앗긴다. 그녀의 이름은 도나. 프랭크는 홀로 지인을 기다리며 테이블에 앉아 있는 그녀에게 지인이 오기 전까지 자기들에게 시간을 내어달라고 정중히 부탁한다. 그리고는 도나에게 탱고를 배우고 싶지 않냐고 묻는다.

이때 프랭크의 대사도 인상적이다. 춤을 추다 실수할까봐 주저하는 도나에게 프랭크는 말한다.

"탱고는 실수할 게 없어요."

"인생과는 달리 단순하죠. 탱고는 정말 멋진 거예요."

"만약 실수하면 스텝이 엉키고 그게 바로 탱고인 거죠."

도나는 결심한 듯 프랭크의 손을 잡고 일어선다. 그리고 영화 역사에 영원히 남을 세기의 명장면이 탄생한다.

이때 흘러나오는 탱고 연주곡은 「포르 우나 카베사*Por una cabeza*」다. 1935년 아르헨티나의 작곡가이자 가수인 카를로스 가르델*Carlos Gardel*이 작곡하고 오페라 대본 작가 알프레도 레 페라*Alfredo Le Pera*가 작사를 맡아 완성했다. 곡 제목은 스페인어로 '머리 하나 차이로'라는 뜻을 가지고 있는데, 이는 경마에서 말의 머리 하나 차이로 승부가 정해지는 것을 의미하는 단어다. 알프레도 레 페라는 사랑을 향해 달려가는 감정과, 사랑에 실패한 이후에도 다시 사랑을 시작할 수밖에 없는 심정을 경마에 빗대어 표현했다. 음악은 서정적인 바이올린의 선율로 시작되었다가 중반부터 강렬한 피아노 연주가 반전을 만들어내며 휘몰아치는 사랑의 감정을 표현하고 있다.

탱고는 어디서 시작된 것일까? 탱고의 발원지는 아르헨티나의 부에노스아이레스다. 1880년대 노동자들의 춤으로 알려진 탱고는 처음에 '바일리 콘 코르테*baile con corte*'라 불렸는데 뜻은 '멈추지 않는 춤'이다. 이후 '만남의 장소'란 의미의 '탱고'라 불리게 되면서 지금에 이르렀다.

이 장면을 수없이 많이 돌려보면서 탱고의 근원지 아르헨티나 와인을 떠올렸다. 1920년대 아르헨티나는 경제대국이었고, 자국민들의 엄청난 와인 소비로 와인 산업이 전성기를 누렸다. 하지만 대공황이 불어닥치면서 아르헨티나의 경제와 정치가 끝

없는 나락으로 떨어지자, 와인 산업도 곤두박질치기 시작했다. 수출만이 자신의 와인을 살리는 길이라고 판단한 와이너리들은 해외의 선진화된 기술과 거대 자본을 유치하는 데 힘쓰고 품질 향상에 매진했다. 그 결과 아르헨티나 와인은 지금의 자리에 오를 수 있었다.

아르헨티나 와인을 이야기할 때 멘도사와 안데스산맥은 중요한 키워드다. 멘도사는 아르헨티나의 와인 수도로, 안데스산맥 기슭의 높은 고도에 포도밭이 위치해 있다. 안데스산맥의 산기슭에 위치한 포도밭은 몇 가지 중요한 이점을 얻을 수 있다. 안데스산맥으로부터 얻는 깨끗한 물, 아르헨티나의 뜨거운 햇살로부터 포도를 식혀줄 수 있는 선선함, 연간 200~250mm 강우량의 건조함까지. 참고로 건조한 기후는 포도나무에 질병이 창궐하는 것을 방지해준다. 여러 면에서 포도가 자라기에 좋은 환경을 지니고 있는 셈이다.

이와 같은 환경에서 가장 성공리에 재배된 품종은 적포도인 말벡이다. 본래 프랑스가 원산지인 말벡은 유럽인들에 의해 아르헨티나에 넘어왔다가 아르헨티나의 국가 대표 품종이 되었다. 진하고 묵직한 스타일이 주로 만들어지며, 탱고를 추는 여인의 붉은 드레스를 연상케 한다.

유명한 화이트 품종에는 토론테스*Torrontes*가 있다. 잘 만들어진 토론테스 와인의 플레이버는 장미, 오렌지블라썸, 자스민이 활짝 핀 화사한 정원을 연상케 한다. 햇살 가득한 오후의 탱고 같은 느낌이다. 문득 프랭크와 도나의 멋진 탱고를 토론테스 품종으로 만든 화이트 와인을 마시면서 다시 감상하고 싶다. 몇 번을 봐도 같은 감정이 들 것 같은 영화다.

# 「라라랜드」, 미아가 꿈속에서 마신 와인

La La Land

Director 데이미언 셔젤
Cast 라이언 고슬링(세바스찬)
엠마 스톤(미아)
존 레전드(키이스)
J.K시몬스(빌)
톰 에버렛 스콧(데이비드)

Wine 샴페인 뵈브 클리코(프랑스 샹파뉴)

## 미아는 카사블랑카를 좋아해

2016년 영화 「라라랜드」가 세상에 나왔을 때, 세계의 수많은 영화 팬들이 라라랜드의 마법에 빠져들었다. 필자 역시 영화가 주는 여운을 오랜 시간 잡아두고 싶어서 몇 번을 반복해 영화를 보고 OST를 듣곤 했었다.

영화는 꿈을 꾸는 사람들을 위한 별들의 도시 LA(라라랜드)에서 재즈 피아니스트인 세바스찬과 배우이자 연출 지망생인 미아의 사랑 이야기를 그려낸다. 극중 배우인 미아가 열렬히 사랑한 영화는 바로 「카사블랑카」다. 주인공 일사를 연기한 잉그리드 버그만에 대한 존경을 담은 오마주 장면은 영화 곳곳에서 드러난다. 미아의 방 한 벽면을 가득 채운 잉그리드 버그만의 포스

터, 미아가 근무하는 커피숍 맞은편 건물이 「카사블랑카」를 촬영했던 곳이라고 세바스찬에게 설명하는 장면, 그리고 배우가 되어 돌아온 미아가 집으로 돌아가는 길 위에도 잉그리드 버그만의 포스터가 펄럭인다.

그리고 감독이 의도한 카메라 촬영 테크닉에서도 「카사블랑카」의 오마주를 찾아낼 수 있었다. 바로 샴페인 속 미아다. 극 초반 그녀는 친구들과 함께 풀 파티에 참석한다. 그곳에서 잔을 가득 채우는 샴페인 속에 미아의 모습이 비친다. 이때 등장한 샴페인이 바로 뵈브 클리코다. 「카사블랑카」에서 잉그리드 버그만이 "뵈브 클리코라면 남겠어요"라는 유명한 대사를 던진 바로 그 샴페인이다.

그리고 영화의 마지막, 미아가 배우의 꿈을 이루고 세바스찬의 재즈 바에서 그와 재회하는 장면은 「카사블랑카」 속 주인공 릭이 자신의 술집에서 다른 사람의 아내가 된 일사와 재회하는 신을 떠올리게 한다. 감독은 자신이 오마주한 설정을 숨기려 하지 않았고, 관객들이 미아를 통해 카사블랑카를 떠올리는 또 다른 재미를 찾게 만들어 주었다.

샴페인은 과거부터 지금까지 유행과 트렌디함을 선도하는 와인이었다. 때문에 샴페인 하우스는 회사의 브랜드 이미지를 효과적으로 알릴 수 있는 대표 색을 정하기도 한다. 유명한 샴페인인 포므리*Pommery*는 블루, 랑송*Lanson*은 블랙, 뵈브 클리코는 옐로우다.

뵈브 클리코 샴페인의 레이블이 원래부터 노란색인 건 아니었다. 1876년에 처음 등장한 뵈브 클리코의 옐로우 레이블은 본래 영국 시장에서 스위트한 스타일의 샴페인과 구분을 짓기 위함이었다. 하지만, 다른 샴페인과 차별화되는 색 때문에 눈에 띄었고, 설탕이 덜 들어갔다는 점이 긍정적으로 작용하면서 판매량이 늘어나는 효과를 봤다. 뵈브 클리코는 1877년부터 모든 샴페인에 노란색 레이블을 붙이기 시작했고, 20년 뒤인 1897년에는 샴페인 하우스의 얼굴이나 마찬가지인 브륏 스타일의 샴페인에 지금과 같은 옐로우 레이블을 채택한다. 현재 그들이 생산하는 모든 샴페인의 레이블에는 적든 많든 노란색이 섞여 있다.

필자는 미아 역시 「카사블랑카」 속 일사처럼 뵈브 클리코를 사랑했을 거라고 생각한다. 만약 「라라랜드」를 보면서 「카사블랑카」와의 연결고리를 전혀 눈치 채지 못했다면 다시 한번 영화를 보며 그 재미를 찾아내보길 추천한다.

# 「결혼 이야기」와 뒤풀이 와인 한 잔

Marriage Story

**Director** 노아 바움백
**Cast** 스칼렛 요한슨(니콜)
아담 드라이버(찰리)
로라 던(노라 팬숀)
아지 로버트슨(헨리)
메릿 웨버(캐시)
줄리 하거티(산드라)

## 극단 뒤풀이에서 마시는 와인

영화 「결혼 이야기」는 행복한 결혼 생활에 관한 이야기가 아니다. 파경을 맞은 부부의 이혼 소송 과정과 이혼 뒤에도 이어지는 관계에 대한 이야기다. 사실 그들은 서로에 대한 사랑이 끝난 상태가 아니었다. 그러나 헤어져야 할 이유가 오로지 사랑 유무에만 있는 것은 아니기에 결국 그들은 양육권을 두고 치열하게 싸우게 된다.

영화는 남편 찰리가 아내 니콜의 장점을 말하면서 시작된다. 이어서 찰리의 장점을 말하는 니콜의 목소리가 이어진다. 10분 남짓한 이 시간 동안 관객들은 두 사람이 꿈을 향해 달려왔고, 서로를 사랑하며, 삶을 충실히 살아왔다는 것을 알게 된다. 하지만 이 두 사람은 헤어지려 한다. 찰리는 니콜과 자신이 왜 어긋나게 되었는지 이유를 찾지 못한다. 가장으로서 그는 최선을 다했다고 믿었고, 배우인 아내를 자신의 무대에 주연으로 세워 그녀를 빛나게 했다.

한편 10대부터 할리우드 배우로 빛을 봤던 니콜은 뉴욕에서 찰리를 만난 후, 자신의 할리우드 배우 생활을 접었다. 니콜은 찰리의 극단에 들어가 남편의 실험정신을 무대 위에서 발현시키는 배우로 살아왔다. 남편의 재능을 존중했고, 고향과 떨어져 지내는 것을 견뎠다. 그러나 찰리의 장점이었던 연출가로서의 솔직함은 배우인 그녀를 점점 작아지게 만들고 만다. 이제 그녀는 다시 캘리포니아로 돌아가 젊은 날의 꿈을 되찾으려 한다.

영화 속 와인이 있는 장면은 극단의 공연이 끝나고 찰리와 니콜이 단원들과 함께 와인 바에서 술을 마시는 신이다. 한국식으로 말하면 뒤풀이 자리다. 뉴욕의 극단원들은 어떤 술을 마실지 궁금했는데, 각자 와인 한 잔이 전부인 심플한 뒤풀이였다. 간단한 안줏거리조차 없었지만, 예술하는 사람들에 대한 필자의 로망 때문인지 그 모습이 꽤 멋져 보였다.

필자 역시 살아오면서 숱한 뒤풀이 자리에 앉아봤던 터라 자연스레 어떤 기억들이 떠올랐다. 대부분의 기억이 영화를 공부하던 대학 시절의 뒤풀이인데, 최상의 조합은 늘 삼겹살에 소주였다. 물론 그 외에도 훌륭한 조합이 많았다. 감자탕에 소주, 치킨에 맥주, 생선회에 청주, 다시 매운탕에 소주 등. 그중 가장 선호했던 조합은 꼬치구이에 매화수였다. 여하튼 어묵탕에 소주라도 한 잔 걸쳐야 오늘 하루 촬영하느라 수고했다는 보상을 받는 기분이 들었다. 이제 그 시절은 지나간 지 오래지만, 지금도 나름의 뒤풀이를 하며 산다. 집에 돌아와 옆에 있는 사람과 마주하고 와인을 한잔하는 것이 고단했던 하루의 뒤풀이다.

영화 속에서는 고령의 단원이 일어나 두 가지를 위한 축배를 제안한다. 하나는 니콜이 캘리포니아에서 배우로 재도전하는 것과 또 다른 한 가지는 극단이 브로드웨이에 진출하게 된 것이다. 둘 다 축하의 인사를 나누기 충분히 좋은 일이다. 하지만 그 축배가 무색하게 니콜과 찰리는 이혼을 향해 나아간다.

그들은 어떤 와인을 마셨을까? 뉴요커로 살아온 찰리는 뉴욕 주의 와인을 마셨을지도 모르고 고지식한 예술가답게 구대륙 프랑스의 와인을 마셨을지도 모른다. 하지만 캘리포니아 출신 니콜만큼은 고향의 샤르도네를 마시지 않았을까 생각해본다. 마음속으로는 항상 캘리포니아를 그리워했으니 말이다.

영화는 순했던 두 사람이 소송을 진행하는 동안 처절하게 싸우는 모습을 보여준다. 마치 입에 칼을 문 듯 서로를 몰아붙일 때마다 그 감정이 너무나 생생하게 전달되어 보는 내내 마음이 괴로울 정도였다. 격해진 감정을 누르지 못하고 끝내 당신이 죽어버렸으면 한다는 말까지 쏟아낸 찰리가 죄책감에 무릎을 꿇고 오열하는 장면이 잊히지 않는다.

실제로 영화는 감독 노아 바움백이 2013년 자신이 이혼하는 과정에서 겪은 경험을 바탕으로 각본을 만들었다고 한다. 결혼이 끝나는 지점을 이혼이라고 생각해왔다면, 이 영화를 통해 형태만 달라질 뿐 관계는 지속된다는 것을 보게 될 것이다. 씁쓸한 마음에 와인 몇 잔 비우고 싶은 영화다.

# 「세상의 끝까지 21일」과 좋은 와인의 기준

Seeking a Friend for the End of the World

**Director** 로렌 스카파리아
**Cast** 키이라 나이틀리(페니)
스티브 카렐(도지)
마크 모지스(도지 아버지)
코니 브리튼(디안)
애덤 브로디(오웬)

## 좋은 와인이란 무엇인가

"어떤 와인이 좋은 와인인가요?"

이 질문을 수없이 많이 받아왔다. 와인 스타일의 다양성, 양조 방법, 역사성, 맛과 향, 음식과의 페어링 등 고려해야 할 조건들이 많지만 정말 솔직하게 하고 싶은 말은 하나였다. 필자의 마음을 영화 「세상의 끝까지 21일」의 주인공 아버지의 입을 빌려 적어보려 한다.

극 중에서 지구는 멸망 직전의 상태다. 소행성이 지구를 향해 시시각각 날아오고 있고, 인류는 멸망까지 고작 21일이 남았음을 알고 있다. 영화는 이렇게 무겁고 음울한 소재로 시작하지만, 멸망을 다룬 여타의 영화들과 달리 이 영화에는 지구를 구하려는 영웅이 등장하지 않는다. 그리고 사람들은 각자 나름의 방법으로 생의 마지막을 준비한다.

주인공인 도지는 보험사의 평범한 샐러리맨으로 살아왔다. 그런데 그의 아내는 지구가 멸망할 거라는 소식을 듣자마자 뒤도 보지 않고 그를 떠나버렸다. 홀로 남은 도지의 선택은 어제와 다르지 않은 오늘을 보내는 것이다. 그는 회사에 출근하고 퇴근 후 집에 오는 평범했던 일상을 이어가려 한다. 그런 그에게 옆집 여자 페니가 들이닥친다.

그녀는 지구의 종말 전까지 가족과 함께하기 위해 비행기를 타고 고향으로 가려 했지만, 비행기를 놓치고 절망한다. 그리고 도지를 찾아가 지난 3년간 자신의 집으로 잘못 도착한 우편물을 모아두었다며 전해준다. 아무리 교류가 없던 사이라지만 3년 묵은 우편물을 받아 든 도지는 어처구니가 없다. 게다가 우편물 속에서 도지의 첫사랑이 보낸 편지까지 발견한다. 그는 이 편지를 제때 받았더라면 자신의 인생이 바뀔 수 있었다는 생각에 페니를 원망한다. 페니도 미안함에 그의 첫사랑을 함께 찾아주겠다고 나서고, 도지 역시 첫사랑을 찾으면 지인의 전세기를 빌려 고향인 영국으로 돌아갈 수 있게 도와주겠노라 약속한다.

이렇게 한 팀이 된 두 사람은 지구의 종말까지 남은 시간 동안 동행하게 된다. 영화의 중반 도지는 페니와 함께 냉랭한 관계로 지내왔던 아버지의 집을 방문한다. 누구도 사과의 말을 꺼내지 않았지만 도지가 아버지의 집에 차를 세웠을 때 이미 둘은 화해의 인사를 주고받은 것처럼 보였다. 세 사람은 자연스럽게 저녁을 준비하고 식탁에 둘러앉는다. 그러고는 지구 종말은 다른 세계의 일인 것처럼 일상적인 저녁 식사를 한다. 도지의 아버지는 건배를 권하며 두 사람의 물잔에 와인을 따라준다. 도지와 페니 역시 이에 화답하듯이 "와인 좋은데요"라고 말하는데 이때 아버지가 흡족해하며 말한다.

"싸고 맛있는 와인이지."

필자의 마음속에 좋은 와인에 대한 명쾌한 답이 바로 이것이다. 싸고 맛있는 와인.

사실 이들이 처한 상황을 보면 최고급 와인을 한 병이라도 더 맛보려 안달이 나도 이상할 게 없다. 그런데 그들은 여느 일상처럼 저녁을 만들고 싸고 맛있는 와인을 곁들인다. 이 점이 영화를 돋보이게 한다.

와인 애호가들은 싸고 맛있는 와인, 이른바 밸류 와인을 찾기 위해 평생을 헤맨다. 그리고 마침내 내 입맛에 꼭 맞는 밸류 와인을 발견했을 때의 기쁨은 넷플릭스에서 랜덤 플레이를 눌렀는데 우연히 명작을 만났을 때처럼 반갑다. 그런데 이런 질문을 해볼 수도 있을 것이다. 와인은 다 같은 포도로 만들어지는데 왜 가격이 천차만별일까? 와인이 비싼 이유는 도대체 무엇일까?

와인은 그림과 비슷하다고 생각한다. 같은 물감을 써서 그림을 그리더라도 필자의 그림이 가치가 없고, 반 고흐의 그림은 수백억 원의 가치를 지닐 수 있는 것과 같다. 그만큼 와인은 누가 만들었느냐가 굉장히 중요하다. 세계에서 가장 와인을 잘 만드는 와인메이커가 만들었다고 하면 이미 거기서부터 와인의 가격은 급속도로 올라간다.

물론 포도밭과 와인메이킹이 우선적으로 중요한 포인트다. 가장 기본적으로 포도밭이 위치한 땅값도 가격에 영향을 미친다. 예를 들어 보르도나 부르고뉴 와인이 비싼 이유 중 하나도 해당 지역의 와인이 너무나도 유명해진 나머지 땅값이 지속적으로 상승했기 때문이다. 이외에도 수많은 요소들이 와인의 가격에 영향을 미친다. 오크통을 예로 들자면, 새 오크통은 한 통에 대략 100만 원 정도 하기 때문에 오크통에서 와인을 숙성시켰다면 당연히 가격이 올라갈 수밖에 없다. 거기에 생산량이 적은데 수요가 많다면 희소 가치가 올라가 또 한 번 가격이 뛴다.

위의 논리대로라면 싸고 맛있는 와인을 만나기란 쉬운 일이 아니다. 하지만 기회는 있다. 바로 숨겨진 보석을 찾는 것. 세상에는 아직 유명세를 얻지 않은 와인 산지가 많고, 그곳에는 정직하게 훌륭한 와인을 만드는 사람들이 있다. 그런 와인을 찾아내면 된다. 필자는 남아프리카공화국의 와인을 좋아한다. 보르도나 부르고뉴 같은 스타 와인 산지에 비해 덜 알려졌지만, 훌륭한 와인을 만드는 양조자들이 많다. 인건비가 상대적으로 저렴하기도 하다. 남아공의 케이프타운 근교에서 와인 여행을 하면서 여러 와이너리를 방문할 때 느낀 것은 정말 싸고 맛있다는 것이었다. 단적인 예로 남아공을 이야기했지만, 이런 와인 산지는 구대륙, 신대륙을 가리지 않고 생각보다 많다. 아직 기회가 있다.

도지와 페니의 여정은 어떻게 마무리될까? 기대와는 달리 마지막까지 소행성이 방향을 틀거나 인류의 기술로 지구를 구하는 일은 일어나지 않는다. 하지만 그들은 '사랑하는 사람과 함께'라는 본질적인 소망도 이뤄내고 담담하게 종말을 맞이한다. 오히려 반전이 없어 더 신선하게 다가온 영화다.

# 「브리짓 존스의 일기」, 있는 그대로의 와인을 사랑해

Bridget Jones's Diary

**Director** 샤론 맥과이어

**Cast** 르네 젤위거(브리짓 존스)
콜린 퍼스(마크 다아시)
휴 그랜트(다니엘 클리버)

**Wine** 바르통 & 게스티에 1725 리저브 보르도
(프랑스 보르도)

### 있는 그대로를 사랑해주는 친구들의 와인

지난 20여 년간 놀랍도록 많은 사랑을 받아온 여자가 있다. 바로 브리짓 존스. 「브리짓 존스의 일기」를 시작으로, 2편 「브리짓 존스의 일기: 열정과 애정」, 3편 「브리짓 존스의 베이비」로 이어지는 3부작 내내 르네 젤위거는 브리짓 존스 그 자체였고, 수많은 관객이 그녀의 사랑스러움에 빠져들었다.

시리즈의 첫 작품인 「브리짓 존스의 일기」에서 브리짓은 서른두 번째 신년을 홀로 맞이하는 독신으로 등장한다. 그녀의 신년 목표는 체중 감량, 담배 줄이기, 와인 줄이기다. 영화를 모르는 이들이라도 그녀가 어떤 삶을 살았는지 예측이 될 것이다. 거기에 한 가지 더. 브리짓은 매해 중매쟁이 역할을 자처하는 엄마에게서 벗어나기 위해 완벽한 남자를 찾겠다는 원대한 새해 목표를 가지고 있다.

그녀의 소망에 화답하듯, 극중에는 두 명의 남자가 등장한다. 먼저 어린 시절부터 이웃에 살며 데면데면하게 지냈던 인권 변호사 다아시. 그는 똑똑하고 선량하지만, 그의 직설적인 솔직함은 브리짓에게 거만하고 지루한 남자라는 인상을 주고 만다. 또 다른 한 명의 남자는 그녀의 직장 상사인 다니엘이다. 매력적이고 연애에 노련한 다니엘에게 브리짓은 푹 빠지게 된다. 하지만 다니엘은 바람둥이라는 치명적 결함이 있었고, 결국 브리짓은 상처받게 된다. 이제 그녀에게 남은 건 항상 그녀 옆에서 수다를 떨며 함께 의지해온 친구들뿐이다.

그녀는 자신의 생일에 친구들을 초대해 음식을 대접해주겠다는 계획을 세운다. 하지만 요리에 전혀 소질이 없는 그녀는 말 그대로 해괴한 음식만 만들어 대고, 부엌은 전쟁터가 되어간다. 이때 다아시가 구세주처럼 등장한다. 그는 브리짓의 요리에 심폐 소생을 해주려 하지만 다아시는 신이 아니었다. 결국 그녀가 만든 음식이 저녁 식사 테이블에 오르고 친구들은 경악한다. 하지만 다아시는 그녀의 요리를 꿋꿋하게 먹는다. 이를 본 친구들 역시 그녀에 대한 우정의 힘으로 접시를 비워낸다. 이때 와인이 없었다면 음식을 넘기기 힘들었을 것이다.

테이블에 올려져 있는 와인이 뭔지 궁금해서 찾아봤는데, 바르통&게스티에 1725 리저브 보르도*Barton&Guestier 1725 Reserve Bordeaux*였다. 바르통&게스티에는 B&G라고 줄여서 부르는데, 와인의 이름에서도 알 수 있듯이 1725년 프랑스 보르도에 설립되어 지금까지 전 세계 130여 개국에 와인을 수출하는 와인 거상이다.

사실 정확한 와인 이름을 알기 전에도 아마 보르도 와인일 거라고 예상했는데, 역시나. 영국인은 보르도 와인을 참 좋아한다. 심지어 양국 간 정치적 상황 때문에 영국이 보르도 와인의 수

입을 금지하던 시절에도 보르도 와인은 암암리에 런던의 와인 시장으로 흘러들어 갔다. 영국인들의 보르도 와인 사랑은 불변의 사랑처럼 보인다.

### 영국과 보르도 와인의 질긴 인연

양국 간 정치적 상황이 악화하면서 돈줄이 끊기게 된 보르도의 와인 생산업자들은 좋게 얘기하면 슬기롭게, 나쁘게 이야기하면 교묘하게 와인을 영국으로 실어날랐다. 그 방법은 선박에 와인을 싣고 영국 근처까지 가서 영국의 사나포선에 일부러 나포되는 것이다. 여기서 사나포선이라는 것은 승무원은 민간인이지만 교전국의 정부로부터 적선을 공격하고 나포할 권리를 인정받은 무장 선박을 이야기한다.

와인을 가득 실은 프랑스 선박을 나포한 사나포선 선장들은 와인을 런던으로 가져가 경매에 부쳤다. 경매에 낙찰된 와인에 대한 금액은 거진 사나포선의 몫이었고, 일부가 왕실, 일부는 경매가 치러진 선술집 주인에게 돌아갔다고 한다. 그렇다면 나포된 선박에 실린 와인들의 주인은 어떤 이득을 얻게 되는 걸까? 이에 대한 정확한 증거나 기록은 없지만, 사나포선 선장과 보르도 와인 상인들 간에 모종의 거래가 있을 거라고 생각된다. 전해지는 바에 따르면 경매가의 약 4분의 1이 보르도 와인 생산업자나 상인에게 돌아갔다고 한다.

이처럼 보르도 와인이 영국인들에게 인기를 얻게 된 이유는 한때 보르도가 위치한 아키텐*Aquitaine* 지방이 영국령이었기 때문이다. 과거 프랑스는 왕만큼 힘이 있는 공국이 각 지역을 통치하고 있었고, 아키텐 공국은 왕조차도 무시할 수 없는 힘을 지닌 곳이었다. 12~13세기 아키텐 공국의 여공이었던 엘레오노르는 루이 7세와 혼인하면서 프랑스 여왕이 되었으나, 남편과의 불화로 이혼한다. 그리고 엘레오노르는 새로운 남편으로 훗날 영국의 왕이 되는 헨리를 낙점한다. 둘의 결혼으로 자연스럽게 영국령이 된 아키텐 공국은 영국의 왕실과 귀족에게 보르도 와인을 납품하게 된다.

이후 13세기가 막을 내릴 때까지 보르도 와인은 영국 시장을 거의 독점하다시피 했다. 보르도시 인근에 포도밭이 빼곡하게 들어선 것도 이 시기부터다. 13세기 초반 지금의 부채꼴 모양으로 지속적으로 확대된 보르도 와인 산지는 유럽에서 가장 장래가 밝은 와인 생산지로 급부상했다. 매년 10월이면 수백 척의 선단이 보르도 와인을 싣고 보르도항에서 닻을 올렸다고 전해진다. 로드 필립스의 「A short history of wine」에 따르면, 1305년에서 1308년까지 3년 동안, 매년 항구를 출발하는 와인은

98,000배럴에 달했고, 이는 약 9억 리터라고 한다.

모든 것에는 명암이 있듯이 프랑스 와인의 성공은 영국 와인의 몰락으로 이어졌다. 맛 좋은 프랑스 와인이 등장하자 소비자들은 영국 와인에 등을 돌렸고, 수많은 포도밭이 다른 용도로 변경되면서 종말을 고했다. 영국은 지금도 와인을 생산하지만, 습하고 추운 기후 때문에 스파클링 와인이 주를 이룬다.

다시 영화로 돌아가면 브리짓의 친구들은 형편없는 음식 앞에서도 브리짓을 응원하는 마음을 담아 건배사를 던진다.

"있는 그대로의 널 사랑해."

얼마나 따뜻한 말인가? 여기서 그 대상을 와인으로 바꿔보고 싶다는 생각도 들었다. 오랜 시간 와인 산지와 와이너리를 찾아다니면서 느낀 한 가지는, 와이너리마다 와인 가격과 품질은 천차만별이지만 양조장에서 와인을 만드는 사람들의 마음은 한결같다는 것이었다. 그들은 자신이 만드는 와인에 매해 최선을 다한다.

그래서 와인을 시음하고 평가할 때 양조장의 수고를 떠올리며 조심스럽게 말하게 된다. 1만 원대 와인을 마시면서 10만 원대 와인의 잣대를 들이밀 수는 없고, 국가마다 포도가 자라온 환경과 와이너리의 철학이 각기 다르다는 것을 알기에 하나의 기준을 가지고 와인을 평가할 수도 없는 일이다. 와인에게 말해주고 싶다. "있는 그대로의 널 사랑해". 우리 모두 있는 그대로의 브리짓을 사랑해주었듯 말이다.

# 「와인 컨트리」, 와인에 틀린 답은 없다면서요!

Wine Country

Director 에이미 포엘러
Cast 에이미 포엘러(애비), 마야 루돌프(나오미)
레이첼 드래치(레베카), 아나 가스테이어(캐서린)
폴라 펠(발), 에밀리 스피베이(제니)
제이슨 슈워츠먼(데본), 마야 어스킨(제이드)
티나 페이(태미)

Wine 아르테사(미국 나파 밸리)

**풋사과는 맞고 복숭아 통조림은 틀리다?**

젊은 날 시카고의 피자집에서 아르바이트를 하며 동고동락했던 6명의 친구. 시간이 흘러 이제 중년이 된 그녀들은 무리 중 한 명인 레베카의 50살 생일을 축하하기 위해 미국 와인의 본고장인 나파 밸리로 2박 3일간 여행을 떠난다.

이 영화는 극중에서 분 단위로 여행 일정을 짜던 애비 역의 에이미 포엘러가 주연과 감독을 겸한 영화다. 코미디 장르답게 배우들의 연기는 능청스럽고 대사도 가볍다. 이 책을 쓰고 읽는 우리도 와인을 좋아하지만, 주인공들은 잠자는 시간만 빼고 종일 와인을 마신다. 마신다기보다 흡입한다는 표현이 어울리는 주량의 소유자들이다. 아름다운 나파 밸리와 그녀들이 방문하는 와이너리를 보는 것에 중점을 둔다면 즐겁게 볼 수 있을 것이다.

캘리포니아 와인의 노른자위라 할 수 있는 나파 밸리는 와인 투어 프로그램이 잘 갖춰져 있다. 매우 세련되고 체계적이다. 다만 이를 마음껏 즐기려면 그에 상응하는 비용을 지불해야 한다. 그래서 돈을 쓰기 좋은 곳, 돈을 쓴 만큼 즐길 거리와 마실 거리가 많은 곳이 나파 밸리라고 생각한다.

극 중 인상적인 장면은 그녀들이 아르테사*Artesa* 와이너리에 방문했을 때다. 이곳은 1997년에 문을 연 비교적 신생 와이너리로, 미국 화이트 와인의 중심인 샤르도네와 우아한 레드 와인의 정점에 있는 피노 누아 품종에 초점을 맞춰 와인을 생산하고 있다. 영화에 등장하듯이, 탁 트인 절경을 바라보며 야외에서 와인 테이스팅을 할 수 있는 멋진 공간을 갖추고 있다.

아르테사의 와인 테이스팅 부스에서 와인을 시음하던 애비와 레베카에게 와이너리 직원이 말한다.

"어떤 냄새가 나는지 말해보세요. 틀린 답은 없어요."

시음자의 테이스팅 감각을 이끌어주는 저 대사는 실제로 와인 여행을 하다 보면 종종 들을 수 있다. 이 말에 고무된 시음자들도 용기를 내어 하나씩 자신의 머릿속에 떠오르는 향을 말하면서 와인이 가지고 있는 매력을 스스로 찾아가게 된다.

와인을 한 모금 마신 애비가 풋사과가 떠오른다고 하자 직원은 기쁘게 '맞다'고 화답한다. 이어서 레베카도 복숭아 통조림이라 말해본다. 곧이어 이 영화에서 가장 재미있는 대사가 나온다. 레베카의 말에 직원이 숨도 안돌리고 '틀렸다'고 말하는 것이다. 세상에 조금 전에 틀린 답은 없다고 인자하게 말하던 사람은 어디 간 거지? 관객이 외치고 싶은 말을 다행히 주인공들이 바로 해준다.

“틀린 답은 없다면서요!”

여기에 필자의 의견을 살포시 덧붙여 본다. 풋사과 향과 복숭아 통조림의 연결고리가 없어 보이지만, 샤르도네 품종을 어떻게 양조했느냐에 따라 가능한 일이다. 스테인리스 스틸 탱크에서 가볍게 숙성한 샤르도네 와인들은 풋사과 향이 나고, 오크통에서 숙성시킨 샤르도네 와인에서는 복숭아 통조림 같은 향이 날 수 있다. 하지만 극 중에서는 한 와인을 함께 테이스팅했기 때문에 이렇게 상상해봤다.

와인은 첫 향에서 와인이 가지고 있는 과실의 캐릭터가 두드러진다. 그리고 공기와의 접촉이 늘어나면서 숙성 과정 중 생긴 향들이 올라오는 것이다. 첫 향에서 사과 향을 느끼고, 시간이 지난 뒤 복숭아 향을 느낄 수도 있다. 만약 애비가 풋사과가 아닌 ‘잘 익은 사과 향’이라고 말했다면 복숭아 향과의 연결고리는 더 가까워진다. 또는 레베카가 통조림 복숭아가 아닌 ‘싱그러운 복숭아’라고 했다면 풋사과와의 연결고리가 더 가까워질 것이다. 어찌되었든 두 향이 같이 느껴지는 건 향들의 방향이 좀 달랐을 뿐 불가능한 일은 아니다.

아직 익숙하지 않아도 테이스팅을 할 때 향의 한계에 갇히지 말고 솔직한 표현의 즐거움을 찾아갔으면 하는 바람이다. 일반적으로 표현하는 와인 아로마 노트 안에서 답을 고르려고 노력하지 않아도 된다. 진짜로 틀린 답은 없다. 틀에 갇혀있는 건 레베카의 의지를 꺾어버린 와이너리 직원뿐이다.

다양한 와이너리를 방문했기에 종종 와이너리 방문 시 에티켓에 대해서 질문을 받기도 한다. 여기서 필자의 와이너리 방문 팁을 살짝 공개한다.

첫째, 방문 요청은 사전에 한다. 많은 와이너리가 자체적으로 투어 프로그램을 운영하지만 투어 프로그램 없이 사전 예약자에 한해서 개방하는 곳도 많다. 특히, 부티크 와인처럼 고품질 와인을 소량 생산하는 곳들은 대부분 사전 예약제로 방문을 받는다. 방문 약속은 홈페이지로 하거나 홈페이지에 나와 있는 담당자의 이메일로 가능하다. 다만, 한번에 오케이가 나는 경우는 드물다. 방문하는 목적과 시기 등에 관해서 충분히 커뮤니케이션을 해야 한다.

둘째, 방문 전에 어떻게 와이너리까지 갈지 사전에 계획을 해야 한다. 가장 좋은 건 렌트카이지만, 해외에서의 운전이 부담스럽다면, 비용이 좀 더 들더라도 와이너리 투어를 대행해주는 업체의 프로그램을 신청하는 방법이 있다.

셋째, 방문하기 전에 와이너리의 사전 정보를 조사하자. 어떤 와인을 생산하는지, 유명한 와인은 뭔지, 간단한 역사 같은 것을 미리 알아두면 와이너리 투어가 배로 즐거울 것이다.

넷째, 투어에 맞춰 복장을 갖춰 입자. 특정한 드레스 코드가 있는 건 아니지만 보르도 특급 샤토처럼 특별한 와이너리를 방문할 경우 되도록 단정한 옷차림을 갖추는 게 좋다. 단, 화려한 원피스나 구두는 오히려 투어에 방해가 된다. 와이너리 투어는 보통 포도밭과 양조장, 지하 셀러를 오가기 때문에 편안한 신발이 필수다. 특히 지하 셀러는 기온이 낮아서 한여름이라도 재킷을 챙겨야 한다.

다섯째, 시음 후 와인에 대한 칭찬을 아끼지 말자. 투어의 끝은 대부분 와인 시음이다. 와인을 시음할 때는 와인의 맛을 느끼는 것만큼 중요한 것이 표현하는 것이다. 와인이 훌륭할 경우 칭찬을 아끼지 말아야 한다. 경험상 와이너리에서는 표현하는 사람이 와인 한 잔이라도 더 마신다.

# 「미 비포 유」, 로스트 치킨에는 화이트 와인을

Me Before You

**Director** 테아 샤록
**Cast** 에밀리아 클라크(루이자)
샘 클라폴린(윌)
매튜 루이스(패트릭)

## 로스트 치킨과 함께하면 좋은 와인들

찬란한 사랑과 무거운 이별을 이야기하는 영화 「미 비포 유」의 주인공 루이자는 6년간 일하던 카페가 문을 닫게 되자 생계를 위해 윌의 간병인 일을 맡는다. 젊고 유능한 사업가였던 윌은 교통사고로 한순간에 전신 마비 환자가 되어 손가락 하나 까딱할 수 없는 삶을 살고 있다. 윌은 한순간에 나락에 떨어진 자신의 삶을 거부한다. 시니컬하고 비관적인 시선으로 세상을 바라보며, 죽기만을 기다리는 그에게는 눈을 뜨는 아침이 그저 버겁기만 하다.

그는 6개월 뒤 스위스에서 안락사로 자신의 생을 마감하기로 결심한다. 하지만 그에게 순수하고 해맑게 다가오는 루이자가 그의 삶에 생기를 불어넣어 주고 윌은 삶과 죽음의 기로에서 고민한다. 윌은 순수한 루이자를 사랑한다. 루이자에게 아침에 눈을 뜨는 이유가 당신이라고 고백하는 장면은 영화는 보는 이를 충분히 설레게 만든다. 윌과 루이자의 사랑은 아름답고 밝게 그려지지만, 존엄사라는 무거운 주제를 담고 있기에 영화를 보는 마음이 마냥 가볍지만은 않다.

영화 속 와인이 있는 장면은 루이자의 생일을 맞아 윌이 루이자의 집으로 찾아가는 신이다. 이때 루이자의 생일상으로 차려지는 요리는 가정식 로스트 치킨과 감자. 물론 화이트 와인도 빠지지 않는다.

필자는 세계 여행을 할 때 오븐에 구운 로스트 치킨에 감자를 정말 많이도 먹었다. 와이너리 취재를 힘 닿는 만큼 하려면 돈을 아껴야 했고, 어딜 가나 치킨과 감자는 쌌기 때문이다. 그래서 영화에 등장한 이 음식이 얼마나 소박한지 잘 알고 있다. 간단한 레시피도 하나 공개하자면, 감자를 따로 굽지 않고 생감자를 적당히 잘라 트레이에 깔아놓은 뒤 그 위에 닭을 올리고 소금, 후추로 간을 해서 오븐구이를 하는 것이다. 20분마다 한 번씩, 두 번 정도 닭을 뒤집어주면 닭기름에 노릇하게 익은 감자와 구수한 닭요리를 한 번에 먹을 수 있다.

루이자의 가족처럼 필자 역시 로스트 치킨에는 화이트 와인을 즐겨 마신다. 이때는 너무 신선하고 가벼운 화이트 와인보다, 어느 정도 풍미와 바디감이 있는 화이트 와인이 좋은 매칭을 보여준다. 세계를 돌며 종종 해 먹던 요리였기에 국가마다 페어링한 와인도 달랐는데, 뉴질랜드에서는 피노 그리*Pinot Gris*를, 호주에서는 에덴 밸리*Eden Valley*의 리슬링을, 미국에서는 워싱턴주의 샤르도네를, 프랑스에서는 쥐라*Jura* 지방의 화이트 와인을 집어 들곤 했다.

물론 무겁지 않은 레드 와인도 어울린다. 개인적으로 피노누아나 영화 「비포 선라이즈」에서 얘기한 오스트리아의 츠바이겔트 품종으로 만든 레드 와인이 훌륭한 마리아주를 보여준다고 생각한다. 국가와 지역 그리고 품종을 달리 해도, 알맞은 와인만 고른다면 치킨은 언제나 옳다.

위에서 언급한 여러 매칭 중에서 개인적으로 베스트로 꼽는 마리아주는 프랑스 쥐라 산의 화이트 와인, 그중에서도 뱅 존*Vin Jaune*이다.

뱅 존은 독특한 양조 과정과 개성 있는 풍미를 지닌 쥐라의 최고급 와인이다. 최종적으로 얻게 되는 와인의 색이 아름다운 황금빛을 띠어 '쥐라의 황금'으로 불리기도 한다. 와인이 황금빛인 이유는 독특한 양조법 때문이다. 뱅 존은 숙성기간 동안 일부러 산소에 노출시키는 기술인 티페*type*라는 전통적인 방식으로 만든다. 포도 품종은 쥐라의 특산 포도종인 사바냉*Savagnin* 100%. 쥐라에서 가장 중요한 화이트 품종인 사바냉은 쥐라에서 생산되는 대부분의 화이트에 단독으로 혹은 블렌딩으로 쓰인다.

뱅 존을 만드는 사바냉의 수확은 11월 즈음 아주 늦게 진행한다. 그리고 파쇄 및 압착해서 즙을 얻은 후에 오래된 오크통에 옮겨 담는데 이때 와인을 오크통에 가득 채우지 않고 공기가 들어갈 공간을 남겨둔다. 시간이 지나면서 와인이 증발되더라도 우이야주*ouillage*(줄어든 만큼의 와인을 채워주는 작업)를 하지 않는 것이 뱅 존 양조의 핵심이다. 셰리와 비슷하다.

시간이 지나면 와인의 표면에 얇은 효모막이 생기게 되는데 이를 부알르*voile* 혹은 베이으*veil*라고 부른다. 이 효모막이 완전히 들어서려면 2~3년의 시간이 필요하다. 놀라운 것은 뱅 존은 총 6년 3개월을 오크에서 숙성을 시키도록 법적으로 정해져 있다는 점이다. 이 기간 동안 추운 겨울에는 와인의 표면에 생긴 효모막이 활동을 정지하고 날이 따뜻해지면 다시 활동하기를 반복하면서 옐로우 테이스트라고 불리는 특유의 풍미를 만들어낸다.

약간 산화된 향, 아몬드, 호두 등의 매력적인 향으로 표현되는 옐로우 테이스트는 구수한 로스트 치킨과 환상의 궁합을 보여 준다. 프랑스 현지에서는 꼬꼬뱅존이라 불리는 치킨 요리에 뱅 존을 함께 마신다. 꼬꼬뱅존은 지역 특산품인 모렐 버섯과 뱅 존을 넣은 크림 소스에 닭을 넣고 오랜 시간 부드럽게 조리한 프랑스 요리다. 뱅 존과 꼬꼬뱅존의 매칭을 경험하기 위해 프랑스 쥐라로 다시 여행을 떠나고 싶을 정도다.

꼬꼬뱅존을 내는 곳을 우리나라에서 찾기는 쉽지 않지만, 다행히 쥐라 지방의 와인은 수입되고 있으니 기회가 된다면 로스트 치킨과 함께 마셔보기를 추천한다.

# 「타짜」, 고니가 인상 찌푸리던 명품 와인

*The War Of Flower*

**Director** 최동훈

**Cast** 조승우(고니), 김혜수(정마담)
백윤식(평경장), 유해진(고광렬)
김윤석(아귀), 김응수(곽철용)
조상권(너구리)

**Wine** 샤토 무통 로칠드 1986(프랑스 보르도)

## 고니 씨 너무한 거 아닙니까, 샤토 무통 로칠드 1986

화투판에 인생을 건 타짜들의 이야기, 「타짜」는 주인공 고니를 중심으로 고니의 사부 평경장, 화투판의 꽃이었던 정마담, 맛깔 나는 감초 역을 톡톡히 한 고광렬, 최고의 카리스마를 뿜어낸 아귀, 그리고 "묻고 더블로 가"라는 대사로 유명한 곽철용까지 강렬한 캐릭터들이 이끌어 나간다. 고니는 삼 년간 가구공장에서 번 돈을 타짜들이 짜고 친 화투판에서 날리고 만다. 그리고 운명처럼 전설의 타짜 평경장을 만나 제대로 화투를 배우게 된다. 그는 자기가 잃은 돈의 5배만 벌면 화투를 그만두겠다고 약속했지만, 화투판의 설계자 정마담을 만나면서 돈에 대한 욕망을 주체하지 못하고 평경장과의 약속을 저버린다.

정마담은 '악의 꽃'과 같은 인물이다. 아름다운 미모로 사람을 홀리는 기술, 판을 설계하는 비상한 머리까지 갖춘 그녀는 고니의 재능이 자신의 돈줄이 되어줄 것을 직감한다. 그녀는 고니에게 성공에 대한 허영을 심어주려 하고, 그 매개체로 샤토 무통 로칠드 1986년 빈티지가 등장한다.

이미 영화 「딥 임팩트」에서 샤토 무통 로칠드가 얼마나 훌륭한 와이너리인지 이야기를 나누어보았으니, 여기서는 샤토 무통 로칠드가 탄생시킨 세계 최초의 아티스트 레이블에 대해서 이야기해보려 한다.

2015년 10월에 국내 와인 업계에 큰 이슈가 있었다. 세계적인 미술가이자 조각가인 이우환의 작품이 세계에서 가장 유명한 와인 중 하나인 샤토 무통 로칠드의 2013 빈티지 레이블을 장식했다는 소식이 보도된 것. 샤토 무통 로칠드는 1945년부터 매년 세계적인 아티스트를 초청해 아티스트 레이블을 선보여왔다. 와인 자체도 워낙 유명하지만, 이들이 매년 선보이는 아티스트 레이블 때문에 와인 애호가와 컬렉터는 그해의 아티스트에 주목한다.

45년부터 샤토 무통 로칠드의 레이블 작업에 참가했던 예술가들의 이름을 보면 실로 대단하다는 말이 저절로 나오게 되는데, 그중에서도 잘 알려진 사람으로는 살바도르 달리(1958), 앤디 워홀(1975), 장 콕토(1947), 조르쥬 브라크(1955), 헨리 무어(1964), 마르크 샤갈(1970), 키스 해링(1988), 파블로 피카소(1973) 등이 있다.

재밌는 사실은 샤토 무통 로칠드가 예술가들에게 지불한 대가가 돈이 아닌, 그들의 와인이었다는 점이다. 그럼에도 불구하고 이를 거절한 사람이 한 명도 없다는 데에서 이 와이너리가 지닌 명성이 짐작이 될 것이다.

「타짜」에 등장한 1986년 빈티지는 무통 로칠드의 역사상 최고의 평가를 받은 와인이다. 로버트 파커는 이 와인에 100점 만점을 주면서 다음과 같이 극찬했다.

"엄청난 농도와 무게를 가진 무통 로칠드다. 숙성에 이른 후 50~100년간 힘을 잃지 않을 잠재력을 가진 와인이다. 이 와인이 최상의 숙성에 이르렀을 때 얼마나 많은 수의 독자들이 건강한 몸 상태를 유지하고 있을지 의문이다."

와인 레이블에는 아이티 출신의 화가 베르나르 세주르네 *Bernard Sejourne*의 작품이 담겨있다. 짙은 어둠을 바탕으로 그려진 세 개의 마스크와 달의 몽롱한 분위기는 어딘가 모르게 영화의 분위기와도 닮은 듯하다. 필자는 이런 와인을 실제로 오픈해서 마신 두 배우가 내심 부러웠다. 그리고 와인을 맛본 후 인상을 찌푸리던 고니를 향해 말하고 싶었다. 그렇게 마실 거면 나를 줘….

와인 애호가로서는 이런 위대한 와인을 그렇게 마셨다는 것이 원망스러웠지만, 사실 이 와인에 대해서 잘 아는 사람이라면 고니가 인상을 찌푸리는 게 당연한 반응일 수도 있다고 생각할 것이다. 로버트 파커는 이 와인이 2008년에서 2060년 사이에 최고로 숙성할 것으로 예상을 했는데, 영화는 2006년에 개봉했다. 그렇다면 아직 이 와인은 마시기에 너무 어렸을 수 있다는 이야기다. 물론 마셔보지 못했기 때문에 추측만 할 뿐이다.

무통 로칠드 2013년의 레이블을 장식한 이우환 화백의 작품은 이탈리아로 자리를 옮겨서 다시 한번 탄생한다. 바로 이탈리아의 유명 와이너리 카스텔로 디 아마*Castello di Ama*에서다.

오너이자 와인메이커인 마르코 팔란티*Marco Pallanti*는 2000년부터 지금까지 아티스트를 초대해서 마을 안에 예술 작품을 남기는 것으로 유명하다. 아티스트들은 와인향 가득한 아마*Ama* 마을에서 토스카나 전통 음식과 와인을 마시고 전통 가옥에서 머물며 작품을 완성한다.

이우환 화백 역시 2016년 와이너리가 위치한 아마 마을에서 지내면서 무통 로칠드 레이블에 그렸던 그림과 같은 작품을 설치미술로 남기고 갔다. 와이너리를 방문했을 때 이우환의 작품을 눈 앞에서 봤는데, 오로지 작품을 위해 마련된 폐쇄된 공간에 그의 작품이 마치 꿈처럼 존재하고 있었다. 작품과 공간이 완벽하게 어울리면서 관람자로 하여금 색다른 체험을 하게 만든다. 물론 아름다운 작품들만큼이나 카스텔로 디 아마의 와인은 세계 명품 와인들과 어깨를 나란히 하는 수작이다.

세계적인 와인의 레이블에 한국 화가의 그림이 실린 것은 이우환 작가가 처음이 아니다. 2013년 10월 즈음, '물방울의 화가'라고 불리는 김창렬 화백이 이탈리아의 와인 명가인 카사노바 디 니타르디*Casanuova di Nittardi*의 2011년 빈티지 레이블에 자신의 작품을 장식한 것이 최초다.

이탈리아 토스카나의 유명 와이너리인 니타르디는 16세기 이탈리아의 천재 예술가였던 미켈란젤로가 소유했던 곳으로, 그에게 경의를 표하기 위해 아티스트 레이블을 제작하기 시작했다. 여기에는 예술품 수집가이자 독일 명품 화랑 디 갤러리*Die Galerie*의 오너이면서 또 와이너리의 오너인 피터 펨퍼트*Peter Femfert*의 예술에 대한 사랑도 큰 몫을 했다.

와인의 마케팅 수단으로 아름다운 레이블은 아주 중요한 포인트라고 생각한다. 마치 영화의 포스터가 영화의 분위기를 함축적으로 담아야 하는 것처럼 말이다.

# 「제리 맥과이어」, 이혼녀 모임에서 마시는 와인

Jerry Maguire

Director 카메론 크로우
Cast 톰 크루즈(제리 맥과이어)
쿠바 구딩 쥬니어(로드 티드웰)
르네 젤위거(도로시 보이드)
보니 헌트(로렐 보이드)
켈리 프레스톤(에버리 비숍)
제리 오코넬(크랭크 커쉬맨)
제이 모어(밥 슈가)
레지나 킹(마시 티드웰)

## 이혼녀들의 모임에서는 어떤 와인을?

능력, 외모, 화술을 모두 갖춘 성공한 스포츠 에이전트 제리. 그는 하루 평균 264통의 전화를 소화하며 72명의 스포츠 선수를 관리하는 베테랑이다. 선수들을 상품화하고 그 가치를 파는 것이 그가 가장 잘하는 일이지만, 어느 순간부터 자신의 일에 대한 회의감을 느끼게 된다. 그는 출장지의 호텔방에서 불현듯 일에 대한 사명감을 떠올리며 '생각하고 있지만 말하지 못했던 것'들을 옮겨 담은 「매니지먼트의 업무 지침서」를 만들어 배포한다. 그의 용기에 업계의 매니저들은 박수를 쳐주지만, 제리는 이 지침서를 만들었다는 이유로 회사로부터 해고를 당한다. 엎친 데 덮친 격으로 약혼녀도 떠나가고, 라이벌이었던 동료는 자신이 담당했던 선수들을 모두 빼앗아간다. 이제 제리에게 남은 건 돈벼락을 맞고 싶다며 그를 쥐어짜는 럭비 선수 로드와 그의 제안서에 감동해 유일하게 동반 퇴사를 감행한 경리과 여직원 도로시 두 사람뿐이다.

영화는 벼랑 끝에 몰린 제리가 재기에 성공하는 과정을 따라가면서 그 안에서 진실한 인간관계가 무엇인지를 그린다. 제리가 만들었지만, 결국 그를 벼랑 끝으로 몰고 갔던 「매니지먼트의 업무 지침서」 속의 지향점을 제리를 통해 보여주는 것이다. 또한 싱글맘 도로시와 제리의 관계도 흥미롭게 진행된다.

도로시가 사는 집은 항상 사람들이 넘쳐난다. 그녀의 사랑스러운 어린 아들과 언니, 재즈를 좋아하는 남자 유모, 그리고 그녀의 거실을 장악하는 여성 무리까지. 이 여성들은 나이는 제각각이지만 하나의 공통점으로 뭉쳐져 있다. 그녀들은 이혼녀이고 이 모임에서 언제나 자신들이 만난 남자를 씹을 준비가 되어있다는 것. 그녀들에게 우울함이란 찾아볼 수 없다. 개인적으로 이 점이 무척 마음에 들었다.

그녀들은 정기적으로 도로시의 집 거실에 모여 와인을 마시고 밤이 깊어가도록 수다를 떤다. 그리고 제리가 도로시를 찾아올 때마다 그녀들은 경계의 시선으로 제리를 바라본다. 특히 결별 위기에 처한 상황에서 제리가 도로시를 붙잡기 위해 집에 찾아왔을 때, 그녀들의 시선은 공공의 적을 바라보듯 냉담하다. 이때 모든 시선을 받아내며 진심을 꾹꾹 눌러 담아 도로시에게 전하는 제리의 사랑 고백이 이 영화의 백미다.

이쯤에서 궁금하지 않을 수 없다. 이혼녀 모임은 어떤 와인을 마시며 밤새 수다를 떠는 것일까? 각기 다른 남자 취향처럼 그녀들은 술도 다양하게 즐긴다. 테이블 위에는 위스키, 탄산음료,

종류를 달리하는 와인 여러 병이 올려져 있다. 와인의 장르도 다양해 보르도 와인과 부르고뉴 피노 누아를 동시에 즐긴다. 그중 부르고뉴 피노 누아는 모임에 빠지지 않는 단골손님이다.

피노 누아는 매력적인 와인이다. 이 품종이 얼마나 매력적인지는 영화 「사이드웨이」를 본 사람이라면 알 것이다. 「사이드웨이」에서 피노를 광적으로 좋아하는 주인공 마일스에게 여주인공 마야가 묻는다. 피노 누아를 왜 좋아하냐고. 그러자 마일스가 답한다.

"글쎄요. 피노는 재배하기 어려운 품종이에요. 알다시피, 껍질이 얇고, 환경에 민감하고, 빨리 익어요. 그냥 방치해도 어디서나 잘 자라는 카베르네 소비뇽과는 다르죠. 꾸준한 관심과 보살핌이 필요해요. 피노는 세상과 격리된 특별한 장소에서만 자랄 수 있어요. 그리고 인내심 있게 보살피는 포도 재배자만이 피노를 기를 수 있죠. 피노는 자신의 가능성을 진심으로 이해하기 위해 시간을 들이는 사람에게만 전부를 보여줘요. 그럴 때 피노의 플레이버는 절대 잊을 수 없어요. 눈부시고, 스릴 있고, 미묘한, 지구의 태곳적을 연상하게 해요."

피노 누아가 어떤 와인인지 정확하게 표현한 대사다. 이런 피노는 지구상에 몇 없다. 프랑스 부르고뉴, 미국의 캘리포니아의 일부 산지와 오리건 주, 마지막으로 뉴질랜드의 프리미엄 피노 누아뿐이다. 만약 부르고뉴의 프리미엄 피노 누아를 마실 기회가 생긴다면 자리를 끝까지 사수하길 바란다. 시시각각 잔에서 변화하는 피노 누아는 마일스가 이야기했듯, "눈부시고, 스릴 있고, 미묘한, 지구의 태곳적을 연상하게 하는 무언가"를 보여준다.

이런 이미지 때문인지는 모르겠지만, 영화에서의 이혼녀 모임에는 피노 누아가 꽤 잘 어울린다. 이혼의 아픔에 우울하기보다 대화와 웃음으로 극복하는 그녀들에게 피노 누아의 우아한 향과 맛이 큰 위로가 되었을 것이다. 영화는 끝이 났지만 어딘가에서 그녀들이 여전히 피노 누아 한 잔 들면서 수다를 떨고 있을 것만 같다. 만약 그렇다면 언제나 그녀들을 응원한다고 말해주고 싶다.

# 「오만과 편견」, 이른 새벽을 함께한 와인

*Pride & Prejudice*

**Director** 조 라이트
**Cast** 키이라 나이틀리(엘리자베스 베넷)
매튜 맥퍼딘(미스터 다아시)
브렌다 블레신(미시스 배넷)
도날드 서덜렌드(미스터 베넷)

### 밤새 잠을 이루지 못했을 아버지의 와인 한 잔

제인 오스틴의 소설 『오만과 편견』은 여러 차례 영화화되었고 TV드라마로도 방영되었다. 그중 2005년 개봉한 「오만과 편견」은 엘리자베스 베넷을 연기한 키이라 나이틀리의 열연과 다아시역의 매튜 맥퍼딘의 감정 연기가 돋보였던 수작이다. 특히 다아시의 감정이 그의 손으로 전달되어 화면 속에 클로즈업될 때면, 어떤 대사보다 더 크게 다아시의 설레는 감정을 전달받을 수 있었다.

영화는 시골 마을 딸 부잣집 베넷 가의 당차고 똑똑한 둘째 엘리자베스 베넷과 그녀에게 오만한 인상을 줘 눈 밖에 났지만 항상 진심을 보여왔던 다아시가 서로의 편견을 걷어내고 사랑을 완성하는 과정을 담았다. 사랑의 완성을 결혼으로 그려냈다는 점이 고리타분하게 보일 수도 있다. 하지만 그게 바로 고전의 묘미 아닌가.

부유한 귀족인 다아시와 당찬 엘리자베스의 사랑에는 서로에 대한 편견 이외에도 계급과 성별, 재력에 대한 갈등이 있다. 엘리자베스와 다아시가 서로에 대한 오해를 풀고 사랑을 깨달아갈 시기에 그 둘을 방해하는 인물로 오만한 캐서린 공작 부인이 등장한다.

한밤중 베넷 가에 들이닥친 공작 부인은 엘리자베스에게 자신의 딸과 다아시가 정략결혼으로 맺어진 사이임을 내세우며 다아시와의 사랑을 포기하라고 종용한다. 그러나 당찬 엘리자베스는 그녀의 말에 굴하지 않는다. 오히려 다아시가 여전히 자신을 사랑하고 있다는 것을 깨닫게 된다.

한밤의 소동으로 밤새 잠을 이루지 못한 엘리자베스는 이른 새벽 집 밖으로 나가 떠오르는 태양을 향해 걸어간다. 이때 태양을 등지고 엘리자베스를 향해 걸어오는 이가 있었으니 바로 다아시다. 간밤의 소동에 관한 이야기가 빠르게 퍼져, 그 역시 엘리자베스를 보기 위해 이른 새벽에 집을 나선 것이다. 둘은 들판에서 서로의 마음을 확인한다. 이 시대의 사랑은 지금보다도 빨랐던 것일까? 사랑을 확인한 두 사람은 곧장 결혼을 허락받기 위해 엘리자베스의 아버지를 찾아간다.

딸이 사랑 없는 결혼을 결심한 거라 생각한 아버지는 결혼을 반대하지만, 엘리자베스는 그녀 인생에 처음으로 진정한 사랑을 하고 있음을 고백하며 간절히 아버지의 허락을 구한다. 사랑에 빠진 딸을 보며 아버지는 기쁨의 눈물을 흘리고 둘의 사랑을 축복한다. 이렇게 영화는 소설과 같이 사랑을 결혼으로 완성하며 끝이 난다.

이 영화를 수차례 본 이유는 세심하게 들여다볼수록 점점 더 매력을 느끼게 하는 영화의 분위기 때문이다. 처음 몇 번은 두 주인공의 감정선에만 집중해서 영화를 봤고, 그러다 어느 순간엔 주변 인물들의 감정까지 눈에 들어오는 여유가 생겼다. 그리하여 오늘의 주인공은 엘리자베스의 아버지다.

간밤에 불청객이 들이닥치고 자신의 딸이 수모를 겪는 모습을 지켜봐야만 했던 아버지의 마음이 어떠했을까? 서글픈 아버지의 마음을 대변하듯 서재 책상 위에는 그의 고민처럼 짙은 레드 와인 한 잔이 올려져 있다. 새벽녘 잠을 이루지 못한 그는 와인을 따르고 서재를 서성였을 것이다. 자신의 처지를 자책하며 속이 끓었을 아버지의 심정을 상상해봤다.

속상한 마음이 담긴 와인 잔이 딸의 고백을 듣고 축배의 한 잔으로 바뀌는 것은 한순간이었을 것이다. 영화에는 나오지 않았지만, 아버지는 두 사람을 돌려보내고 잔을 들어 올리며 외치지 않았을까? “내 소중한 딸의 행복한 앞날을 위하여.”

# 「타이타닉」, 순간을 소중히

**Director** 제임스 카메론

**Cast** 레오나르도 디카프리오(잭 도슨)
케이트 윈슬렛(로즈 드윗 부카더)
빌리 제인(칼 헉클리)
캐시 베이츠(몰리 브라운)
프란시스 피셔(루스 드윗 부카더)
글로리아 스튜어트(노년의 로즈 드윗 부카더)
빅터 가버(토머스 앤드류스)

70

## 잭 도슨에게 배우는 축배사 "순간을 소중히"

영화 「타이타닉」에는 늘 따라다니는 수식어가 있다. 전 세계적인 흥행, 아카데미 시상식 11개 부문 석권, 골든 글로브 시상식 석권 등. 주조연들의 연기는 흠잡을 데 없이 훌륭했고, 타이타닉 호의 고증과 현실감 넘치는 침몰 과정이 실감나게 스크린에 구현되었다. 걸작이라는 호칭이 딱 어울리는 작품이다.

주인공 잭은 타이타닉 호의 삼등실 티켓조차 자비로 살 수 없을 만큼 가난하지만 그의 당당한 매력은 귀족 가문의 로즈를 반하게 만들기에 충분했다. 로즈 역시 일반적인 상류사회의 여성과는 다르다. 주변 귀족들이 보여주는 가식에 염증을 느끼며, 빤히 그려지는 자신의 앞날을 불행하게 느끼는 여자다. 그녀는 일등실 사람들의 호화로운 식사보다는 삼등실에서 사람들과 부대끼며 신나게 춤을 추는 것에 자유를 느낀다.

접점이 없는 이 두 사람은 로즈가 배 난간에서 떨어지려 할 때 이를 발견한 잭이 그녀를 구하면서 만나게 된다. 이 일로 잭은 로즈의 초대를 받아 상류층 사람들과 저녁 만찬을 함께한다.

귀족들로 둘러싸인 잭은 자신을 향한 멸시의 시선에도 전혀 기죽지 않는다. 캐비아를 권하는 직원을 향해 캐비아는 원래 좋아하지 않는다며 거절하는 잭의 모습도 필자가 좋아하는 장면이다. 어떻게 타이타닉에 타게 되었냐는 물음에 잭은 포커판에서 티켓을 땄다고, 운이 좋았다고 말한다. 잭을 깎아내리려는 로즈의 어머니가 정처 없이 떠도는 생활이 마음에 드냐고 쏘아붙이는데 여기서 잭의 명대사들이 쏟아진다.

"전 필요한 건 다 가졌어요. 제가 숨 쉴 공기와 그림을 그릴 종이도 있죠. 아침에 눈을 뜨면 오늘은 무슨 일이 있을지, 누굴 만나고 어딜 갈지 모른다는 게 좋아요. 다리 밑에서 잠자던 날도 있지만, 지금은 가장 위대한 여객선에서 멋진 분들과 함께 샴페인을 마시고 있잖아요. 인생은 선물이에요. 낭비하면 안 되죠. 언제 무슨 일이 생길지 모르니까요. 삶에서 그렇게 배우는 거죠. 매일이 소중하다는 걸."

잭 도슨의 연설은 여느 등장인물의 대사보다 인상적이었고 로즈의 마음을 가져갈 만큼 매력적이다. 잭의 연설에 "순간을 소중히"라고 화답하며 테이블의 모든 이들이 샴페인 잔을 들어 올렸을 때, 한순간일지라도 잭은 그 자리의 진정한 주인공이었다.

"순간을 소중히(To make it count)."

이 한마디의 대사야말로 영화의 주제고, 로즈와 잭이 사랑에 빠지는 이유다.

잭이 마신 샴페인 말고도 타이타닉의 침몰과 샴페인은 관계가 있다. 타이타닉과 같은 대형 선박은 배를 완성하고 물에 처음 띄울 때 진수식進水式을 거행한다. 조선공들의 수고를 격려하고 선원들이 안전하게 항해하기를 바라는 목적으로 여는 행사다. 고대 바이킹들은 배를 진수할 때 처녀를 제물로 바쳤다고 한다. 그리고 타히티에서는 피를 뿌렸다고 하니 세계 어디서나 배와 관련해서 비슷한 문화가 전승된 셈이다.

과거에는 야만적인 행사였던 진수식은 18세기부터 사제를 불러 와인을 뿌리는 걸로 대체됐다. 이것이 현대에 와서는 여성이 뱃머리에 샴페인을 깨거나 터뜨리는 것으로 변화했다고 한다. 그리고 진수식 때 샴페인이 깨지지 않을 때가 종종 있는데, 이는 불길한 것으로 여긴다. 타이타닉은 묘하게도 진수식을 거행하지 않았다고 한다. 또한 배의 고정장치를 푼 것도 배를 만든 해럴드 앤 울프의 조선공 팀장 R. F. 키이스*Robert Falconer Keith*, 즉 남성이었다.

전해지는 이야기에 따르면 배가 너무 완벽하게 만들어졌기 때문에 그런 미신에 의존하지 않으려고 했다고 한다. 영화 초반에도 타이타닉은 "신도 침몰시킬 수 없는 배"라고 묘사된다. 물론 타이타닉의 침몰이 진수식과는 관련이 있다고 말할 순 없지만 안타까운 사고를 두고 이런저런 얘기가 나왔던 것은 당연하다.

2019년에 타이타닉 호를 직접 볼 수 있는 투어가 있었다. 여행객들은 유인 잠수정인 타이탄 호에 탑승해, 수중 3,700m에 가라앉아 있는 타이타닉을 사진에 담을 수 있었다. 또한 이 프로그램에는 실제 타이타닉 호의 퍼스트 클래스 승객들을 위해 구성되었던 10코스의 식사와 하이직 구트 샹파뉴*Heidsieck Gout Champagne* 1907 빈티지가 준비되었다고 한다. 이 투어의 금액은 1인에 1억 8천만 원 정도. 이 가격은 물가 상승을 고려한 실제 타이타닉 퍼스트 클래스 가격이라고 한다. 이 상품을 개발한 회사도 신청한 사람들도 보통은 아닌 것 같다.

# 「티파니에서 아침을」, 아침부터 마시는 샴페인

Breakfast At Tiffany's

**Director** 블레이크 에드워즈

**Cast** 오드리 헵번(홀리)

조지 페파드(폴)

## 오늘 우리 한번도 해보지 않은 일을 해봐요

이른 새벽 뉴욕 5번가 티파니 매장 앞. 택시에서 내린 홀리는 티파니 매장 앞에서 크루아상과 커피를 마신다. 흘러나오는 음악은 「문 리버」. 그리고 화면에 떠오르는 영화의 제목 「티파니에서 아침을」. 영화는 그렇게 시작된다.

지금 봐도 매력적인 오드리 헵번의 모습은 매 순간이 화보 속 모델 같다. 실제로 오드리 헵번은 지방시의 옷을 무척이나 사랑했다. 지방시의 디자이너 위베르 드 지방시와의 우정은 패션계와 영화계에서 유명하다. 오드리 헵번은 새 영화를 찍을 때마다 지방시에 자신의 의상을 의뢰했고, 위베르 드 지방시는 그녀의 마른 몸매를 여성스럽게 표현해주는 아름다운 의상을 언제나 선사했다. 그래서인지 영화 속 홀리의 의상은 지금 다시봐도 여전히 아름답고 세련되게 느껴진다.

영화는 1940년 맨해튼의 아파트에 세를 들어 사는 여성 홀리의 이야기를 담고 있다. 원작은 미국 작가 투르먼 카포티의 소설이다. 영화 속 홀리는 원작 소설보다 더 순수한 여성으로 그려진다.

극 중 홀리의 본명은 '룰루메이'다. 어린 시절 부모는 결핵으로 죽고, 동생 프레드와 비루하게 살다 14살에 텍사스 주에서 수의사의 아내가 된다. 자유롭고 싶었던 그녀는 남편에게서 도망쳐 맨해튼으로 흘러들어 와 이름을 '홀리 골라이틀리'로 바꾸고 살아간다. 그녀가 새롭게 만들어낸 홀리의 삶은 상류층의 남자들의 후원을 받으며 살아가는 인생이다. 그녀는 자신과 같은 처지의 길고양이를 키우지만 이름을 지어주지 않고 그냥 고양이라고 부른다. 그리고 화장을 하지 않으면 앳된 얼굴이 드러날까 선글라스와 진한 화장으로 자신을 감추려 한다. 홀리는 자신이

처한 환경에서 밝은 세상으로 올라가는 유일한 길이 돈 많은 남자와 결혼하는 것이라고 생각한다.

남자 주인공 폴 역시 작가로서 글을 쓰지만, 자신의 궁핍한 처지를 부유한 유부녀의 돈으로 채우는 내연남 신세다. 홀리는 자신의 처지와 폴이 비슷하다는 것을 알고는 폴과 친구가 되려 한다. 폴은 홀리와 가까워지면서 그녀의 주변에 끊이지 않는 문제들을 수습하기도 하지만, 시간이 흐를수록 그녀를 진심으로 좋아하게 된다.

마침내 폴이 쓴 글이 출판사에 팔리고 원고료가 손에 들어오자 기쁜 마음에 제일 먼저 홀리를 찾아간다. 냉장고에서 샴페인을 꺼내 터트리며 아침도 먹기 전에 샴페인을 마셔본 적은 없다고 말하는 폴. 이때 홀리는 좋은 생각이 났다며 서로 해본 적 없는 일을 해보자고 제안한다. 이렇게 둘은 천진난만한 데이트를 시작한다. 물론 그 첫 단추는 폴이 샴페인을 오픈하는 것부터다.

이 영화의 제목 덕분에 우리에게 더욱 친숙해진 주얼리 브랜드 티파니는 2021년 루이뷔통, 펜디, 지방시, 마크 제이콥스, 셀린느 등 명품 브랜드를 거느린 프랑스 명품 그룹 LVMH에 의해 인수되었다. 인수 가격은 무려 17조 원. LVMH는 세계 최대의 명품 기업인 만큼 명품 와인 브랜드들도 소유하고 있다. 이 중 샴페인 브랜드로는 언제나 정상의 위치에 있는 프리미엄 샴페인 동 페리뇽, 세계 최대의 샴페인 생산자 모엣 샹동, 황제의 샴페인 크뤼그*Krug*, 세계에서 가장 오래된 샴페인 하우스 중 하나인 뤼나르*Ruinart*, 샴페인 역사의 산 증인 뵈브 클리코가 있다. 5곳 모두 LVMH의 이름에 걸맞는 품질을 지니고 있으니, 기회가 된다면 홀리와 폴처럼 하루를 시작하는 나만의 웰컴 드링크로 한잔해 보는 건 어떨까?

# 「빌리어네어 보이즈 클럽」과 사기꾼이 보낸 와인

## Billionaire Boys Club

**Director** 제임스 콕스

**Cast** 안셀 엘고트(조 헌트)
태런 에저튼(딘 카니)
케빈 스페이시(론 레빈)
제레미 어바인(카일 빌트모어)
라이언 로트맨(스콧 빌트모어)
토마스 코퀘렐(찰리 바텀스)
엠마 로버츠(시드니 에반스)

**Wine** 샤토 라피트 로칠드 1959(프랑스 보르도)

## 사기꾼이 주는 와인을 함부로 마시면 안 되는 이유

「빌리어네어 보이즈 클럽」은 1983년 하버드 재학생 조셉 헨리 헌트가 벌인 BBC 금융 사기 사건을 바탕으로 제작된 영화다. 영화의 배경은 1983년 미국 로스앤젤레스. 화려한 인맥을 자랑하는 자동차 딜러 딘은 학창 시절 가장 명석했던 조 헌트와 함께 투자회사 BBC를 만든다. 영화의 제목 탓에 BBC를 'Billionaire Boys Club'의 약자라고 생각할 수 있지만, BBC는 조가 자주 가던 인도 레스토랑 'Bombay Bicycle Club'에서 이름을 따왔다. 둘은 비버리 힐즈의 동문을 통해 투자자를 끌어모아 투자를 받고 폰지 사기(Ponzi Scheme)를 벌인다. 폰지 사기란, 1920년대 미국의 금융 사기범 찰스 폰지*Charles Ponzi*의 사기 행각에서 유래된 방법으로, 신규 투자자의 돈으로 기존 투자자에게 수익을 지급해 돌려막는 다단계 금융 사기다.

조와 딘이 처음부터 사기를 치려고 뭉친 것은 아니었다. 금에 첫 투자를 한 그들은 초기에는 수익을 올렸으나, 결국 원금의 절반을 잃고 만다. 문제는 남은 금액을 수익금이라고 속여서 친구에게 돌려준 것. 그렇게 원금은 사라지고 가짜 수익금만 돌려주는 돌려막기식 투자가 계속되며 조와 딘은 이 악순환의 고리를 끊어낼 수 없게 된다. 한편 둘을 지켜보며 돈 냄새를 맡은 거물 사기꾼 론 레빈은 조를 구워 삶아 BBC의 투자금을 빼돌릴 계획을 세운다. 사기꾼에게 사기꾼이 사기를 치는 계획인데, 론은 그 방면의 대가답게 어린 사기꾼의 마음을 어떻게 혹하게 만들 수 있는지를 잘 알고 있다. 그는 투자자인 동창들과 레스토랑을 찾은 조의 테이블에 와인 한 병을 보낸다.

1959년산 샤토 라피트 로칠드.

누구라도 혹할 수밖에 없는 와인이다. 1959년산이 얼마나 호평을 받았는지 알면 더 그렇다.

라피트는 이 지역의 방언인 '라 이트*la hite*', 즉 '돌 언덕'에서 비롯되었다. 로칠드는 현재 이 샤토를 소유한 가문의 이름으로, 1868년 제임스 드 로칠드 남작*James de Rothschild*이 구입하기 전에는 그냥 샤토 라피트라고 불렸다. 물론 세계 최고의 부호인 로칠드 가문이 라피트를 소유하기 전에도 이 샤토의 명성은 전설적이었다.

라피트 로칠드의 역사는 무려 13세기까지 거슬러 올라가나, 샤토로서 명성을 얻기 시작한 것은 17세기부터다. 자크 드 세귀르*Jacques de Segur*가 17세기 후반 포도밭을 조성해서 와인을 만든 이후 1784년 라피트를 팔기 전까지 세귀르 가문에 의해서 운영되었다. 이 시기에 라피트의 명성은 실로 대단했다. 당시 베르사유 궁의 대사로 있었던 마레샬 드 리슐리외*Marechal de Richelieu*는 샤토 라피트의 와인을 두고 "올림푸스의 신들이 마신다는 불로장생주만큼이나 달콤하다"고 말한 바 있으며, '왕의 와인'이라고 불렸다. 엄청난 와인 애호가였던 토머스 제퍼슨도 라피트의 열렬한 팬이자 후원자였다. 그는 베르사유 궁에 파견되어 있을 때 자신만의 비공식 보르도 와인 등급을 만들었고, 라피트를 최고 등급의 와인으로 꼽았다.

1784년 세귀르 가문에 이어 라피트를 소유했던 니콜라 피에르 드 피샤르*Nicolas Pierre de Pichard*가 프랑스 혁명에서 처형당하고, 와이너리는 다시 매물로 나온다. 이때 라피트의 입구에는 이렇게 써있었다고 한다.

"메독의 주요 와인이며 보르도 전체에서 가장 뛰어난 와인을 만든다."

1855년 파리 만국 박람회에서 탄생한 보르도 그랑 크뤼 클라세에서도 라피트는 당연히 1등급으로 분류가 되었고 '우수한 와인들의 리더'로 통했다. 1868년, 제임스 드 로칠드 남작이 구입한 라피트의 명성은 식을 줄 몰랐다. 1868년산 라피트는 보르도에서 가장 비싼 와인으로 팔렸으며 이는 세기가 바뀔 때까지 계속됐다. 하지만 인생에는 명암이 있는 법. 필록세라, 제1차 세계대전, 대공황의 여파는 로칠드 가문에게도 영향을 미쳤고, 결국 로칠드 가문은 라피트의 포도밭 일부를 팔아야만 했다.

그리고 제2차 세계대전이 끝나기 전까지 라피트 로칠드는 위기의 연속이었다. 전쟁 중 로칠드 가문의 땅은 몰수되었고 독일군이 주둔하기도 했다. 안타깝게도 이 시기에 많은 와인들이 약탈되었다고 한다. 하지만 1945년 종전이 되면서 로칠드 가문은 곧바로 라피트 로칠드의 소유권을 되찾는다. 새로운 소유주가 된 엘리 로칠드 남작*Baron Elie Rothschild*은 포도밭과 건물의 대대적인 보수 작업을 진행하면서 과거의 명성을 되찾는다.

라피트 로칠드는 와인 역사에 기록될 위대한 와인을 여럿 만들었는데, 영화에 등장한 1959년이 그렇다. 이제는 전설이 된 이 빈티지는 대부분의 전문가들이 만점에 가까운 점수를 주었다. 1959년 빈티지는 지금도 높은 가격에 거래되고 있다. 대략 6,000달러 정도라고 하는데, 부르는 게 값일 테고 여전히 재고가 있는지도 확실치 않다. 세상은 넓고 부자는 많으니까.

현재 라피트 로칠드는 1974년부터 경영을 맡아온 로칠드가의 에릭 남작이 소유주로 있다. 로칠드라는 이름에서 짐작할 수 있듯이 샤토 무통 로칠드와는 친척이다. 다만 두 와이너리는 언제나 경쟁 관계에 있었고 그 관계는 지금까지도 이어져 오고 있다. 과거 샤토 무통 로칠드는 2등급에 머무는 기간 동안 여러 방면에서 최고의 와인으로 가기 위한 노력을 해왔는데 그중 한 가지가 가격 경쟁력을 지켜내는 것이었다. 그래서 샤토 라피트 로칠드보다 싸게 팔지 않는다는 규칙이 있었다고 한다.

반면 샤토 라피트 로칠드는 명성뿐 아니라 와이너리 면적도 1등급 와이너리들 중 가장 큰 곳이다. 샤토 무통 로칠드가 자체적인 병입 시설을 갖추는 것이 필요하다고 설득할 때도 라피트 로칠드는 한발 물러나서 반대의 입장을 비쳤다. 결국 또 다른 1등급 샤토인 샤토 오-브리옹과 샤토 마고, 샤토 라투르가 이에 동참하겠다고 응하자, 마지못해 병입 시설을 양조장에 마련했다고 한다.

그들의 경쟁 관계가 어떻든 두 샤토는 현재 세계 최고의 와인을 만들고 있다. 영화 속 장면처럼 이따금 세계 최고의 와인들이 주인공의 허영심을 채우는 도구로 쓰이는 건 안타깝지만, 이렇게 화면으로 만나볼 수 있는 것만으로도 반갑다.

# 「안녕 헤이즐」, 나는 지금 별을 마시고 있어

## The Fault in Our Stars

**Director** 조쉬 분

**Cast** 쉐일린 우들리(헤이즐 그레이스 랭커스터)
안셀 엘고트(어거스터스 워터스)
냇 울프(이삭)
웰렘 대포(피터 반 후텐)

**Wine** 샴페인 동 페리뇽(프랑스 샹파뉴)

## 세상의 모든 별을 너의 잔에 담을게

영화의 제목이자 주인공인 헤이즐은 갑상선암이 폐로 전이된 폐암 환자로, 산소통을 생명줄처럼 지니고 다녀야 한다. 홀로 있는 것을 좋아하는 그녀는 엄마의 성화에 못 이겨 어쩔 수 없이 암 환자들의 모임에 참석하게 되고 그곳에서 명랑한 거스를 만난다. 그는 사람들 앞에서 암 때문에 한쪽 다리를 절단하고 새로 얻은 다리를 보여주더니 자신이 사이보그가 되었다며 웃는 소년이다.

풋풋한 두 사람은 처음 만난 순간부터 호감을 느낀다. 책을 통해 세상을 그려왔던 헤이즐은 자신이 좋아하는 책을 거스에게 권해주고, 거스 역시 자신의 책장에서 책을 한 권 골라 헤이즐에게 전해준다. 여기서 헤이즐이 거스에게 건네 준 책은 암 환자를 다룬 『장엄한 고뇌』다. 이 책의 특징은 책의 마지막 몇 페이지가 빠진 것처럼 책의 결말이 모호하다는 것. 결말이 너무 궁금했던 헤이즐은 여러 차례 작가에게 편지를 보냈지만, 답신을 받지 못했다. 그런 헤이즐의 이야기를 들은 거스는 암스테르담에 있는 책의 저자 피터 반 후텐의 비서에게 연락한다. 작가의 비서는 헤이즐의 사정을 알고 메일을 회신한다. 암스테르담에 오게 된다면 자신의 집에 방문해달라는 것. 메일을 받은 헤이즐은 뛸 듯이 기뻐하지만 암스테르담까지 갈 방법이 없다.

거스는 암 환자의 마지막 소원을 들어주는 '지니 재단'을 통해, 일생에 단 한 번 소원을 이룰 기회를 헤이즐과 암스테르담을 가는 것에 사용한다. 영화를 보면서 지니 재단이 실존하는 것인지 궁금했는데 놀랍게도 미국의 Make-A-Wish라는 이름으로 실제 존재한다. 1980년에 시작된 이 재단은 2세에서 18세 이하의 난치병 환자의 소원을 들어주는 일을 하고 있다. 지금까지 전 세계 무려 50만 명의 어린이들의 소원을 들어주었고, 2002년에 세계에서 26번째로 Make-A-Wish 한국 지부가 설립되었다.

암스테르담에 도착한 헤이즐과 거스는 두 사람을 초대한 비서의 특별한 선물로 고급 레스토랑에서 저녁식사를 하게 된다. 두 사람이 레스토랑에 도착하자 소믈리에는 먼저 샴페인을 준비해준다. 바로 동 페리뇽이다. 그는 와인을 잔에 따라주면서 샴페인의 발명가로 알려진 동 페리뇽의 일화를 이야기한다. 영화의 대사이기도 하지만, 동 페리뇽은 그가 마신 첫 발포성 와인에 감격해 "이보게 빨리 와보게, 지금 나는 별을 마시고 있네"라고 말했다는 일화가 있다. 영화 속 소믈리에는 추가로 로맨틱함을 더한 멘트를 구사한다.

"세상의 모든 별을 두 사람의 잔에 담았죠."

얼마나 멋진 표현인가! 바로 이것이 소믈리에가 부릴 수 있는 마법이다.

세계에서 가장 유명한 샴페인으로 꼽히는 동 페리뇽의 이름은 수도사 동 피에르 페리뇽*Dom Pierre Perignon*의 이름에서 유래했다. 여기서 'Dom'은 베네딕트 수도사의 이름에 붙이던 존칭이다.

동 페리뇽은 샴페인 양조 역사에 아주 중요한 인물이다. 프랑스 샹파뉴에 있는 오비예*Hauvillets* 수도원의 수도사였던 그는 포도나무를 재배하고 와인을 만드는 셀러 마스터였다. 영화에서 말한 것처럼 그가 샴페인을 만든 건 아니다. 샴페인, 즉 기포가 있는 와인은 자연스럽게 발견된 현상이지 누군가 발명을 한 것이 아니기 때문이다. 지금이야 발포성 와인이 흔하지만, 그 당시 사람들은 와인에 기포가 생기는 것이 와인에 문제가 있다고 생각했고, 동 페리뇽 역시 그 문제를 어떻게든 해결하려 했다.

과거에는 와인을 병입할 때 필터링하는 기술이 없었기 때문에 소량의 효모가 병 속에 남아있는 상태로 병입이 이루어졌다.

그리고 추운 겨울이 지나 따뜻한 봄이 찾아오면 병 속에서 동면 중이던 효모가 깨어나 병 안의 남은 당분을 먹으면서 이산화탄소를 뿜어댔다. 병 안에서 빠져나갈 길이 없는 이산화탄소가 와인에 녹아 발포성 와인이 된 것이다. 당시에 만들어졌던 조악한 와인병은 효모가 만들어내는 이산화탄소의 압력을 견뎌내지 못하고 저장고에서 터져버리기 일쑤였다. 그런데 유럽 제일의 와인 소비국이었던 영국의 소비자들이 기포가 있는 와인의 질감과 맛에 매력을 느끼게 되면서 스파클링 와인은 마침내 빛을 보게 되었다.

동 페리뇽은 뛰어난 양조가로 여러 측면에서 와인 메이킹의 발전에 기여를 한 인물이다. 수확한 포도를 최대한 빨리 압착해 신선한 즙을 얻는가 하면, 적포도로 투명한 샴페인 만드는 방법을 고안하기도 했고, 샴페인을 병입할 때 신축성이 좋은 코르크 마개를 사용했다. 또한 포도를 세 번에 걸쳐 압착해서 각각의 즙을 따로 보관하는 한편, 이를 나중에 서로 블렌딩 해서 최고의 맛을 찾아내는 노하우도 개발했다. 이는 샴페인의 꽃인 블렌딩 기술의 모태가 된다. 지금은 자연스럽게 여겨지는 샴페인 양조의 일련의 과정들이 동 페리뇽 수도사를 통해 고안되었다는 점이 매우 흥미롭다.

헤이즐과 거즈 두 사람이 마시는 처음이자 마지막이 될 샴페인을 나눌 이야기가 많은 동 페리뇽으로 시작할 수 있어 다행스러웠다. 세상의 모든 별이 두 사람의 잔에 담겨졌기를.

# 「검사외전」,
# 혼자 마시면 뇌물,
# 같이 마시면 선물 아니겠습니까?

*A Violent Prosecutor*

**Director** 이일형

**Cast** 황정민(변재욱)
강동원(한치원)
이성민(우종길)
박성웅(양민우)

**Wine** 샤토 마고(프랑스 보르도)

## 마고는 거부 못 하지

「검사외전」은 억울한 검사 재욱과 내뱉는 모든 말이 거짓인 사기꾼 치원이 함께 만들어낸 통쾌한 복수극이다. 주인공 재욱은 거친 수사방식으로 유명한 다혈질 검사지만, 늘 정도를 지켜왔다. 하지만 자신이 심문하던 피의자가 다음 날 취조실에서 변사체로 발견되고, 억울하게 누명을 쓴 그는 살인죄로 15년 형을 받고 수감 생활을 하게 된다. 감옥에서 재심을 준비하며 복수의 칼을 가는 재욱. 그런 그에게 감옥을 제집 드나들 듯이 드나드는 꽃미남 사기꾼 치원이 눈에 들어온다. 재욱은 치원을 자신의 누명을 벗겨낼 작전을 실행할 선수로 점찍고 현역 시절의 비법을 총동원해 치원이 무혐의 판결을 받도록 돕는다.

세상으로 나와 자유의 몸이 된 치원은 사건의 배후 세력을 밝히기 위해 과감히 검사 행세를 하며 적진으로 뛰어들어 간다. 그 시작은 서울대학교 법과 대학 동창회. 재욱의 친구였으나 그를 감옥에 집어넣었던 양민우 검사가 치원의 타깃이다. 의심 많은 양검사의 관심을 끌기 위해 치원은 먼저 주변의 검사들부터 한 명씩 포섭해 나간다. 이때 치원은 비장의 카드를 꺼내는데 바로 샤토 마고다. 검사장들 사이에서 능글능글하게 치원이 와인을 꺼내며 말한다.

"제가 사건 하나를 마치고 나서 샤토 마고를 받은 게 있는데 이게 또 혼자 마시면 뇌물이고 같이 마시면 선물 아니겠습니까?"

검사들의 마음을 홀린 샤토 마고는 1855년 지정된 전설적인 와인 등급인 보르도 그랑 크뤼 클라세 1등급 와인이다. 1등급에 오른 5대 샤토 중 가장 여성적이라는 평가를 받고 있는 샤토 마고는 '보르도 와인의 여왕이자 와인의 여왕'이라 불린다.

샤토 마고의 이름은 라 모트 드 마고*La Mothe de Margaux*에서 유래됐다. 이 아름다운 저택의 역사는 12세기로 거슬러 올라가나 포도를 재배하고 와인을 만들기 시작한 것은 16세기부터다. 1705년에 런던으로 와인을 수출했고, 1771년 빈티지는 저명한 와인 경매인 크리스티에 등장했다고 한다. 기록에 따르면 토머스 제퍼슨은 샤토 마고의 1784년 빈티지를 시음하고 "보르도에 이보다 더 좋은 와인은 없다"고 평했다고 한다.

영화 「빌리어네어 보이즈클럽」에서도 한 차례 이야기했지만, 필록세라, 대공황, 두 차례에 걸친 세계대전의 고난을 샤토 마고도 피할 수 없었다. 1950년 보르도의 거상인 지네스테*Ginestet*에게 샤토가 넘어갔을 때는 실로 안타까운 품질 하락을 겪기도 했다. 하지만 1977년 앙드레 망젤로풀로스*Andre*

*Mentzelopoulos*가 샤토를 사들이고 전설적인 와인메이커 에밀 페노*Emile Peynaud*를 영입하면서 불과 1년 만에 과거의 품질을 되찾는 데 성공한다. 샤토 마고는 1980년대에 이르러 보르도 전체를 통틀어 가장 뛰어난 와인으로 평가받았다.

세계적인 와인 평론가 로버트 파커는 2000년 샤토 마고에 100점 만점을 주었다. 그는 이 와인에 '위대한'이라는 수식어를 붙이며 "샤토 마고의 뛰어난 포도밭만이 만들 수 있는 우아함과 파워를 담아낸 기념비적인 작품"이라고 극찬했다. 2000년은 보르도의 와인 역사상 최고의 풍작이었고 많은 샤토들이 엄청난 와인을 생산했지만 샤토 마고는 그중 최고라고 단언한다.

샤토 마고를 사랑했던 인물 중 가장 인상 깊게 생각하는 사람이 있는데, 바로 독일의 사회주의자 프리드리히 엥겔스*Friedrich Engels*다. 그는 인생의 행복이 무엇이냐는 질문에 "1848년산 샤토 마고"라고 답했다. 그는 마르크스와 함께 마르크스주의, 공산주의 이론의 창시자로 꼽힌다. 사회주의의 창시자 역할을 했던 그가 얼마나 이 와인을 사랑했으면 이런 자본주의적인 답을 할 수 있었던 것일까?

1800년대 샤토 마고의 가격이 지금과는 분명 달랐지만, 1855년 보르도 그랑 크뤼 클라세가 지정될 때 와인의 등급을 정하는 기준이 시장에 형성된 가격이었음을 감안하면 프랑스 내에서 손꼽히게 비싼 와인이었던 것은 분명하다. 그래서 샤토 마고가 사상과 이념을 가리지 않고 모든 이들에게 사랑을 받을 만한 와인이었다고 나름의 결론을 내렸다. 비록 사기꾼이기는 하나 치원 역시 샤토 마고의 가치를 제대로 알고 있다.

# 「범죄의 재구성」과 최선수의 와인 상식

The Big Swindle

Director 최동훈

Cast 박신양(최창혁, 최창호), 백윤식(김선생)
염정아(서인경), 이문식(떠벌이 얼매)
천호진(차 반장), 박원상(제비)
김상호(휘발류), 윤다경(조경란)
김윤석(이 형사), 손병욱(김 형사)
조희봉(박 형사)

### 창혁과 함께 배우는 와인 상식

「범죄의 재구성」은 매 작품을 흥행시키는 범죄 영화의 대가 최동훈 감독의 영화다. 놀라운 것은 이 작품이 최동훈 감독의 장편 데뷔작이라는 사실. 어떻게 첫 영화에서부터 이런 촘촘한 구성과 재미를 풀어낼 수 있었는지 신기할 따름이다.

주인공이자 일명 '최선수'로 불리는 최창혁은 교도소 동기 휘발유에게 김선생을 소개받고 한국은행에서 50억 원을 훔치는 계획을 제안한다. 처음에는 창혁의 계획에 관심을 두지 않는 김선생이었지만 창혁이 자존심을 긁기 시작하자 호기롭게 계획을 받아들인다. 김선생은 3명의 사기꾼을 더 모아 한국은행을 털기로 한다. 김선생의 부름을 받은 인물들은 연기력이 좋은 마약 중독자 사기꾼 얼매, 위조지폐 전문가 휘발유, 여자 킬러 제비다.

하지만 이렇게 모인 5명의 사기꾼들의 마음속에는 돈을 독차지하려는 꿍꿍이가 가득하다. 과연 이들은 계획에 성공하고 50억을 무사히 나눠가질 수 있을까?

극 중 창혁이 김선생의 집을 처음 찾아갔을 때, 김선생의 동거녀인 인경이 홀로 창혁을 맞이한다. 창혁은 거실에서 김선생의 와인 진열장을 보며 혀를 끌끌 찬다. 의외로 박학다식한 그의 와인 상식을 한번 들어보자.

**창혁** 칠레 와인이 안 보이네?
**인경** 칠레 와인이 좋아요?
**창혁** 아이 뭐 프랑스 거 못 먹는 건 아닌데, 2차 대전 때 독일 놈들이 프랑스 완전히 쑥대밭으로 만들어 놨잖아요. 사람이 얼마나 많이 죽었겠어. 근데 포도밭은 남아나겠냐고, 오리지날은 그냥 다 타 없어졌지. 그러고 나서 다시 심었는데, 뭐 포도 자라는 데 하루 이틀 걸리나? 근데 칠레에는 오리지널이 남아 있다 이거죠. 잘 모르는 사람들이 프랑스 와인, 프랑스 와인 찾더라고.
**창혁** 아니, 그리고 와인을 이렇게 두는 사람들이 어딨어? 이거 제 정신이야?
**인경** 왜요, 이뻐서 난 좋은데?
**창혁** 아이 여기다 불을 환하게 켜놓고, 이거 얼마나 뜨뜻해? 이거 다 썩었어, 썩었어!
**인경** 정말로?
**창혁** 이게 도대체 뭐 하는 플레이냐고? 와인은 온도가 얼마나 중요한데, 사람하고 똑같아요.

최창혁의 와인 상식에 절반은 동의한다. 나머지 절반은 와인 상식을 바탕으로 다시 한번 풀어보도록 하겠다.

우선 전쟁 이야기. 제2차 세계대전 당시 프랑스 와인이 타격을 입은 것은 사실이다. 프랑스를 점령한 나치는 프랑스의 유명 와인 산지에 와인 총통이라는 직책까지 만들어 프랑스 와인을 수

탈하는 작전을 펼쳤었다. 종전 직전, 20명의 프랑스 특수임무대가 독수리 요새로 불리는 히틀러의 별장을 접수했을 때, 그곳에는 프랑스에서 수탈한 샤토 라투르, 샤토 무통 로칠드, 로마네 콩티, 샤토 디켐 같은 최고급 프랑스 와인을 비롯, 50만 병의 프랑스 와인이 저장되어 있었다고 전해진다.

프랑스 명품 와인인 샤토 라피트 로칠드 또한 세계대전 당시 독일군에 의해 토지가 몰수되는 한편, 많은 와인을 약탈당했다. 그래서 전쟁 당시 프랑스의 와이너리나 레스토랑에서는 비밀스러운 지하 셀러를 만들어 와인을 숨겼다는 일화도 전해진다.

전쟁의 영향으로 포도밭이 훼손되었음은 분명하다. 그런데 포도나무를 다시 심을 정도의 타격은 제2차 세계대전이 아닌 필록세라*Phylloxera*에서 비롯됐다. 최창혁의 대사 중, 칠레에는 오리지널이 남아 있다는 말의 원인은 필록세라다.

와인의 세계에는 이런 말이 있다. "와인의 역사는 필록세라 이전과 이후로 나뉜다."

필록세라는 길이가 1mm 정도인 진딧물로, 포도나무 뿌리에 기생해서 수액을 빨아먹는다. 필록세라의 피해를 입은 포도나무는 뿌리에 혹이 생기고 가지는 말라비틀어진다. 그리고 끝내 잎이 누렇게 변해서 떨어지고 포도나무는 죽게 된다. 가장 큰 문제는 이 필록세라가 한 번에 수백 개의 알을 낳는다는 것. 번식력이 어마어마하고, 전파 속도도 빠르다. 본래 필록세라는 미국에서만 존재하던 진딧물이었다. 다만 미국에서 재배되는 토착 포도나무는 필록세라에 면역력이 있었기 때문에 큰 이슈가 되지 않았다. 하지만 1800년대 중반 대륙 간 이동이 활발해지고 미국의 포도나무가 유럽으로 넘어가면서 이야기가 달라졌다.

지금은 해외에서 반입되는 물품에 대한 검사가 철저해서 문제가 없지만, 이때만 해도 수입품 반입에 제재를 가하는 절차가 전무했다. 영국과 프랑스 남부에서 감염 사례가 처음 보고된 것은 1863년이고, 이후 10년도 안 되는 사이에 프랑스 전역에서 말라죽는 포도나무가 속출하기 시작했다. 1880년에는 프랑스 중-남부의 거의 모든 포도밭이 초토화되었고, 1890년에는 프랑스 전역의 포도밭이 필록세라로 고통받았다.

필록세라의 유일한 대응법은 면역력을 가진 미국산 포도나무의 대목에 프랑스산 포도나무의 줄기를 접붙이는 것이었다. 하지만 필록세라가 미국에서 넘어온 재앙이었고, 접붙이기가 프랑스 와인의 맛을 (미국 식으로) 바꿔놓을 거라고 믿은 포도 재배자들을 설득하기는 쉽지 않았다. 어찌됐든 그 외의 해결책은 없었기 때문에, 대대적인 접붙이기가 시작되었고, 1900년에는 프랑스 포도밭의 2/3가 미국산 포도나무 뿌리를 갖게 되었다. 그리고 이 과정에서 미국산 포도묘목을 구매할 돈조차 없었던 포도 재배자들은 파산할 수밖에 없었다.

집중적으로 프랑스에 대해서만 이야기하고 있지만 필록세라는 세계가 무대였다. 그중 프랑스의 피해가 가장 심각했을 뿐이다. 프랑스가 필록세라의 피해로 와인을 만들지 못하는 시기에 주변의 와인 생산국들은 잠시나마 호황을 누릴 수 있었으나 결국에는 다들 프랑스의 전철을 밟았다. 검역에 철저했던 호주의 일부 지역과 칠레는 필록세라에서 자유로울 수 있었다.

칠레는 1851년 필록세라 습격 이전에 프랑스 포도 묘목을 수입했다. 그리고 칠레라는 나라는 북쪽은 사막, 서쪽은 태평양, 동쪽은 안데스산맥, 남쪽은 빙하가 막고 있는 천혜의 자연 요새다. 이 때문에 필록세라의 영향을 받지 않아, 순수한 프랑스 포도 묘목으로 지금까지 와인을 생산하고 있다. 창혁은 바로 이 지점을 이야기한 것이다.

그리고 창혁의 두 번째 와인 상식은 와인의 보관에서 온도와

빛의 관계다. 창혁의 말처럼 와인을 보관할 때 햇빛과 온도를 고려해야 한다. 햇빛에 오랫동안 노출된 와인은 변질된다. 특히 병이 투명할수록 치명적이다. 햇빛이 아닌 인공 조명의 경우에는 와인에 별다른 영향을 미치지 않는다고 알려졌지만 만약 김선생의 와인 진열장에 설치된 조명이 백열전구였다면 거기에서 비롯된 열 때문에 와인이 변질될 가능성이 있다. 장시간 고온에서 노출된 와인은 우리가 와인에서 기대하는 신선함(과실 향과 맛)을 찾아볼 수 없는 밋밋한 와인이 된다. 와인 전문가나 애호가들은 이런 와인들을 '끓었다'고 표현을 하기도 한다.

창혁의 말처럼 와인이 썩지는 않았을 것이다. 박학다식한 사기꾼인 창혁은 청산유수처럼 말을 내뱉지만, 그의 지식은 깊이가 얕다. 와인은 알코올이 있는 술이기 때문에 썩지 않는다. 다만 변질될 뿐이다. 변질된 와인은 고기를 재우는 데 써도 좋고, 뵈프 부르기뇽 같은 요리의 재료로 활용하면 된다.

필자가 창혁의 말을 요리조리 꼬집기는 했지만, 한국 영화 속에서 와인에 대해 이렇게 박학다식하게 이야기한 캐릭터는 창혁이 독보적이다. 비록 반은 맞고, 반은 틀렸지만.

# 「007 카지노 로얄」과 본드의 와인 취향

*007 Casino Royale*

**Director** 마틴 캠벨

**Cast** 다니엘 크레이그(제임스 본드)
에바 그린(베스퍼 린드)
매즈 미켈슨(르 치프레)
주디 덴치(M)

**Wine** 샤토 안젤루스(프랑스 보르도)

## 다니엘 크레이그와 딱 맞는 와인 샤토 안젤루스

「007 카지노 로얄」은 007 시리즈의 새로운 출발이라 볼 수 있는 작품이다. 바로 제임스 본드 역으로 영국 배우 다니엘 크레이그가 등장한 첫 편이기 때문이다. 그동안의 제임스 본드가 세련되고 우아한 액션을 보여왔다면 다니엘 크레이그의 제임스 본드는 진짜 사람 냄새가 폴폴 풍기는 액션을 한다. 그에게는 최첨단 무기도 없고 다부진 몸은 꽉 끼는 정장으로 가렸으며, 맞으면 진짜 아플 것 같은 둔탁한 액션을 보여준다. 게다가 그 이전의 제임스 본드들이 바람둥이 이미지였다면, 007 카지노 로얄의 제임스 본드는 순정파 로맨티스트다. 새 본드를 낯설어한 관객의 마음까지 사로잡을 만했다.

다니엘 크레이그의 첫 007 시리즈는 '카지노 로얄'이라는 제목답게 포커판에서의 승부를 담고 있다. 영국 재무부는 회계 담당 요원 베스퍼를 파견해 제임스 본드의 판돈을 관리하도록 둘을 붙여놓는다. 포커판이 열리는 몬테네그로로 향하는 기차 안에서 제임스 본드와 본드걸 베스퍼는 첫 만남을 갖는다. 둘은 미묘한 심리전을 펼치면서 상대의 성격과 과거 그리고 가족 관계까지 파악한다. 이 장면은 짧지만 매력적으로 표현되었다. 그리고 이 두 사람 사이에 놓인 와인. 보르도 생테밀리옹 그랑 크뤼 클라세 A 등급의 샤토 안젤루스*Chateau Angelus*다.

앞서 영화 「더 셰프」에서 샤토 안젤루스가 어떤 와인인지, 그리고 생테밀리옹 그랑 크뤼 클라세 A 등급은 어떤 의미를 지니고 있는지 이야기했기에(250쪽), 여기서는 샤토 안젤루스의 역사에 대해서 살펴본다.

생테밀리옹 시계탑 인근에 위치한 샤토 안젤루스는 부아르드 라포레스트*Bouard de Laforest* 가문의 무려 7세대에 걸친 열정과 노력의 산물이다. 불어인 'Angelus'는 '삼종기도' 혹은 '삼종기도 시간을 알리는 종소리'라는 뜻이다. 샤토 안젤루스가 근방에 있는 세 곳의 교회인 마즈라 교회, 생마르탱 교회, 생테밀리옹 교회 세 곳에서 울리는 종소리를 동시에 들을 수 있다고 해서 이런 이름이 붙었다고 알려져 있다. 와인의 레이블에도 종이 형상화되어 있고, 샤토의 정원에도 종 모양 조형물이 설치되어 있다.

안젤루스는 단연 생테밀리옹에서 가장 유명한 와인 중 하나로 오랜 시간 생테밀리옹 와인의 애호가들에게 굳건한 사랑을 받아왔다. 1960년대와 1970년대에 과거의 명성을 허무는 좋지 못한 와인을 간혹 생산하기도 했으나 1980년대 보르도 출신의 세계적인 와인 메이커 미셸 롤랑*Michel Rolland*의 컨설팅을 받으면서 모든 와인을 100% 오크통에서 숙성하는 등 변하기 시작했다. 과거와 같은 커다란 나무통이 아닌 작은 프렌치 오크에서 숙성시키면서 와인의 복합미와 강도를 얻을 수 있었던 것이다. 이때부터 안젤루스는 위대한 와인의 반열에 들기 시작한다. 참고로 영화가 개봉한 2006년에는 생테밀리옹 그랑 크뤼 클라세 B등급에 불과했지만, 재심사가 이루어진 2012년에는 A등급으로 승급했다.

샤토 안젤루스는 생테밀리옹 와인들 중 유독 골격이 단단하고 파워풀해 남성미를 보여주는 와인이다. 그래서 제임스 본드의 와인으로 선택되었던 것일까? 샤토 안젤루스의 맛이 궁금하다면 「007 카지노 로얄」의 제임스 본드를 머릿속에 떠올리면 된다. 와인의 캐릭터를 이보다 더 잘 표현할 수 없을 것이다.

# 「007 어나더 데이」와 샴페인 볼랭저 1961

*Die Another Day*

Director 리 타마호리

Cast 피어스 브로스넌(제임스 본드)
할리 베리(징스)
토비 스티븐스(거스타브 그레이브스)
로자먼드 파이크(미란다 프로스트)
릭윤(자오)
주디 덴치(M)

Wine 샴페인 볼랭저 1961(프랑스 샹파뉴)

## 61년산 볼랭저도 한 병 갖다주게

「007 어나더 데이」가 개봉했을 때의 분위기가 기억난다. 한반도를 소재로 제작되었기 때문에 개봉 전부터 유독 많은 관심을 받은 영화였다. 영화 속에는 비무장지대인 DMZ와 북한의 모습이 나오고, 제임스 본드와 대결하는 악역이 북한군이라는 설정 역시 예민한 문제였다.

영화의 내용은 이렇다. 제임스 본드는 북한 내 무기 밀매 현장에 위장 잠입해 임수를 수행하던 중 북한의 문 대령과 자오를 만나게 된다. 하지만 제임스 본드의 정체를 파악한 자오에 의해 본드는 북한군에 포로로 잡힌다. 1년 반의 시간이 흐르고 포로 협상을 통해 제임스 본드는 풀려나지만, 요원으로서 기밀을 누출했다는 누명을 쓰게 되고 모든 지위를 박탈당한다. 배후에 자오가 있음을 직감한 본드가 그를 추적하는 내용이다.

북한군에게 잡혀가 1년 반의 세월을 보내고 영국에 송환되었을 때 본드의 행색은 남루하다 못해 안쓰럽다. 그는 영국에서 탈출해 홍콩으로 향한다. 비루한 행색으로 먼 길을 왔으니 호텔로 입장하는 제임스 본드는 딱 부랑자의 등장과 다를 바 없다. 아무리 거렁뱅이 같아도 본드는 본드인 법. 그를 알아본 호텔 매니저 챙이 그를 정중히 맞이한다. 제임스 본드는 챙에게 자신이 쓰던 호텔방과 한 가지를 더 부탁한다. 잊지 못할 그의 대사.

"볼랭저 61년산도 부탁하네."

마음이 급하다고 남루한 행색만 털어내는 것이 아니다. 그는 샴페인 한 잔의 기품을 놓치지 않는다. 본래의 모습으로 돌아가기 위해 제임스 본드에게 필요한 것은 면도, 샤워, 이발, 슈트, 그리고 샴페인이었던 것이다. 그중에서도 볼랭저*Bollinger* 61년산. 이 얼마나 멋진 조합인가! 그렇게 호텔방에서 말끔하게 변신한 그는 우리가 아는 그 제임스 본드다.

190여 년의 역사를 가진 샴페인 볼랭저는 007 제임스 본드 시리즈와 40여 년간 협업해온 샴페인 하우스다. 1884년부터 영국 왕실에 샴페인을 공급해왔고, 꾸준히 좋은 품질로 세계적인 명성을 이뤄냈다. 와인 이름인 볼랭저는 가문의 이름이다. 초대 조셉 볼랭저를 이어 지금까지 오롯이 볼랭저 가문이 샴페인 하우스를 이끌고 있다.

볼랭저의 모든 샴페인은 최소 60% 이상의 피노 누아를 사용한다. 2007년부터는 볼랭저 소유의 포도밭은 물론, 볼랭저와 계약해 포도를 공급하는 계약 농가 모두가 제초제 사용을 금지했다. 자체 소유의 포도밭은 모두 유기농법으로 관리해오고 계약 농가들도 유기농법으로 전환하도록 독려하는 곳이다. 또한 와인 양조에 있어 다른 샹파뉴 하우스와 가장 큰 차별성을 두는 것이 바로 오크통 발효이다. 볼랭저에서 출시하는 샴페인 중 프레스티지급 샴페인들은 모두 오크통 발효를 진행한다. 또한 스페셜 퀴베 샴페인도 30% 정도를 오크통에서 발효를 시킨다. 이는 큰 의미가 있다.

포도를 압착해 진행되는 알코올 발효는 많은 양조장이 스테인리스 스틸 탱크에서 진행한다. 그러나 볼랭저는 알코올 발효를 비롯해 숙성까지 배럴에서 진행하고 있다. 이 과정에서 와인의 시큼한 사과산이 부드러운 젖산으로 전환되는 말로락틱 발효도 일어난다. 샴페인의 산뜻한 산미와 신선한 풍미에 오크통 발효가 맞지 않다고 생각할 수도 있지만, 볼랭저는 가문이 소유하고 있는 부르고뉴의 와이너리인 샹송*Chanson*을 통해 5년 이상 사용한 배럴을 공급받아 사용하고 있다. 때문에 오크 풍미가 와인에 영향을 끼치는 것을 최소한으로 제한한다.

또한 볼랭저는 샴페인 메이킹에서 가장 중요한 과정 중 하나인 2차 병 발효를 길게 가지는 특징이 있다. 2차 병 발효는 완성된 와인을 병 안에 넣고 병에서 추가 발효 및 숙성을 시키는 것을 말한다. 와인을 병에 넣을 때 소량의 효모와 효모의 먹이가 되는 당분을 같이 넣기 때문에 병 안에서 발효가 추가로 이루어진다. 이 과정을 길게 가질수록 특유의 구수한 향이 샴페인에 스며들게 된다. 볼랭저의 기본급이 되는 브륏 샴페인도 최소 3년을 효모와 접촉시키고, 프레스티지 샴페인은 최소 8년간 효모와 접촉시킨다. 그래서 볼랭저의 샴페인은 이스트 향이 풍부하다.

여담이지만 영화 속 북한군 역할로는 국내 배우 차인표 등이 물망에 올랐었으나 남북 분단 문제를 왜곡한다는 이유로 거절했다는 이야기가 전해진다. 지금도 자유로울 수 없는 역사 왜곡 문제를 생각하면 최선의 선택이 아니었을까 싶다. 논란도 많았지만 흥행에는 성공한 영화, 특히 볼랭저 샴페인이 너무나 멋지게 등장한 영화로 「007 어나더 데이」가 기억에 남는다.

# 「우리 사이 어쩌면」, 키아누 리브스의 와인

Always Be My Maybe

Director 나나츠카 칸
Cast 앨리 웡(사샤)
랜들 박(마커스)
키아누 리브스(본인역)
비비안 방(제니)

### 사슴고기에 어울리는 와인

「우리 사이 어쩌면」은 큰 기대를 갖지 않고 가볍게 도전했던 영화다. 그런데 영화를 보는 동안 너무 많이 웃어버렸고, 고교시절 추억까지 끄집어낼 수 있게 만들어준 기대 이상의 영화였다. 참고로 키아누 리브스는 주연이 아닌 조연이다.

어린 시절 옆집에 살며 영혼의 단짝처럼 지내던 마커스와 사샤는 서로를 이성으로 대하는 상황을 겪으며 어색해진 채 각자의 삶을 살게 된다. 이후 사샤는 고향을 떠나 LA에서 성공한 스타 셰프가 되고, 마커스는 홀로 된 아버지와 함께 고향을 지킨다. 그리고 평온한 일상을 살던 그에게 사샤가 다시 등장하면서 파동이 인다. 그녀가 고향인 샌프란시스코에서 새 레스토랑을 오픈하기 위해 돌아온 것이다. 15년 만에 재회한 둘은 여전히 서로에게 매력을 느끼지만 헤어져 있던 시간만큼 삶의 간극도 커져버린 상태다.

사샤는 결혼을 약속한 자신의 매니저와 파혼한 상태고, 마커스의 옆에는 5개월을 만난 여자친구 제니가 있다. 하지만 사샤만이 자신의 유일한 짝이라고 생각한 마커스는 용기를 내 그녀에게 고백하려 한다. 그런데 운명의 장난처럼, 그새 사샤에게 새 남자친구가 생겼다. 한술 더 떠 사샤는 남자친구를 소개하고 싶다며 마커스에게 더블 데이트를 제안한다.

고급 레스토랑에서 사샤의 남자친구를 기다리던 마커스와 제니는 그녀의 남자친구를 보고 입을 다물지 못한다. 키아누 리브스, 그였다. 키아누 리브스는 영화 속에서 영화배우인 본인을 연기했다. 키아누 리브스는 사샤와 낯 뜨거운 인사를 나눈 후 마커스와 제인에게 인사를 건네는데 제인은 이미 그에게 정신이 나가 있는 상태이다. 참고로 영화에서 'MAXIMAL'이라고 등장한 레스토랑은 가상의 공간이다. 영화의 각본가이자, 주연 배우인 앨리 웡은 미친 가격의 미친 컨셉을 지닌 레스토랑을 탄생시키고 싶었다고 한다.

키아누 리브스는 레스토랑 직원에게 매우 진지한 얼굴로 시간을 컨셉으로 한 요리를 요청한다. 이게 뭔 소리인가 싶지만, 직원은 태연하게 수비드한 사슴요리를 권해준다. 요리를 먹을 때 헤드폰을 함께 제공하기 때문에 재료인 동물의 소리를 들을 수 있다는 설명과 함께 자연의 삶과 죽음을 보여주는 요리라고 덧붙인다.

와인병은 화면에 나오지 않았지만, 네 명의 식사 비용이 대략 700만 원이었으니 엄청난 와인이었기를 바란다. 음식을 고려해서 와인을 골라보자면 수비드한 사슴고기에는 올드 빈티지의 이탈리아 피에몬테 지방의 네비올로 와인이 좋을 것 같다.

이탈리아에는 3대 명품 와인이 존재한다. 피에몬테의 바롤로, 토스카나의 브루넬로 디 몬탈치노, 베네토의 아마로네. 이

중에서도 바롤로는 최고다. 이탈리아 와인이 싸구려 소아베와 키안티 와인으로 알려지던 때에도 바롤로만큼은 프랑스의 보르도나 부르고뉴 와인과 비견됐다. 바롤로가 지금과 같은 명성을 지니게 된 것은 이 와인을 만드는 품종인 네비올로의 공이 크다.

네비올로라는 이름은 이탈리아어인 'nebbia(안개)'에서 유래했다. 여기에는 두 가지 설이 있는데 잘 익은 네비올로의 껍질에 흰 분이 많이 생기다 보니 마치 포도알에 안개가 낀 것처럼 보인다고 해서 네비올로가 되었다는 것. 그리고 네비올로 품종이 익는 시기가 매우 늦어서 10월 중순이나 늦게는 11월에 수확을 하는데, 이때 주요 재배지인 랑게*Langhe*와 로에로*Roero*지방에 짙게 깔리는 가을 안개 때문이라고도 한다.

네비올로는 마치 피노 누아처럼 기후와 토양에 대단히 민감한 품종이다. 좋은 일조량과 너무 건조하지 않은 토양을 필요로 한다. 네비올로로 만든 와인은 주황빛이 도는 진한 보라색, 또는 보랏빛이 도는 루비색을 띠고, 훌륭한 당도, 적절한 산미, 섬세한 향, 풍부한 탄닌을 지니고 있다. 풍부한 탄닌 덕분에 단연코 오랜 숙성에 적합한 품종으로, 특히 바롤로는 네비올로로 만든 여러 와인 중에서도 최고로 꼽힌다.

바롤로 생산자 중 기억해둘 만한 이름은 지아코모 콘테르노*Giacomo Conterno*, 쥬세페 마스카렐로*Giuseppe Mascarello*, 브루노 지아코사*Bruno Giacosa*, 엘리오 알타레*Elio Altare*다. 이 중 가장 명성이 높은 곳이 지아코모 콘테르노인데, 그들이 간헐적으로 세상에 선보이는 바롤로 몬포르티노*Monfortino*의 경우 와인의 왕이라는 별칭을 지니고 있는 바롤로에서도 'KING'이라고 치켜세워진다. 수비드한 사슴요리와 분명 환상의 마리아주를 보여줄 와인이다.

# 「피케이: 별에서 온 얼간이」가 신께 바치는 와인

**Director** 라지쿠마르 히라니
**Cast** 아미르 칸(피케이)
산제이 더트(바이런 싱)
아누쉬카 샤르마(자갓 자나니)
보만 이 라니(체리 바즈와)

### 신께 와인을 바치면 안 되나요?

「피케이: 별에서 온 얼간이」는 영화의 설정 자체부터 예사롭지 않다. 지구 탐사를 위해 우주선 한 대가 인도 사막에 외계인 한 명을 내려놓는다. 그는 우주선과 교신할 수 있는 리모컨을 목에 차고 있었지만, 지구에서 처음 만난 인간에게 리모컨을 뺏겨 버린다.

외계인이지만, 인간과 똑같은 모습에 약간 모자른 듯한 행동을 하는 그를 본 사람들은 그가 술을 마신 거라고 생각을 하며 '취한 사람', '주정뱅이'라는 의미의 '피케이'라고 부른다. 그렇게 이름이 생겨버린 외계인 피케이는 잃어버린 물건을 찾으려면 델리에 가면 된다는 말만 믿고 무작정 델리로 향한다. 피케이는 이제 2천만 명이 사는 뉴델리에서 리모컨을 찾아야 한다.

피케이는 리모컨을 찾기 위해 경찰을 만나기도 하고 거리의 모든 사람들에게 도움을 구하는데, 그에게 돌아온 대답은 하나다. 바로 "신께 물어보라"는 것. 이제 피케이는 리모컨의 행방을 알기 위해 모든 신들을 찾아 다닌다. 참고로 인도는 전체 인구의 80.5%가 힌두교, 13.4%가 이슬람교, 6%의 인구가 기독교를 포함한 불교, 자이나교, 시크교 등의 종교를 믿고 있다. 그는 모든 종교의 종파를 찾아가다 나중에는 기독교의 예배당까지 들어간다. 그리고 그곳에서 성배에 담긴 포도주를 예수의 형상 앞에 바치는 모습을 본 후, 신께 와인을 바쳐야 응답해줄 거라 생각을 하게 된다. 그래서 차곡차곡 돈을 모아 와인 두 병을 사서 힌두교 사원으로 향한다.

힌두교인들은 사원으로 와인을 들고 가는 피케이를 보고 격노해 그를 잡으러 달려 나온다. 영문도 모르고 사람들을 피해 와인을 들고 도망가는 피케이. 국민의 대부분이 힌두교와 이슬람교를 믿는 인도에서 술이라니!

중세 시대에는 와인의 암흑기가 존재했다. 8세기를 전후해 급격히 세를 늘렸던 이슬람 제국이 금주령을 내렸기 때문이다. 이슬람교에서 금주를 강조한 이유는 술 때문에 벌어지는 폭력 행위 때문이다. 이슬람의 창시자인 마호메트가 23년간 신에게 받은 계시를 기록한 쿠란(혹은 코란)에 따르면, 와인은 기분을 들뜨게 하고 건강에 좋은 음료라고 이야기되기도 했었다. 즉, 최초에는 마호메트 또한 와인에 대해서 좋은 평가를 내렸던 것이다.

전해지는 이야기에 따르면 지인의 결혼식에 참석한 마호메트는 하객들이 와인을 마신 뒤 서로를 끌어안고 행복해하는 모습을 보면서 와인에 축복을 내렸다고 한다. 하지만 다음 날 다시 그곳을 찾은 마호메트는 술에 취한 하객들이 싸움을 벌여서 사방이 시체와 피투성이로 변한 걸 보고 축복을 저주로 바꾸고 신도들에게 금주령을 내렸다.

마호메트는 포도즙을 만들거나 저장하는 용기의 종류를 제한하는 방식으로 와인 생산을 막았다고 전해진다. 구체적으로 호리병, 송진을 칠한 토기, 속을 파낸 야자나무 그릇을 금지했고 가죽 주머니만 허락했다. 사실 와인은 그저 발효될 조건만 맞으면 만들 수 있기 때문에 용기의 재질이 문제가 아니다. 덕분에 금주령 기간에도 와인 생산이 완벽하게 차단될 수는 없었다.

재미있는 사실은 마호메트의 부인들도 그를 위해 나비드 *Nabidh*란 음료를 만들었다는 것이다. 이 나비드는 대추야자나 말린 포도를 가죽 주머니에 넣고 물을 부어서 만드는 음료다. 마호메트는 아침에 만든 나비드는 저녁에, 저녁에 만든 나비드는 다음 날 아침에 마셨다고 한다. 이론상 나비드는 가죽 주머니 안에서 발효되었을 확률이 높다. 마호메트 역시 아침, 저녁으로 매우 소량이겠지만 알코올을 섭취한 셈이다.

이슬람과 힌두교의 역사에 대해서 생소한 독자분들은 두 종교를 비슷한 종교거나 천주교와 기독교 정도의 관계이지 않을까라는 생각을 할 수 있다. 하지만 두 종교는 오히려 서로를 증오한다. 파키스탄과 인도가 바로 힌두교와 이슬람교의 대립으로 전쟁까지 한 나라다. 영국에서 인도가 독립한 이후 인도 내 이슬람교도들은 상당수가 파키스탄으로 이주했고, 마찬가지로 파키스탄 내 힌두교인들이 인도로 이주했다. 사는 곳도 옮길 만큼 종교는 그들에게 아주 중요하다. 그런데 술을 들고 사원을 찾아간다는 것은 신께 대적하는 행위 아닌가! 피케이는 몰랐겠지만 상당히 위험한 행동이었다.

그렇다면 인도를 여행할 때 우린 술을 마실 수 없을까? 다행히 여행객들이 술을 마시는 것은 문제가 없다. 물론 술을 우리나라처럼 마트나 편의점에서 손쉽게 살 수는 없다. 허가된 주류 판매점에만 살 수 있고, 술 판매가 허가된 바와 음식점에서 마시면 된다. 당연히 인도 맥주도 있고, 인도 전통주도 있고 심지어 인도 와인도 만든다. 다만 인도와 중동 국가들을 여행한다면, 현지인들은 종교적 연유로 술을 마시지 않을 수 있으니 술을 먼저 권하는 것은 매너가 아니다. 애주가들이 일상에서 인사처럼 하는 '한잔하자'는 말은 참도록 하자.

# 「전우치」가
# 광고판에서 꺼내 마시는 와인

*Jeon Woochi:*
*The Taoist Wizard*

**Director** 최동훈

**Cast** 강동원(전우치)
김윤석(화담)
임수정(서인경)
유해진(초랭이)

**Wine** 샤토 도작(프랑스 보르도)

### 지금 전우치에게 필요한 것은?

전설의 피리 만파식적이 요괴들의 손에 넘어가 세상이 어지러워지자 신선들은 조선 최고의 도인이자 전우치의 스승인 천관 대사와 그에 필적하는 능력을 갖춘 화담에게 만파식적을 빼앗아 요괴를 봉해 달라고 부탁한다. 이에 천관 대사는 만파식적을 둘로 나누어 화담과 함께 보관하기로 한다. 문제는 화담이 요괴였던 것. 그는 천관 대사를 죽이고 죄를 전우치에게 뒤집어씌운다. 그리고 화담이 피리를 가져가 세상을 손에 쥐려는 찰나 전우치를 범인이라 생각한 신선들이 그를 그림 속에 봉인해버린다. 불행 중 다행으로 봉인된 전우치가 피리를 같이 가져가 버렸으니, 화담이 세상을 독차지하려면 그림 속 봉인이 풀릴 때까지 무려 500년의 시간을 기다려야 한다. 화담 역시 긴 세월 동안 자신의 존재를 숨기고 또 한 번의 기회를 노린다.

영화의 줄거리는 복잡한 듯하지만, 요약하면 조선 시대에 천방지축 도사였던 전우치가 500년이 지나 현대에 풀려나면서 벌어지는 활극이다. 그림 속에 봉인되어 있다가 21세기 세상에 뛰어들게 됐으니 전우치가 구경에 눈이 돌아가는 건 당연한 일이다. 조선 시대에서도 알아주는 술꾼이었던 그는 그림에서 나오자마자 맥캘란 30년산을 들이킨다. 물론 와인도 빠질 수 없다.

전우치 일행은 종로 밤거리를 걷다 샤토 도작*Chateua Dauzac* 광고판 앞에 멈춰 선다. 와인을 처음 본 전우치는 "이것도 술인가?" 하며 광고판에 손을 쓱 넣더니 와인을 꺼내 그 자리에 서서 병째 들이켜고는 인상을 잔뜩 찌푸린다. 과거에 달고 부드러운 곡주들을 주로 마셨을 전우치에게 와인의 떫고 신맛이 기묘하게 느껴졌을 것이 분명하다.

이쯤에서 전우치에게 「와인 스펙테이터」(세계적인 명성의 와인 잡지) 한 권을 던져주고 싶었다. 잡지 속에 나오는 온 세상의 모든 프리미엄 와인을 쏙 꺼내 맛볼 수 있으니 이 능력을 마음껏 발휘하게 해주고 싶다.

샤토 도작은 프랑스 와인의 노른자위인 보르도, 그 안에서도 명망 높은 와인 산지인 메독에서 가장 오래된 와이너리 중 하나다. 현재 샤토 도작의 땅에서 생트 크루와 수도원*Sainte Croix Abbey*의 베네딕틴 수사가 1545년 와인을 양조했다는 공식적인 기록이 존재한다. 이후 1855년에는 메독 그랑 크뤼 클라세에 5등급으로 합류했고, 그 명성은 현재까지 성공적으로 이어지고 있다.

프랑스 와인 여행을 할 때 샤토 도작을 두 번 방문했다. 같은 와이너리를 두 번 방문하는 일은 굉장히 드문 편이지만, 도작은 지금껏 다녀본 와이너리 중에서도 유난히 아름다운 전망을 가지고 있어서 동행한 지인들에게도 소개해주고 싶은 곳이었다. 물론 와인도 훌륭하다.

상상이지만 세상을 구한 전우치가 와인 애호가가 되어서 필자와 함께 샤토 도작을 방문한다면, 찡그린 얼굴 대신 행복한 표정을 짓게 해줄 자신이 있다.

# 「퍼시잭슨과 괴물의 바다」, 술의 신이 빼앗긴 와인

## Percy Jackson and Sea of Monsters

**Director** 쏘어 프류덴달

**Cast** 로건 레먼(퍼시 잭슨)
알렉산드라 다 드다리오(아나베스 체이스)
브랜든 T. 잭슨(그로버 언더우드)
나단 필리온(헤르메스)
스탠리 투치(디오니소스)
레븐 램빈(클래리스)
안소니 헤드(케이런/켄타우르스)

**Wine** 1997년산 시노마브로(그리스)

### 술의 신 디오니소스가 와인을 마실 수 없게 된다면?

신과 인간 사이에서 태어난 '데미갓*Demi-God*'들의 이야기 「퍼시잭슨과 괴물의 바다」는 전작 「퍼시잭슨과 번개 도둑」의 후속편이다. 전작이 주인공 퍼시가 인간과 바다의 신 포세이돈 사이에 태어난 아들임을 자각하고 제우스의 번개를 되찾아오는 여정을 그렸다면, 「퍼시잭슨과 괴물의 바다」는 퍼시가 신과 인간 사이의 특별한 능력을 갖춘 일명 데미갓 무리 속에서 살아가며 겪는 일을 다뤘다. 전작과 마찬가지로 퍼시에게는 감당하기 힘든 시련이 주어지고 이를 동료들과 함께 이겨내는 내용이 펼쳐진다.

사실 판타지나 고대 시대를 다룬 영화에도 와인이 수도 없이 많이 등장하지만, 와인에 관한 구체적인 이야기가 나오는 게 아니라면 정체를 파악하기 힘들다. 하지만 이 영화에는 특별한 포인트가 있다. 바로 데미갓들이 모여 사는 캠프의 수장 역할을 하는 디오니소스와 켄타우로스의 대화 장면.

디오니소스와 켄타우로스는 데미갓들이 캠프 안에서 수련하는 모습을 지켜보는 중이다. 이때 디오니소스가 잔뜩 기대에 찬 얼굴로 켄타우로스에게 "97년산 시노마브로 와인 맛 좀 보겠어?"라고 말하며 빈 잔에 와인을 따른다. 켄타우로스는 체념한 표정으로 아무리 마셔도 소용없지 않냐고 대답하는데, 이때 디오니소스가 따른 와인이 물로 변해버린다. 이유인즉슨 제우스가 술의 신 디오니소스에게 형벌을 내린 것이다.

디오니소스의 탄생에 여러 가지 설이 있지만 가장 흥미로운 이야기는 그가 제우스와 테베의 공주 세멜레 사이에서 태어난 아들이라는 것이다. 제우스는 카드모스와 하르모니아 여신의 딸인 세멜레를 사랑했고 세멜레는 디오니소스를 잉태한다. 제우스의 정실이었던 헤라는 뒤늦게 그들의 관계를 눈치챈다. 헤라는 세멜레의 어린 시절 유모로 변신해 그녀를 찾아가 제우스가 신을 사칭한 사기꾼일지도 모른다는 불신의 마음을 불어넣는다.

고민하던 세멜레는 자신을 찾아온 제우스에게 부탁을 들어달라 간청하고, 제우스는 호기롭게 스틱스강에 걸고 부탁을 들어주겠노라고 약속한다. 참고로 스틱스강을 걸고 한 약속은 신조차도 어겨서는 안 된다. 세멜레는 제우스에게 그의 본 모습 신의 형상을 보여달라고 부탁한다. 광명과 광채를 관장하고 번개를 사용하는 제우스는 세멜레를 걱정하면서도 맹세 때문에 어쩔 수 없이 본 모습을 드러내고, 세멜레는 제우스의 광채에 그대로 불타 죽고 만다. 제우스는 죽은 세멜레가 잉태한 아이를 꺼내어 자신의 허벅지에 넣어서 꿰맨다. 후에 제우스의 허벅지에서 태어난 아이가 바로 디오니소스다.

하지만 그 아비에 그 아들이라 했던가. 영화에서의 디오니소스는 제우스를 닮아 바람기가 다분했고, 심지어 아버지가 점찍어둔 요정을 탐한다. 그 대가로 제우스는 디오니소스에게 참혹한 형벌을 내리는데, 바로 그가 마시는 모든 와인을 물로 만드는 저주다. 와인의 신인 디오니소스가 와인을 마실 수 없다니, 이 얼마나 끔찍한 형벌인가!

한편, 디오니소스가 영화 속에서 마시려 한 시노마브로 *Xinomavro*라는 와인은 그리스에서 재배되는 적포도의 이름이다. 영화에 이 이름을 굳이 쓴 이유는 이 적포도 품종이 그리스에서 가진 의미가 실로 대단하기 때문이다. 오죽하면 그리스의 바롤로라는 별칭을 갖고 있을까.

시노마브로는 산도가 높고 탄닌이 강해 어느 정도 숙성이 돼야 제맛을 내는 품종으로 알려져 있다. 캐릭터가 강하다 보니 그리스의 양조자들은 여러 품종을 블렌딩해서 와인을 생산해왔는데, 최근에는 시노마브로 100%로 만들어진 프리미엄 와인들도 출시되고 있다. 언젠가 이 와인을 마셨을 때 '시고 검다'라는 뜻의 품종 이름처럼 우직하고 강직한 향과 맛이 인상적이었다. 와인의 신 디오니소스가 고른 와인이니 분명 최고의 시노마브로 와인이었을 것이다.

# 「산타 바바라」, 와이너리에서 키스를

*Santa Barbara*

**Director** 조성규

**Cast** 이상윤(정우)
윤진서(수경)
이솜(소영)

**Wine** 마스 라 플라나 2007(스페인 페네데스)
오 봉 클리마 피노 누아,
하이라이너 피노 누아,
파이어스톤 빈야드(미국 캘리포니아)

## 어허 여기서 이러시면 안 됩니다

2014년 「산타 바바라」의 개봉은 반가운 소식이었다. 영화의 반 이상이 미국 산타 바바라 현지 로케이션으로 촬영되어서 미국 와이너리와 포도밭의 아름다운 정경을 스크린으로 감상할 수 있는 기회였기 때문이다. 영화의 주된 스토리는 매력적인 두 남녀가 썸을 타는 내용이다. 음악 감독인 정우와 광고 기획자인 수경은 과거에 썸을 타다 인연이 끊어진 사이였다. 하지만 운명은 또다시 그들을 만나게 한다. 둘은 같은 광고 프로젝트를 맡아 함께 미국 산타 바바라로 출장을 가게 된다. 그리고 이 둘의 출장길에는 귀여운 불청객 정우의 여동생 소영이 동행한다. 이렇게 세 사람은 출장을 명목으로 낭만적인 캘리포니아 와인 여행을 한다. 와인을 좋아하는 수경은 정우와 함께 영화 내내 다양한 와인을 마시는데, 특별히 언급할 만한 와인들이 있다.

첫 번째는 그들이 한국에서 산타 바바라행 출장을 준비하며 함께 마신 마스 라 플라나*Mas la Plana 2007*이다. 스페인 와인 업계에서 마스 라 플라나가 갖는 의미는 대단하다. 1979년 파리 와인 올림피아드에서 샤토 라투르와 같은 프랑스의 내로라하는 와인들을 모두 제치고 1위에 오른 와인이기 때문이다. 블랙 레이블에서 느껴지는 고급스러움이 와인에 그대로 담겨 있다. 진하지만 실키하고, 우아하지만 강직한, 매력적인 두 얼굴을 한 잔에서 마주할 수 있는 와인이다.

두 번째 와인은 산타 바바라에 도착한 정우와 수경이 방문한 오 봉 클리마*Au Bon Climat* 와이너리의 피노 누아다. 1982년에 설립된 오 봉 클리마 와이너리는 캘리포니아 피노 누아의 수작으로 불리며 죽기 전에 꼭 마셔봐야 할 와인 1001에 꼽히기도 했다. 피노 누아라고 하면 바로 프랑스 부르고뉴가 떠오를 테지만, 미국 캘리포니아에도 어깨를 견주는 매력적인 피노 누아 와인들이 많다. 그리고 그 안에서 늘 이름이 거론되는 곳이 바로 오봉 클리마다.

세 번째는 정우와 수경이 영화 「사이드웨이」에 등장했던 유명 레스토랑 히칭 포스트 2에서 마신 와인이다. 이들은 스테이크와 함께 「사이드웨이」에도 등장한 하이라이너 피노 누아 *Highliner Pinot Noir*를 마신다. 보통 스테이크에는 진한 풍미의 와인을 즐기는데 섬세함의 대명사인 피노 누아를 즐긴 데는 이유가 있다. 이 하이라이너 피노 누아가 향과 맛에서 꽤 묵직한 풍미를 보여주기 때문이다.

그리고 영화의 하이라이트는 파이어스톤 빈야드*Firestone Vineyard*에서의 장면이다. 와이너리에서 와인을 테이스팅하는 수경의 모습은 꽤 능숙하고 자연스러워 보인다. 아마도 수경을 연기한 배우 윤진서의 평소 와인 소양이 드러났으리라 생각된다. 이후 두 사람은 와인 셀러로 들어간다. 그리고 문제의 장면이 나온다. 와인 셀러에는 아무도 없고 그들은 셀러를 자유롭게 누빈다. 정우는 수경을 이끌고 와인 셀러 중앙쪽 계단으로 올라가 수경을 안고 키스를 하는데 이 낭만적인 장면에서 필자는 고개를 갸웃할 수밖에 없었다.

현실을 말하자면 와이너리의 셀러에서 이렇게 낭만적인 일은 쉽게 벌어지지 않는다. 미국뿐만 아니라 어디서든 가이드 없이 와인 셀러를 돌아다니기가 쉽지 않기 때문이다. 와이너리에게 와인 셀러란 그들의 와인을 만드는 노하우가 집약된 곳이다. 가이드 없이 이름도 모를 방문객들이 그 안을 휘젓고 다니는 걸 허락해주는 곳은 정말 드물다.

글을 쓰며 기억을 되짚어보니 가이드 없이 셀러 투어를 권한 지역이 있었다. 혹여 와이너리에서 이런 로맨틱한 추억을 간직하고 싶은 독자를 위해 자유 투어가 가능한 와인 마을을 공유하자면 바로 이탈리아 중부 토스카나의 몬테풀치아노 *Montepulciano* 마을이다.

몬테풀치아노는 마을 전체가 요새처럼 우뚝 서 있는 중세 마을이다. 그리고 마을 곳곳에 위치한 와이너리의 테이스팅룸을 들어가면 그곳에서 자신들의 오래된 와인 셀러를 자유롭게 투어할 수 있게 안내해준다. 만약 와인 저장실에서 다른 관광객을 마주치는 낭패만 보지 않는다면 영화에서처럼 로맨틱한 장면을 연출해볼 수 있을 것이다. 현실을 꼬집어 이야기했지만 필자 역시 여행지에서의 로맨스는 언제나 찬성이다.

# 「데스티네이션 웨딩」과 스크류 캡에 관한 오해

## Destination Wedding

**Director** 빅터 레빈
**Cast** 키아누 리브스(프랭크)
위노나 라이더(린제이)

### 스크류 캡을 싫어하는 당신에게

여기 로맨틱한 결혼식에 초대된 두 사람이 있다. 그들이 초대된 결혼식은 영화의 제목과 같은 데스티네이션 웨딩. 바로 하객들이 휴가를 겸해 참석하는 특별한 장소에서 치러지는 결혼식을 말한다. 가끔 TV에서 해외의 어떤 섬이나 휴양지에서 지인들을 초대해 결혼식을 치르는 것을 볼 수 있는데 이것이 바로 데스티네이션 웨딩이다.

주인공 프랭크와 린제이는 결혼식이 열리는 캘리포니아 중부 샌 루이스 오비스포로 향하는 공항에서 처음 만난다. 이들은 첫 만남부터 순탄치 않다. 탑승구에서 새치기를 했네, 안 했네로 신경전을 벌이며 서로를 몰상식한 사람으로 내몰았는데 기내에서 옆자리에 앉게 된 것이다. 심지어 이 둘은 행선지까지 똑같다. 프랭크는 신랑 키스의 형이고, 린제이는 6년 전 키스와 결혼식을 올리기 5주 전에 파혼한 사이다.

불만 가득한 두 사람과는 별개로 결혼식이 치러지는 캘리포니아 파소 로블스의 두보스트 와이너리*Dubost Winery*는 천국처럼 아름답다. 로맨틱한 결혼식에 대한 로망을 실현해 주기에 완벽해 보이는 곳이다. 영화 초반에는 프랭크와 린제이만큼은 이런 낭만에서 제외된 것 같지만, 두 사람 사이에도 스파크는 튀어 오른다. 두 사람은 포도밭 언덕에서 동물의 왕국을 연상하게 하는 섹스까지 하는데 미리 알려드리자면 결코 낭만적이지 않다. 둘은 그 와중에도 쉼 없이 떠든다. 결혼식이 끝난 뒤 두 사람은 사랑에 대한 두려움 때문에 잠시나마 뜨거웠던 관계를 묻어두려 하지만 돌아가는 비행기 안에서도 옆자리를 피할 수 없다.

영화 내내 와인이 멋들어지게 등장하는데 아이러니하게도 필자의 눈을 사로잡은 건 돌아오는 비행기 안에서 두 사람이 와인을 마시는 장면이다. 프랭크는 기내에 제공되는 와인병을 보고는 경악한다.

“돌려 따는 와인병이라니!”

스크류 캡으로 밀봉된 와인에 불신이 가득한 프랭크는 돌려 따는 와인은 꼭 싸구려 악취가 난다며 불만을 늘어놓는다. 그러면서 자신은 코르크를 안 좋아한다며 오해하지 말라고 덧붙인다. 이해할 수 없는 와인론은 잠시 접어두고 스크류 캡을 향한 프랭크의 오해만큼은 풀어주고 싶었다.

와인 러버라면 코르크와 스크류 캡에 관한 논쟁을 한 번쯤 겪어봤을 것이다. 많은 이들이 스크류 캡으로 밀봉된 와인은 싸구려 와인이라는 편견을 가지고 있다. 하지만 이는 크나큰 오해다. 스크류 캡은 청정국가인 뉴질랜드에서 먼저 도입했고, 호주도 뒤를 이어 합류했다. 그리고 이제는 많은 국가들이 환경을 생각하고, 와인의 보존력에 집중한다면 스크류 캡의 사용에 적극적으로 동참해야 한다는 것을 인정하고 있다. 스크류 캡을 사용하는 와인 중에 물론 저가의 와인들도 있지만, 이름만으로도 와인 애호가들의 마음을 설레게 만드는 고급 와인도 존재한다. 대표적인 곳이 뉴질랜드 슈퍼 프리미엄 피노 누아 와인으로 잘 알려져 있는 아타 랑이*Ata Rangi*나 펠튼 로드*Felton Road*다.

과학적으로도 스크류 캡은 코르크 마개보다 산소를 더욱 완벽하게 차단할 수 있다. 또한 코르크 마개에서 비롯되는 TCA 오염에서 스크류 캡은 자유롭다. TCA 오염은 코르크를 만드는 과정에서 이루어지는 살균 처리 물질이 와인과 만나 발생하는 오염이다. TCA 오염 와인에는 젖은 신문지 냄새와 같은 불쾌한 향이 올라온다.

물론 코르크 마개가 가진 전통성, 그리고 코르크 마개를 오픈하는 일련의 과정이 주는 매력은 스크류 캡이 채워줄 수 없는 부분이다. 또한 역사와 전통을 매우 중요시하는 와인 생산자들에게 코르크 마개는 일종의 정체성이기도 하다. 샤토 무통 로칠드 같은 특급 와인들이 스크류 캡을 사용하는 것을 상상이나 할 수 있을까?

코르크 마개와 스크류 캡의 논란은 추운 겨울, 옷장 앞에서 근사한 코트와 따뜻한 패딩 중에 고민하는 것과 비슷한 것 같다. 찬 바람이 옷깃 사이로 들어오겠지만 코트를 입어야 하는 사람들이 있을 것이다. 또 완벽하게 추위를 차단하고 자신의 몸을 보호하는 것이 더 중요하다고 생각하는 사람들은 따뜻한 패딩을 고를 것이다. 누가 옳다고 판단할 수 없듯이 와인에 있어서도 코르크와 스크류 캡의 사용에 관한 이견은 아직도 명료하게 결론짓기 힘들다.

# 「미션 임파서블 3」와 옷에 쏟은 와인을 지우는 법

*Mission: Impossible III*

**Director** J.J. 에이브럼스
**Cast** 톰 크루즈(에단 헌트)
필립 세이모어 호프만(오웬 데이비언)
빙 라메스(루더 스틱켈)
빌리 크루덥(존 머스그레이브)
미셸 모한나(줄리아)
조나단 리스 마이어스(데클랜)
매기 큐(젠)

## 지금 필요한 건 와인 이레이저

최장 기간 사랑받아온 할리우드 영화 속 캐릭터를 하나 꼽자면 누구를 꼽아야 할까? 머릿속에 「007 시리즈」의 제임스 본드와 「미션 임파서블」의 에단 헌트가 가장 먼저 떠오른다. 물론 007 시리즈가 더 오랜 시간 제작되었고 지금도 두터운 팬층이 있는 건 사실이다. 그런데 제임스 본드 역은 긴 세월 동안 몇 번의 변화가 있었지만 미션 임파서블의 에단 헌트는 단 한 사람, 톰 크루즈만이 해내고 있다는 점이 의미 있다.

시리즈 중에서도 지금은 작고한 필립 세이모어 호프만이 악역 오웬 데이비언을 열연한 2006년 작 「미션 임파서블 3」를 좋아한다. 늘 최고의 연기력을 선사한 그는 미션 임파서블 3에서도 유감없이 그의 역량을 발산했다. 그는 영화 속에서 순수한 악 그 자체였다.

영화 속 에단 헌트는 팀원들과 바티칸의 연회장에서 오웬을 납치하는 계획을 실행한다. 시작은 여성 요원 젠이 오웬과 부딪히며 와인을 오웬의 셔츠에 쏟는 것이다. 레드 와인을 뒤집어쓴 오웬은 옷을 수습하러 화장실로 향할 것이고 잠시 홀로 되는 틈을 타 오웬을 납치한다는 것이 에단 헌트의 계획이다. 물론 이 계획은 완벽하게 들어맞아 오웬은 홀로 화장실로 향한다.

이 장면을 보며 생각했다. 오웬에게 와인 이레이저가 있었다면 어땠을까? 레드 와인을 마시다 옷에 튀어 본 경험이 있는 독자라면 셔츠에 와인을 쏟는 것이 얼마나 절망스러운 일인지 공감할 것이다. 지금도 이따금 옷에 묻은 와인의 얼룩을 어떻게 지워야 하는지 묻는 사람들이 있다. 오웬만큼 절망적인 상황은 아니겠지만 생활 속 팁으로 와인 지우는 방법을 알려드리고자 한다.

첫 번째로 와인 이레이저*Wine Eraser*가 있다면 가장 좋다. 와인 이레이저는 레드 와인을 포함한 염록소 계열의 얼룩을 지우기에 최적화된 제품이다. 먼저 와인이 옷에 튀면 마르기 전에 냅킨이나 수건 등으로 지그시 눌러 와인을 흡수해준다. 그다음 스프레이 형식의 이레이저를 얼룩이 진 옷 표면에 골고루 뿌려준다. 이렇게 재빠르게 이레이저만 뿌려주면 얼룩의 90%는 사라진다. 이후 집에 돌아가 세탁하면 완벽하다. 와인 이레이저의 원리는 산성인 레드 와인에 약알칼리성 알코올을 뿌려서 중화시키는 것이다.

하지만 와인 이레이저를 매번 소지하고 다니는 것은 쉽지 않다. 이런 상황에서 와인 이레이저를 대체할 아이템들을 소개한다.

먼저 소금이다. 와인으로 얼룩진 옷 표면에 소금을 뿌려주면 소금이 와인을 흡수해 와인의 얼룩을 지우는 데 도움을 준다.

이때 와인이 이미 옷에 흡수되어 말랐다면 효과가 떨어진다. 소다수와 소금을 섞어서 부어주면 효과가 더 좋다. 우유도 좋은 대안이다. 와인이 튄 자국에 우유를 부어 옷에 우유가 흡수되도록 한 후 타올 등으로 우유를 닦아내고 세탁하면 된다.

마지막으로 레드 와인의 색을 구성하는 안토시아닌 성분은 알코올에 흡수되는 성질이 있기 때문에 소주나 보드카 등의 주정을 부어주면 얼룩을 제거하는 데 더 도움이 된다.

무엇보다 중요한 것은 시간이다. 와인이 튀었을 때, 민첩한 에단 헌트처럼 즉각적으로 대응해야 한다. 와인이 옷에 흡수되어 말라버리면 옷의 얼룩을 지우는 미션은 점점 임파서블이 되어간다. 주변에 아무것도 없다면 종이 타올이나 휴지로 와인 얼룩을 즉시 흡수해주고 화장실에서 흐르는 물에 애벌빨래라도 해두는 것이 좋다.

가장 좋은 건 와인을 마시면서 이런 낭패를 보지 않기 위해 테이블 위를 정리해두거나 팔을 휘두를 때 주의하는 것인데, 살다 보면 안 취해도 실수하는 날은 오지 않는가. 내 옷이면 괜찮은데 상대방의 옷에 와인을 쏟은 경우 이것만큼 와인을 마시는 자리에서 미안하고 민망한 일도 없다.

보통 와인을 스월링할 때 이런 실수가 잦다. 그래서 스월링만큼은 회전 방향이 자신의 가슴 쪽으로 오도록 시계 반대 방향으로 하는 것이 매너다. 모쪼록 이런 아찔한 기억 없이 즐거운 와인 시음의 기억만 남기기를 바란다.

# 「투스카니의 태양」, 단골 와인집은 뒷마당에

*Under The Tuscan Sun*

**Director** 오드리 웰스

**Cast** 다이안 레인(프란시스)
산드라 오(패티)
린제이 던칸(캐서린)
라울 보바(마르첼로)

85

### 당신의 단골 와인집은 어디인가요?

미국에서 유명 작가로 풍족한 삶을 살아가던 중년의 프란시스는 한순간 인생의 나락으로 떨어진다. 외도를 한 남편에게 이혼을 당하고 집까지 뺏긴 처지가 된 것이다. 비참함과 절망 속에 지내는 그녀에게 친구 패티가 특별한 제안을 한다. 자기가 이탈리아 토스카나 여행 패키지를 신청했는데 임신을 해서 갈 수가 없게 되었으니 프란시스가 기분 전환을 위해 대신 가보면 어떻겠냐는 것. 참으로 좋은 친구다.

이렇게 프란시스는 패티 대신 떠나온 이탈리아 여행에서 코르토나*Cortona*라는 작은 중세 마을까지 오게 된다. 프란시스는 이 마을에 300년 된 구옥 브라마솔레*Bramasole*가 매물로 나온 것을 보고는 그 집을 찾아간다.

브라마솔레는 '태양을 동경하다'라는 뜻의 이탈리아어다. 토스카나의 태양을 한껏 받으며 오랜 세월 많은 사람의 안식처가 되었을 이 집과 어울리는 이름이다. 프란시스는 덜컥 이 집을 계약한다. 프란시스만큼 이탈리아 중개인도 쿨하기는 마찬가지이다. 중개인은 잔금도 치르기 전에 프란시스에게 먼저 열쇠를 내어준다. 돈을 아직 송금하지 않았는데 열쇠를 받아도 되냐고 묻는 그녀에게 중개인은 말한다.

"열쇠는 도망갈 수 있어도 집은 도망가지 않는다"는 것이다. 이탈리아인이라면 충분히 가능한 생각이다.

브라마솔레는 오랜 세월을 버틴 만큼 손볼 곳이 한두 군데가 아니다. 그녀는 매일같이 폴란드 인부들과 자신의 집을 고쳐나간다. 그리고 일과의 끝에는 언제나 자신의 단골집에서 와인을 한잔한다. 그녀의 단골집은 바로 집 뒷마당이다. 프란시스는 정원에서 와인을 벗 삼아 혼자여서 가질 수 있는 여유를 즐긴다. 조금 외로워 보이는 건 어쩔 수 없지만 말이다.

다행히도 영화는 프란시스에게 온정을 느끼게 해줄 여러 등장인물들을 잔뜩 대기시켜 놓았다. 이후 사람들과 행복하게 와인을 마시고 정을 나누는 프란시스의 모습을 보며 흐뭇한 미소를 짓게 됐다.

이탈리아 와인 여행지로 어디가 좋은지 묻는 사람들에게 처음이라면 망설임 없이 토스카나를 추천한다. 그 이유 중 하나가 아그리투리스모*Agriturismo*다.

토스카나 지방에서 쉽게 찾아볼 수 있는 아그리투리스모는 우리로 따지면 시골 농가 민박이다. 필자도 토스카나를 여행할 때만큼은 호텔에서 머문 적이 한 번도 없다. 항상 한적한 시골에 위치한 아그리투리스모를 활용했다. 특히 와이너리에서 운영하는 아그리투리스모라면 금상첨화다. 정말 좋았던 토스카나의 와이너리 아그리투리스모 세 곳을 추천한다.

첫 번째는 팔라초 베키오*Palazzo Vecchio*. 몬테풀치아노 마을 근처인데, 영화에 등장한 코르토나와 차로 30분 거리다. 포도밭 정중앙에 위치한 와이너리 건물은 토스카나 전원 마을의 모범이라 할 수 있을 정도로 아름답다. 와이너리 소유의 레스토랑을 가지고 있고, 자체적인 쿠킹 클래스도 운영하고 있다. 와인의 퀄리티는 무난한 편이다.

두 번째는 카스텔로 디 아마*Castello di Ama*. 위치는 키안티 지역의 중심부인 가이올레 인 키안티*Gaiole in Chianti*다. 코르토나와는 차로 약 1시간 거리. 토스카나의 탑 와이너리 중 하나인 카스텔로 디 아마는 가구 수가 몇 되지 않는 작은 중세 마을 아마에 위치해 있다. 마을 전체는 오너가 초대한 컨템퍼러리 아티스트의 작품들로 채워져 있으며, 레스토랑, 숙박시설, 와인샵, 테이스팅룸이 있다. 와인과 예술을 즐기기에 완벽하다.

세 번째 니타르디*Nittardi*. 마찬가지로 키안티 중심부에 있으며, 코르토나에서는 차로 약 1시간 반 거리다. 이 역사적인 와이너리는 한때 이탈리아의 천재 예술가 미켈란젤로의 소유였다. 현재는 독일의 디 갤러리 관장인 피터 펨퍼트가 운영하고 있으며, 매해 유명 작가들을 초청해 아티스트 레이블을 만들고 있다. 와이너리는 아그리투리스모, 와인샵, 갤러리, 테이스팅룸, 넓은 정원까지 갖춘 복합문화공간이다. 다만 레스토랑은 없다.

이외에도 토스카나의 유명 와이너리인 카스텔로 디 베라차노*Castello di Verrazzano*, 카스텔로 디 퀘르체토*Castello di Querceto*, 카스텔로 비키오마지오*Castello Vicchiomaggio*, 카스텔로 반피*Castello Banfi*도 아그리투리스모를 함께 운영하고 있으니 토스카나 여행을 계획할 때 참고해도 좋을 것 같다. 물론 와이너리에서 운영하는 것이 아니어도 좋은 아그리투리스모는 얼마든지 있다. 여행 경비와 위치를 고려해 선택하면 된다. 영화 속 브라마솔레처럼 수백 년 된 아그리투리스모를 만나는 것도 충분히 가능하다. 오래된 가옥들은 분명 불편하겠지만 호텔방에서는 절대 느낄 수 없는 특별함을 추억으로 남길 수 있을 것이다.

# 「레이니 데이 인 뉴욕」, 이러면 안 되는데…

*A Rainy Day in New York*

**Director** 우디 앨런

**Cast** 티모시 샬라메(개츠비)
엘르 패닝(애슐리)
셀레나 고메즈(챈)
주드 로(테드)
리브 슈라이버(롤란 폴라드)
디에고 루나(프란시스코 베가)

**Wine** 샤토 마고(프랑스 보르도)

## 이런 순간이 바로 와인 잔을 내려놔야 할 때입니다

「레이니 데이 인 뉴욕」은 예쁜 캠퍼스 커플 개츠비와 애슐리의 뉴욕 여행 이야기다. 애슐리는 친구 대신 유명한 영화 감독인 롤란 폴라드의 인터뷰를 하러 뉴욕에 가게 된다. 포커 실력이 뛰어난 개츠비는 주말 동안 포커로 2만 달러를 따게 되자 애슐리의 뉴욕 여행 경비까지 대며 여자친구와 함께할 낭만적인 여행을 계획한다. 유명 식당, 피아노바, 현대 미술관까지, 자신이 사랑하는 뉴욕의 곳곳을 애슐리에게 보여주려는 개츠비의 계획은 애슐리가 롤란 폴라드 감독의 인터뷰를 시작하면서부터 틀어진다.

한 시간이면 끝날 줄 알았던 애슐리의 인터뷰는 끝이 날 줄 모르고, 개츠비는 애슐리를 기다리며 홀로 봄비 내리는 뉴욕 거리를 걷는다. 그러다 전 여자친구의 동생인 챈과 우연히 만나면서 자신이 꿈꿔온 뉴욕 데이트의 낭만을 뜻밖의 상대와 실현하게 된다. 동창생의 영화 촬영장에서 챈과 키스신을 찍는가 하면, 챈의 집에서 피아노를 연주하며 「Everything Happens to Me」를 부르거나, 함께 메트로폴리탄 미술관을 거닐기도 한다. 하지만 애슐리가 없는 개츠비의 하루는 여전히 우울하기만 하다.

한편 애슐리는 꿈에 그리던 감독에 이어 시나리오 작가 테드 그리고 할리우드의 유명 배우인 프란시스코 베가를 실제로 만나면서, 마치 영화 속 주인공이라도 된 듯 꿈 같은 시간을 보낸다. 게다가 믿을 수 없게도 프란시스코 베가가 저녁 데이트까지 신청해왔다. 그렇게 자신을 오매불망 기다리는 개츠비를 또다시 홀로 내버려 두고 애슐리는 프란시스코 베가와 식당으로 향한다. 고급 레스토랑에서 베가와 함께 샤토 마고(58쪽 「셜록 홈즈」, 314쪽 「검사외전」에서 자세히 소개)를 마시는 애슐리. 참고로 애슐리가 프란시스코에게 어떤 와인인지를 물을 때 그는 샤토 메네*Chateau Meyney*라고 답한다. 하지만 테이블에 놓여진 와인은 샤토 마고가 맞다. 특정 브랜드를 말하지 않으려고 그랬을까?

애슐리는 대스타 앞에서 긴장감에 와인을 연거푸 들이키고, 할리우드 스타의 능숙한 작업 기술에 정신마저 혼미해진다. 그러다 불현듯 현실을 자각하는 듯 싶더니 이렇게 많이 마시면 안 된다며 주절주절 말을 쏟아낸다. 애슐리의 취중 대사를 옮겨보았다.

> 알코올은 내 뇌 신경에 혼란을 줘요.
> 감각을 잃어버리고
> 들뜨면서 거리낌 없어지고

열정적이고
공격적이고
짓궂어지고
우스꽝스럽게 되죠.

와인도 술이라는 걸 종종 잊는 사람들에게 이 대사를 들려주고 싶었다. 와인은 보드카처럼 한번에 털어 마시는 독주는 아니지만, 분명히 사람을 흐트러지게 만들 수 있는 알코올 음료이고 다음 날 숙취와 이불킥을 유발하는 존재이기도 하다. 와인을 마시고 있는 자신이 애슐리의 대사와 두 가지 이상 겹치는 상황에 놓였다면 주저 없이 와인 잔을 내려놓으면 된다.

와인의 알코올에 잠식당한 애슐리는 결국 바람둥이 할리우드 스타의 집에서 속옷 차림으로 롱코트 하나만 간신히 걸치고 도주하는 신세가 되어 돌아온다. 비 내리는 뉴욕의 밤거리를 맨발로 걸어 만신창이의 모습으로 호텔에 도착한 애슐리를 개츠비는 다시 받아줄 수 있을까?

### 와인과 알코올의 관계

알코올은 분명 와인의 중요한 요소다. 다만 와인은 종류가 굉장히 많아서 알코올 도수도 와인의 스타일에 따라 다양하다. 종종 알코올이 높은 와인을 좋은 와인이라고 생각하는 경우가 있는데, 밸런스가 좋다는 전제하에 알코올이 맛과 향을 풍부하게 해주기도 하지만 와인의 품질을 측정하는 절대적 기준이 될 수는 없다. 알코올 도수가 10% 안쪽인 독일 와인 중에도 세계의 와인 애호가들이 열광하는 명품 와인들이 있는 것처럼 말이다. 포도 품종이 지닌 본연의 과실 풍미, 탄닌, 산도, 알코올이 얼마만큼 조화롭게 어우러지는지가 가장 중요하다. 만약 와인의 여러 요소 중 알코올이 유독 강하다면 향과 맛에서 타는 듯한 불쾌함을 느낄 수 있다.

와인의 알코올은 효모에 의해서 만들어진다. 이 효모는 일종의 미생물로 포도의 당분을 먹어치우고 알코올과 이산화탄소를 만들어낸다. 이를 알코올 발효라고 부른다. 포도의 당도가 높을수록 최종 알코올 도수는 높아진다. 물론 무한대로 올라갈 수는 없다. 알코올이 너무 세면 효모가 죽기 때문이다. 알코올에 강한 내성을 지닌 효모도 17~18%가 한계다.

그렇다면 고당도의 포도를 얻으려면 어찌해야 할까? 해결사는 햇빛이다. 포도나무의 잎이 햇빛을 받으면 이산화탄소와 땅의 물을 활용해 당분을 만들어낸다. 이렇게 생성된 당분은 포도에 모인다. 때문에 햇빛이 긴 시간 강하게 비추는 곳일수록 포도의 당도가 올라간다. 이런 곳에서 재배된 포도는 그렇지 않은 곳보다 알코올 도수가 높은 와인을 만들 수 있다는 이야기다.

하지만 그 어떤 포도 재배자도 단순히 알코올만 높은 와인을 만들고 싶어 하지 않는다. 여기서도 밸런스가 중요하다. 세계적으로 잘 알려진 와인 산지는 일교차가 심한 곳들이 많다. 일교차는 좋은 와인을 만들기 위한 중요한 조건이다. 한낮의 뜨거운 햇살은 포도의 당분을 만들고, 저녁의 선선한 기후는 산을 생성하면서 포도가 조화롭게 익을 수 있도록 돕는다.

알코올만 높은 와인은 결코 매력적이지 않다. 사랑스럽던 애슐리도 만취하면 매력이 달아나 버리는 것처럼 와인도 적절한 균형이 중요하다.

# 「힐빌리의 노래」와 와인 테이블 매너

*Hillbilly Elegy*

**Director** 론 하워드
**Cast** 에이미 아담스(베브)
글렌 클로즈(할머니역)
가브리엘 바쏘(J.D 밴스)
헤일리 베넷(린지)
프리타 핀토(우샤)

**양손의 엄지와 검지로 동그라미를 만들어 보세요**

고급스러운 저녁 식사 테이블. 여기 위기에 봉착한 남자 J.D 밴스가 있다. 법대생인 그는 미국 주요 로펌들과의 인터뷰가 걸린 리셉션에 참석한다. 이 행사는 로펌 관계자와 법대생들이 한 자리에서 만나 대화하고, 자연스럽게 저녁 식사까지 이어가며 인터뷰하는 중요한 면접 자리다. 모두 자연스럽게 와인을 마시며 식사를 이어가는데 밴스는 등에 식은땀이 흐른다.

영화 「힐빌리의 노래」는 포크를 뭐부터 써야 할지 몰라 난감한 J.D 밴스의 동명의 회고록을 원작으로 만들어진 영화다. 그는 리셉션 장소에 도착하자마자 와인을 권하는 직원 때문에도 당황한다. 직원은 화이트 와인 두 종류 중 어떤 것을 하겠냐고 묻는다. 이때 직원이 제안한 화이트 와인은 샤르도네와 소비뇽 블랑이다. 그가 참석한 모임은 미국 상류층들의 만남이며, 여기에 참석한 사람이 그에 맞는 매너를 갖추고 있는지 판단하는 일종의 테스트인 셈이다.

밴스는 자신이 희망하는 로펌 관계자의 테이블에 앉게 되지만, 테이블 위의 수많은 포크와 나이프를 보고 당황한다. 밴스는 미국 최고의 명문이라 할 수 있는 예일대 법대에 다니는 엘리트이지만, 평생 테이블 매너를 익힐 기회가 없었다.

영화의 제목 속 '힐빌리'는 가난한 미국 백인 노동자 계급을 일컫는 말이다. 그들은 이민 초기 풍요로운 중동부에 자리 잡지 못하고 애팔래치아 산맥의 탄광촌으로 흘러 들어갔다. 마약과 가정 폭력에 쉽게 노출되었고 이런 환경은 매우 슬프게도 대물림되고 있다. 밴스 역시 할아버지 때부터 이어온 불우한 환경을 거부하지 못한 채 살고 있었다.

가난과 폭력의 대물림을 끊어내기로 결심한 밴스의 할머니는 그를 자신의 집으로 데려와 호되게 교육시킨다. 결국 밴스는 할머니의 기대에 부응했고, 고교 졸업 후 해병대에 자원해 다녀온 뒤 예일대까지 입성하게 된다. 그렇게 예일대 타이틀을 얻었지만 그 근간은 힐빌리였던 밴스의 인생에서 그와 그의 가족들은 고급 식기를 쓸 만한 레스토랑을 방문한 일이 단 한 번도 없었던 것이다. 그는 자리에서 벗어나 자신의 여자친구 우샤에게 전화한다. 우샤는 지혜롭고 다정하게 밴스에게 테이블 매너를 알려준다. 이 장면은 두 사람의 관계와 신뢰를 잘 드러내준다.

와인을 모를 때는 가장 드라이한 것을 달라고 할 것. 식기는 바깥쪽부터 사용하며, 양옆이 아닌 접시 위에 있는 스푼은 후식용 스푼. 스푼이 너무 크면 수프용이고 칼날이 울퉁불퉁한 나이프는 생선용으로 사용할 것. 마지막으로 양손의 엄지와 검지를 맞닿게 만들어볼 것. 왼쪽은 영문 이니셜 'b', 오른쪽은 영문 이니셜 'd'가 만들어지는데 'b'는 'bread'를 'd'는 'drink'를 연상시킬 수 있어서 왼쪽이 자신의 빵이고 오른쪽이 자신의 물잔!

우샤의 완벽한 설명에 감탄할 수밖에 없었다. 한국에서는 짧게 '좌빵우물'로 표현해왔는데, 'b'는 'bread' 'd'는 'drink'라는 표현도 굉장히 센스 있게 다가왔다. 우샤의 도움으로 심기일전한 밴스는 테이블에 돌아와 자신의 와인 잔을 제대로 찾아 마시고 침착하게 식사를 이어간다.

이미 원작 에세이를 통해 주인공 밴스가 실리콘 밸리에서 성공한 사업가가 되었다는 결말을 알고 있는 분들도 있겠지만, 그럼에도 불구하고 영화는 집중해서 볼 가치가 충분히 있다. 밴스의 가족들이 어떻게 서로의 발목을 붙잡고, 또 어떻게 서로를 절망에서 희망으로 끄집어내는지를 보여주는 것이 이 영화가 가진 진짜 힘이다.

# 「버닝」과
# 시골집 마당에서 마신 와인

**Director** 이창동
**Cast** 유아인(종수)
스티븐 연(벤)
전종서(해미)
**Wine** 샤토 라그랑주(프랑스 보르도)

**종수, 해미, 벤이 마지막으로**
**함께였던 순간에 마신 와인**

작가가 되기를 꿈꾸지만, 이렇다 할 습작도 없이 유통회사 아르바이트 일로 근근히 생활하는 종수. 활력 없던 그의 삶에 어린 시절 한 동네에서 살았던 해미가 나타난다. 성인이 되어 만난 두 사람의 연결고리는 초등학교 시절의 기억뿐이었지만, 서울살이의 외로움과 가난, 닿지 않는 꿈을 품고 사는 젊음이라는 공통분모는 두 사람을 짧은 시간에 연인 사이로 만들어준다.

해미는 아르바이트로 돈을 모아 아프리카 여행을 떠나며 종수에게 고양이 밥을 챙겨줄 것을 부탁한다. 해미의 여행이 길어질수록 종수의 그리움도 깊어진다. 드디어 해미가 한국에 돌아오는 날, 종수는 기쁜 마음에 고향집 트럭을 몰고 공항까지 마중을 나간다. 하지만 해미 옆에는 아프리카에서 만났다는 벤이라는 남자가 있다. 종수와 해미가 가난을 물려받은 흙수저라면, 벤은 부를 물려받아 노는 것이 직업인 금수저다. 고급 빌라에 살며 포르쉐를 몰고 "재미만 있으면 난 뭐든지 한다"고 말하는 벤은 수집광적인 면모를 보인다. 하지만 위험한 것은 그 대상이 물건이든 사람이든 경계가 없다는 점이다. 그는 해미를 자신의 새로운 수집품처럼 바라보고 오직 종수만이 벤의 시선을 의심한다.

하지만 벤은 종수를 경계하지 않는다. 오히려 작가가 되고 싶어 하는 종수를 흥미로워하며 자신의 숨은 이야기를 해주기도 하고, 종수를 자신의 일상에 들이거나 종수의 일상에 자신이 들어가는 것에 거리낌이 없다.

한편 감옥에 들어간 아버지를 대신해 고향집 축사를 지키게 된 종수는 대남방송이 들려올 정도로 북한이 가까운 파주 시골집에 머물며 패배감에 묻혀 지낸다. 그런 종수에게 해미와 벤이 와인 한 병을 들고 찾아온다. 종수는 벤의 방문이 반갑지 않지만 그렇다고 해미를 거절하지도 못한다. 그렇게 세 사람은 종수의 시골집 마당에 나란히 앉아 와인을 마시며 노을을 바라본다.

해미는 노을을 바라보며 "좋다. 오늘이 제일 좋은 날 같아"라며 웃음 짓고, 이를 바라보는 두 남자도 각자의 이유로 웃음이 난다. 또 다른 사건을 앞두고 이 세 사람이 함께한 마지막 순간. 이들은 어떤 와인을 마시고 있었을까?

그 주인공은 보르도 메독의 그랑 크뤼 클라세 중 하나인 샤토 라그랑주*Chateau Lagrange*다. 메독에서도 생줄리앙 마을에 위치한 샤토 라그랑주는 1855년 보르도 그랑 크뤼 클라세가 지정될 때 3등급에 랭크된 곳이다.

샤토 라그랑주는 무려 600여 년 전 중세시대까지 거슬러 올라가는 유구한 역사를 지녔다. 과거에는 두 영지로 분리되어 있었지만 17세기에 하나로 합쳐지면서 샤토 라그랑주로 불리게 된다. 이후 여러 차례 주인이 바뀌면서도 늘 좋은 품질의 와인을 생산해온 샤토 라그랑주는 1842년 뒤샤텔 백작이 와이너리를 소유할 당시 전성기를 구가했다. 백작은 포도밭에 배수관을 설치하고 포도나무들에 창궐하는 파우더리 밀듀(흰가루병곰팡이) 같은 병에 대항하기 위해 황을 사용하는 등 여러 혁신적인 기술을 도입하면서 와이너리의 위상을 한껏 끌어올렸다. 샤토 라그랑주가 1855년 메독 그랑 크뤼 클라세 3등급에 오를 수 있었던 것도 백작의 업적과 무관하지 않다.

하지만 샤토는 그의 사후, 1860년대부터 긴 침체기에 들어간다. 유럽의 포도밭을 강타한 필록세라, 세계대전, 경제 공황이 와이너리에도 크게 타격을 입혀 포도밭은 조각조각 매각되어 팔려 나갔고 과거 화려했던 시절의 명성은 희미해져 갔다.

샤토 라그랑주가 침체기를 겪는 동안에도 투자자들은 늘 이곳을 주목했는데, 그 이유는 와이너리가 생줄리앙 마을 안에서 가장 좋은 토양에 위치해 있다는 점 때문이었다. 참고로 생줄리앙은 1855 그랑 크뤼 클라세에 선정된 와인이 무척 많이 생산되는 마을이다. 비록 1등급 와인은 없지만, 2등급이 5개, 3등급이 2개, 4등급 샤토가 4개가 있고, 지역의 80%가 그랑 크뤼 클라세 와인을 탄생시키고 있다. 필자도 생줄리앙 와인이라면 그랑 크뤼 클라세가 아니더라도 믿고 구매할 정도로 품질을 신뢰한다.

길었던 침체기를 지나보낸 샤토 라그랑주는 1983년 일본의 산토리가 주인이 되면서 비로소 안정기에 접어들게 된다. 산토리는 포도밭과 양조 시설에 과감한 투자를 하고, 실력 있는 양조자를 영입해 품질 관리에 공을 들였다. 동시에 본래 재배하던 카베르네 프랑과 말벡을 과감히 배제하고 카베르네 소비뇽, 메를로, 프티 베르도 세 품종만으로 와인을 만들기 시작했다.

샤토 라그랑주는 농밀한 맛과 깊은 향 그리고 결이 곱고 파워풀한 탄닌을 갖춘 와인이라고 생각한다. 입안에 전달되는 조밀한 구조감을 음미하다 보면 세련되고 근사한 남성이 떠오르기도 했는데, 영화 속 벤의 캐릭터와 묘하게 겹쳐진다.

버닝은 해석이 필요한 영화다. 그래서 영화를 반복해서 볼수록 그 안에 새로운 점들을 찾아내는 재미도 있다. 이미 영화를 세 번 봤지만 한 번 더 다시 볼 의향이 있다. 물론 그때는 샤토 라그랑주 한 병을 준비해서 자리에 앉을 예정이다.

# 「그린 북」, 치킨은 죄가 없다

*Green Book*

**Director** 피터 패럴리

**Cast** 비고 모텐슨(토니 발레롱가)
마허샬라 알리(돈 셜리 박사)

89

## 치킨은 잘못이 없지만, 인간은 무례할 수 있다

1962년 뉴욕, 나이트클럽에서 해결사로 일하는 토니는 클럽이 두 달간 문을 닫게 되자 지인의 추천으로 운전기사 일을 맡게 된다. 하지만 토니는 자신의 고용인 셜리 박사를 만나고는 그가 흑인이라는 것에 당혹스러워한다. 영화의 배경은 1960년대 미국이다. 흑인은 백인과 함께 식사를 할 수 없고 같은 화장실을 쓸 수도 없는 인종 차별을 겪던 시기다. 한편 셜리는 흑인이지만 백악관에 두 번이나 초청될 정도로 뛰어난 피아니스트다. 그는 미국 전역으로 8주간의 투어를 떠나는데, 흑인에 대한 인종 차별이 심한 남부도 일정에 포함되어 있다.

공연 기획자는 투어를 떠나기 전 토니에게 그린 북을 건네준다. 이 책은 당시 흑인들이 남부 지역을 무사히 여행할 수 있도록, 방문할 수 있는 숙박과 식당을 정리한 책이다. 여기서 '무사히'라는 것은 그 외 숙박 시설과 식당을 찾아가면 안 된다는 의미이기도 하다.

셜리는 투어를 하는 동안 공연장에 스타인웨이 피아노를 준비해줄 것과 매일 밤 호텔방에 위스키 한 병을 준비해 달라고 요구한다. 영화의 초반에는 이러한 요구가 비교적 잘 지켜지지만, 남부로 내려갈수록 셜리가 지내는 숙소는 점점 더 허름해진다. 셜리는 자신과 함께 연주하는 백인 팀원들과도 어울리지 못하고 남부의 흑인들과도 섞이지 못하는 외톨이 같은 존재다. 셜리가 연주하는 그 순간에는 모든 이들이 감동을 느끼며 박수를 쳐주지만, 연주가 끝난 뒤 셜리는 그저 흑인일 뿐이다. 화장실이라도 쓰려 하면 셜리를 환대했던 백인 부자는 집 밖에 지어진 흑인 전용 화장실을 사용하라고 말한다. 이런 차별에 대한 설움을 연주로 승화시키려는 듯 셜리는 끝까지 훌륭한 연주를 이어간다.

유일하게 셜리를 차별하지 않고 존중하는 이가 바로 토니다. 사실 그도 투어를 시작하기 전에는 흑인에 대한 차별이 분명한 사람이었다. 그러나 셜리와 함께 지내면서 그의 재능과 품위 있는 행동을 보고 진정으로 셜리를 존경하게 된다.

투어의 중반 셜리는 노스캐롤라이나의 부유한 백인의 집에 초대된다. 연주가 시작되기 전 셜리를 위한 특별한 만찬이 준비되고, 화려한 꽃장식, 촛불, 샴페인과 레드 와인까지 테이블을 화려하게 수놓는다. 환대에 크게 감동한 셜리를 향해 집주인은 의기양양하게 말한다.

"셜리 씨가 좋아할 만한 음식을 가정부들에게 물어봤죠. 주방에서 특별히 준비한 메뉴입니다. 가정식 프라이드 치킨!"

굳어가는 셜리의 표정을 읽지 못했는지, 아니면 프라이드 치킨이 무슨 의미인지 모르는지 토니는 그저 셜리를 위해 박수를 보내고 있다. 그 자리에서 프라이드 치킨의 의미를 모르는 사람은 순진한 토니 한 사람뿐일 것이다.

서구권에서 프라이드 치킨은 공공연하게 흑인 노예들의 음식이라는 인식이 굳어져왔다. 그 옛날에 백인이 먹지 않는 닭 부위를 그냥 먹을 수 없어 튀기고 고향에서처럼 양념을 발라 먹으며 프라이드 치킨을 발전시켰기 때문이다. 굳이 흑인 앞에서 프라이드 치킨 운운하는 것은 한국인에게 김치 냄새 얘기를 꺼내는 것과 비슷한 맥락이다.

이와 관련한 일화로 2013년 골프 선수 타이거 우즈와 세르히오 가르시아의 치킨 사건이 있다. US오픈 인터뷰에서 기자가 가르시아에게 이번에 우승하면 타이거 우즈를 집에 초대하겠냐는 질문을 하자, 가르시아는 타이거 우즈를 매일같이 초대할 것이고 치킨을 대접하겠다고 말했다. 이 인터뷰로 가르시아는 아디다스 브랜드 계약이 끊길 뻔했고, 선수 생활 중 저지른 최악의 실수라는 꼬리표를 달게 되었다. 그는 후에 인터뷰에서 타이거 우즈에게 사과한다고 했고, 실제로 진정성을 보이며 사과를 전했다. 하지만 타이거 우즈는 "매우 실망스럽고 가슴이 아프다"라고 답했다.

와인은 한국의 문화가 아니다. 그렇기 때문에 현지의 와인 문화와 식문화에 대한 이해도 필요하다. 그것이 인종 차별과 연결되어 있을 때는 더욱 조심해야 한다. 만약 외국 친구들과 치킨에 와인 한 잔을 하게 되었을 때 상대방이 흑인이라면 "너 치킨 좋아하잖아"라고 묻는 불상사는 생기지 않길 바란다. 그것이 혹여 사실일지라도 굉장한 무례가 될 수 있다.

그렇다면 와인을 즐길 때 지켜야 할 와인 예절 같은 게 있을까? 결론부터 이야기하면 있긴 하지만 강박에 가깝게 지킬 필요는 없다.

첫째, 와인을 서빙받을 때 와인 잔을 들지 않는 게 좋다. 와인 잔을 잡은 손이 떨리면 와인을 따르다가 튈 수 있기 때문이다. 예의를 표하고 싶다면 테이블 위에 놓인 와인 잔의 바닥에 가볍게 손을 올리는 것으로 충분하다.

둘째, 잔은 편한 대로 잡으면 된다. 와인 잔의 다리를 잡는 것에 강박을 가지는 이들이 있는데 그럴 필요는 없다. 다리(스템)을 잡는 이유는 와인 잔의 볼을 잡게 되면 손의 열이 전달되어 와인의 향과 맛이 변할 수 있기 때문이다. 어느 정도는 사실이지만, 와인을 마실 때 아주 잠깐 볼을 잡는다고 와인의 온도가 크게 변하지는 않으므로 걱정하지 말자.

셋째, 와인의 향을 맡기 위해 잔을 스월링할 때는 시계 반대 방향으로 잔을 돌리자. 오른쪽으로 돌리다가 실수로 와인이 튀어 나오면 주변 사람들에게 튀게 된다. 물론 왼쪽으로 돌려도 튈 수 있지만 대부분 자신의 가슴으로 튀기 때문에 더 안정적이다.

넷째, 건배를 할 때는 잔의 배 부분으로 부딪치자. 입이 닿는 림 부분으로 부딪치면 잔에 금이 가거나, 심하면 깨질 수 있다. 그리고 배 부분끼리 닿는 게 소리도 좋다.

다섯째, 레스토랑에서 와인을 시키면 소믈리에가 와인을 오픈한 뒤 한 모금 정도 따라주곤 한다. 어색할 수 있지만, 오픈한 와인이 변하지 않았지 확인해 달라는 뜻이다. 와인에서 젖은 신문지 향이나, 곰팡이 향 같은 게 나지 않고 멀쩡하다면 좋다는 의사를 표현하면 된다. 종종 코르크를 건네주기도 하는데, 코르크의 상태를 확인해 달라는 것이다. 와인의 보관이 잘못되면 코르크에 곰팡이가 피거나 와인에 흠뻑 젖은 상태가 되기도 한다. 코르크가 깨끗해 보인다면 그대로 코르크를 내려놓으면 된다.

이외에도 세부적인 에티켓이 있지만, 머릿속에 반드시 새겨두어야 할 정도는 아니니 위의 다섯 가지 정도만 신경 쓰면 와인 예절은 문제없을 것이다. 진짜 매너는 상대방을 배려하는 것에서 시작한다는 걸 잊지 말자.

# 「로마의 휴일」, 와인이 건강에 좋을까?

Roman Holiday

Director 윌리엄 와일러
Cast 오드리 헵번(앤 공주)
그레고리 펙(조 브래들리)

### 차가워진 몸을 녹여주는 와인 한 잔

오드리 헵번의 대표작 「로마의 휴일」은 로맨틱 코미디 장르의 클리셰를 만든 영화다. 이후 수많은 영화가 로마의 휴일을 오마주하거나 영화 속 설정을 차용해왔다. 그래서 이 고전을 현대의 관객이 지금 봐도 어색함이 느껴지지 않는다.

「로마의 휴일」은 유럽을 순방 중인 앤 공주가 로마에 파견 나온 미국인 기자 조 브래들리와 만나 하루 동안의 시간을 함께하게 되면서 사랑에 빠지는 내용이다. 빼곡한 스케줄에 지칠 대로 지친 앤 공주는 사람들의 시선을 피해 대사관을 빠져나오는 데는 성공하지만, 침실에서 먹었던 수면제 때문에 벤치에서 잠이 들고 만다. 조 브래들리는 위태로이 잠들어있는 앤을 발견하고 집으로 데려온다. 그녀의 정체를 몰랐던 조는 하루만 재워주고 보낼 계획이었지만, 다음 날 사무실에 출근해 앤 공주의 사진을 보고 자기 집에 있는 여자와 동일 인물이라는 것을 알게 된다.

그는 특종을 잡기 위해 앤을 데리고 로마 시내를 관광시켜주며 미리 섭외한 사진사를 통해 몰래 사진을 찍는다. 그런데 앤의 순수함과 아름다움이 과해도 너무 과하다. 조는 앤과 함께 하루를 보내며 오히려 자신의 마음을 모두 빼겨버린다. 앤의 마음도 같았던 것인지 조와의 헤어짐을 미루고 싶어한다. 이때 앤 공주를 찾기 위해 경호원들이 몰려오고 둘은 경호원들을 피해 도망치다 물에 빠지게 된다. 물에서 빠져나와 차가워진 앤의 몸을 안아주

는 조는 날뛰는 마음을 누르지 못하고 앤에게 키스한다. 정체도 들켰고, 마음도 들켰고, 경호원들에게 위치도 들킨 이 상황에서 이 두 사람은 어떻게 해야 할까?

조의 집으로 돌아온 앤과 조 사이에는 어색함이 흐른다. 젖은 옷을 갈아입고 나온 앤에게 "잘 맞는군요. 맨날 내 옷만 입어야겠네요"라며 귀엽다는 듯 바라보던 조는 준비한 와인을 앤에게 건네주며 말한다.

"와인을 마시면 몸이 따뜻해질 거예요."

두 사람은 마치 감기약을 마시듯 와인을 들이킨다. 잠시 위기를 벗어나기는 했지만, 이제 결정을 내려야 할 시간이 왔다. 영화의 결말은 많은 사람이 잘 알고 있기에 굳이 언급하지 않겠다.

여기서는 와인이 정말 몸에 좋을까 하는 궁금증을 풀어보기로 한다. 우선 이야기하고 싶은 것은 와인은 술이라는 것이다. 적당량일 때 좋은 효과가 있더라도 과하면 아무 소용이 없다.

와인은 포도즙을 효모가 발효시켜 만들어진 알코올 음료다. 포도는 껍질, 과육, 씨로 이루어져 있고, 특히 껍질에는 정말 좋은 성분들이 많다. 탄닌, 레스베라트롤, 안토시아닌 등. 누구나 한 번쯤은 들어봤을 단어인데, 이것들이 대표적인 항산화 성분으로 몸에 좋은 역할을 한다고 알려져 있다. 특히 레드 와인은 껍질에서 우러나온 그 성분들이 와인에도 그대로 남아 있어서 심혈관계에 좋은 영향을 줄 수 있다는 연구가 과거에도 지금도 발표되고 있다. 대표적인 것이 바로 프렌치 패러독스*French Paradox*다.

프렌치 패러독스란 프랑스인들이 미국인과 영국인 못지않게 고지방의 식사를 하고도 허혈성 심장병에 덜 걸리는 현상을 말한다. 1980년대부터 관련 연구가 진행됐고, 특히 WHO의 모니카 프로젝트에 의해 뒷받침되어 그 원인이 레드 와인 때문이라고 보고되었다. 프렌치 패러독스가 널리 알려진 이유는 이 연구 결과가 1991년 미국 CBS의 인기 프로그램인 「60 Minutes」에 소개되면서부터다. 방송 이후 미국 내 와인 판매량이 4배나 증가했고, 우리나라에서 유난히 레드 와인의 판매가 많은 것도 이와 무관하지 않다.

레드 와인과 건강에 관한 연구는 비교적 최근인 2015년에도 있었다. 저녁 식사에 와인을 한 잔 곁들이는 것이 2형 당뇨병 환자들의 혈당 조절에 도움을 줄 수 있다는 연구 결과가 미국 내과 전문 매거진인 「Annals of Internal Medicine」에서 발표된 것이다.

연구를 진행한 아이리스 샤이*Iris Shai* 교수는 2형 당뇨병 환자 224명을 레드 와인 군, 화이트 와인 군, 미네랄워터 군으로 무작위 배정하고 저녁 식사와 함께 2년간 약 150ml씩 마시게 했다. 식사는 칼로리 제한 없이 지중해 식단을 제공했고 연구 1년 차, 2년 차에 콜레스테롤, 혈당 등을 측정했다.

그 결과, 미네랄워터 군보다 와인 군에서 좋은 콜레스테롤 수치가 높아지고, 혈당 조절에 도움이 되는 동시에 수면의 질이 높아졌으며 심장질환 위험도 감소하는 결과가 나왔다. 이는 화이트보다 레드 와인에서 더 뚜렷했다. 이외에도 많은 연구에서 레드 와인의 효능에 대해서 이야기하는데, 다시 말하지만 중요한 것은 개인의 체질을 고려한 적당량의 섭취다. 사실 이게 가장 중요하다. 과유불급!

# 「초콜릿」은 포트 와인과 함께

*Chocolate*

**Director** 라세 할스트롬
**Cast** 줄리엣 비노쉬(비앙 로쉐)
조니 뎁(루)
주디 덴치(아르망디)
레나 올린(조세핀 무스카트)
앨프리드 몰리나(레노)
캐리앤 모스(카놀린)
빅투아르 티비솔(아누크)

## 초콜릿은 달콤한 주정 강화 와인과 함께

보는 내내 달콤한 향이 풍겨오는 것 같은 착각이 드는 영화가 있다. 바로 2000년에 개봉한 「초콜릿」이다. 영화는 독실한 가톨릭 신자들이 모여 있는 프랑스의 작은 마을에, 빨간 망토를 뒤집어쓰고 두 개의 짐 가방을 든 비앙과 그녀의 딸 아누크가 등장하면서 시작된다. 떠돌이 생활을 하던 모녀는 마을 광장 안쪽에 빈 가게를 빌려 초콜릿 가게를 오픈한다.

사순절 기간, 금식해야 하는 시기에 이방인 모녀가 초콜릿 가게를 여는 것이 탐탁지 않던 시장 레노는 사람들을 선동해 비앙 모녀를 내쫓을 궁리를 한다. 하지만 비앙을 경계하던 마을 주민들은 그녀의 따뜻한 태도와 달콤한 초콜릿에 점점 마음이 녹아내리고, 비앙의 가게는 점점 활기를 띠게 된다.

한편 마을 강가에 보트를 타고 온 집시 무리가 정박한다. 집시의 리더 루는 자신들에게 친절하게 대해주는 비앙에게 호감을 느끼고, 둘은 로맨틱한 시간을 함께 보낸다. 레노는 안 그래도 눈에 거슬리는 비앙이 집시 무리와 어울리자 이들을 한 번에 쫓아버릴 계략을 세우고, 두 사람에게는 점점 이별의 시간이 다가온다. 비앙은 떠돌이 생활을 접고 사랑하는 딸과 함께 이 마을에 터를 잡을 수 있을까?

영화는 표면적으로는 비앙 모녀의 마을 정착기를 그리고 있지만, 그 이면에는 상징적인 표현들이 자주 등장한다. 금욕과 절제를 미덕으로 삼는 이곳에서 비앙의 존재는 욕망이고 종교적으로는 이단이라 할 수 있다. 그렇지만 욕망을 억누르고 살아가는 것과 욕망을 드러내고 사는 것, 두 가지에 옳고 그름을 따질 수 있을까?

보수적인 문화가 짙게 깔린 시골 마을에서 사람들은 비앙의 초콜릿을 통해 해방과 자유를 맛본다. 그리고 제목에 걸맞게 비앙과 주민들이 함께 만들어내는 초콜릿의 향연이 펼쳐진다. 그 중 비앙의 특별 레시피인 '칠리 페퍼를 넣은 진한 핫초코'가 필자의 마음을 빼앗았다. 건물 주인인 아르망디 할머니가 이 핫초코의 단골 고객으로 등장하는데, 비앙의 특제 핫초코는 독설을 입에 달고 사는 아르망디의 마음마저 녹여준다. 필자는 그 맛이 너무나 궁금해 카페를 갈 때면 핫초콜릿 메뉴를 눈여겨보곤 했다. 하지만 끝내 찾을 수 없어, 궁여지책으로 집에서 핫초코에 고춧가루를 넣어서 마셨던 기억이 난다. 영화 속 맛은 아니겠지만, 한 번 도전해볼 만한 맛이다. 입안에 달콤함과 매콤함이 퍼지면서 강렬한 맛을 선사한다.

비앙의 완벽한 초콜릿 가게에 한 가지 아쉬운 점이 있다. 바로 초콜릿과 어울리는 와인이다. 그래서 초콜릿과 환상적인 궁합을 보여주는 주정 강화 와인을 소개한다.

주정 강화 와인이란 발효 중인 혹은 발효를 끝낸 와인에 브랜디를 첨가한 것을 말한다. 발효 중에 브랜디를 첨가하면 아직 발효되지 않은 포도의 천연 당분이 그대로 와인에 남아 달콤한 스타일이 되고, 발효가 끝난 와인에 브랜디를 넣으면 드라이한 스타일이 된다. 이때 사용되는 브랜디는 반드시 포도를 증류시킨 맑고 순수한 브랜디를 사용한다. 완성된 주정 강화 와인은 알코올 도수가 20도 내외로 일반 와인에 비해 높아 오픈한 뒤에도 향과 맛을 오랜 시간 즐길 수 있는 장점이 있다.

이와 같은 주정 강화 와인의 대표 주자가 포르투갈의 포트 와인이다. 포르투갈은 오랜 시간 북부 포르토항에서 영국으로 와인을 실어 나른, 긴 와인 역사를 지닌 곳이다. 도우루강 상류의 가파른 계곡을 따라, 120km에 달하는 긴 포도밭에서 만들어진 와인들은 배를 타고 강 하류 포르토 항구에 모여서 숙성을 거쳤다. 숙성을 끝낸 와인들은 배에 실려 영국을 비롯한 유럽 국가로 퍼져나갔다. 그런데 긴 항해 기간에 와인이 변질되는 일이 자주 발생하자, 포르투갈의 와인 업자들은 와인의 풍미를 보존하기 위해 브랜디를 섞기 시작했다. 주정 강화 와인의 탄생이다. 대부분의 포트 와인은 발효 도중에 브랜디를 섞기 때문에 달콤한 스타일이다.

포트와 어깨를 나란히 하는 주정 강화 와인이 스페인 헤레스 지방에서 만드는 셰리*Sherry*다. 이 또한 영국에서 포트 와인의 유행이 한 차례 지나갔을 때, 포트의 빈자리를 꿰찬 후 오랜 시간 영국인들에게 사랑을 받았다. 셰리는 기본적으로 발효가 끝난 와인에 브랜디를 섞기 때문에 드라이하다. 그러나 크림 셰리나 페드로 히메네즈 셰리처럼 달콤한 것도 찾아볼 수 있다.

포트와 셰리가 주정 강화 와인의 양대 산맥임에는 분명하지만, 여기서 끝내기에는 아쉬울 만큼 맛있는 주정 강화 와인이 하나 더 있다. 바로 마데이라*Madeira*다. 마데이라섬에서 만들어지는 마데이라는 포트 와인처럼 브랜디를 발효 도중에 섞기 때문에 달콤한 스타일이 대부분인데, 45도 이상의 고열에서 와인을 열화시키는 과정을 거치는 것이 특징이다. 전통적으로 양조장의 지붕 밑에서 뜨거운 햇빛을 견뎌내며 열화를 진행하지만, 근래에는 온도 조절 시스템을 갖춘 탱크에서 열화를 거치기도 한다. 열을 가했기 때문에 다른 주정 강화 와인에서는 느낄 수 없는 독특한 풍미가 있다.

훌륭한 와인 페어링으로 식사를 즐겼다면 디저트와 함께 달콤한 주정 강화 와인으로 마무리해야 한다. 달콤한 스타일의 주정 강화 와인들은 캐러멜, 초콜릿, 견과류, 꿀 등 코를 간질이는 풍미로 가득하다. 티라미수나 호두파이, 잼을 바른 푸아그라, 초콜릿과 좋은 페어링을 보여준다. 필자는 주정 강화 와인들을 마실 때면 초콜릿의 유혹을 참아내기가 힘들다. 비앙의 가게에, 세 와인 모두는 아니더라도, 포트 와인이라도 하나 넣어주고 싶다. 특히 소금을 뿌린 초콜릿과 달콤한 주정강화 와인은 단짠의 완벽한 조화를 만들어내니 꼭 경험해보기를.

# 「더 킹」, 한강식 검사장의 와인 취향

*The King*

**Director** 한재림
**Cast** 조인성(박태수), 정우성(한강식)
배성우(양동철), 김아중(임상희), 류준열(최두일)

### 권력의 식탁, 블랙 타이 와인 잔

고향 목포에서 학교 짱 노릇을 하며 살던 태수는 어느 날 동네 건달로 살아가던 아버지가 집으로 찾아온 검사의 발 앞에 무릎을 꿇고 비는 것을 보게 된다. 그 모습에 그는 곧바로 인생의 방향을 바꾼다. 태수는 무릎을 꿇고 비참하게 빌고 있는 아버지가 안쓰러웠던 것이 아니다. 검사의 모습에서 진정한 권력의 힘을 느껴 자신도 검사가 되기로 한다. 그리고 영화는 공부가 아닌 싸움으로 짱을 먹던 인간이 전교 1등이 되고, 서울대 법학과까지 진학하고, 고시 패스 후 부잣집 딸과 결혼해서 진짜 검사가 되는 과정을 빠르게 그려낸다.

모든 것을 다 가진 것 같았던 태수는 검사의 세계로 들어가자 그 안에 또 다른 권력 구조가 있다는 것을 알게 된다. 그리고 그 권력 구조의 꼭대기에는 설계자 한강식 부장 검사가 있다. 어느 날 태수는 학생을 성폭행한 파렴치한 교사의 사건을 맡게 되는데, 그 교사는 집안의 배경을 등에 업고 한강식 부장 검사와 결탁한 인물이다. 태수는 한강식 검사의 전략부로 들어가기 위해 양심을 버리고 사건을 대충 마무리한다. 그리고 한강식 라인을 타게 된 태수는 승승장구한다. 한편 그의 오랜 친구이자 조직 폭력배인 두일은 태수를 비롯한 검사들의 더러운 일을 처리해주며 조직의 일인자가 되기 위해 고군분투한다. 태수와 두일, 이 두 사람의 권력은 과연 어디까지 갈 수 있을까?

권력에 취한 한강식과 그의 와인 취향을 이야기해보려고 한다. 한강식은 누구와도 권력을 나누지 않고 혼자서 독차지하는 인물이다. 그는 고급 식당에 홀로 앉아 최고급 스테이크와 최고급 와인을 곁들여 자신의 권력을 음미하듯 천천히 식사를 즐긴다. 영화에서는 와인병이 등장하지 않지만, 그가 최고급 와인을 즐기고 있다는 것은 그의 테이블에 오른 와인 잔이 설명해준다. 바로 최고의 와인 글라스 제조사인 오스트리아 리델*Riedel* 사의 블랙 타이 시리즈다.

블랙 타이 시리즈는 이름처럼 와인 잔의 다리 부분이 검은색으로 디자인된 최고급 크리스털 와인 잔이다. 리델이 설립 50주년을 기념해 출시한 이 시리즈는 지금까지 와인 애호가들에게 워너비 와인 글라스가 되어주었다. 사실 블랙 타이 시리즈는 2008년 첫선을 보였기 때문에 영화의 배경이 되는 2000년 초반에 한강식 검사가 블랙 타이 잔을 사용했다는 것은 말이 되지 않는다. 옥의 티지만, 그의 최고를 향한 집념을 표현하기 위해선 블랙 타이만큼 적당한 잔이 없었을 거라 생각하고 너그러이 넘어가도록 하자.

필자는 여기서 블랙 타이 잔을 사용한 한강식의 와인을 상상해보았다. 그의 강인하고 주도적인 성격과 최고를 향한 욕망은 미국 프리미엄 와인을 떠올리게 한다. 그중에서도 하나의 와인이 자연스럽게 떠올랐는데 바로 오퍼스 원*Opus One*이다.

오퍼스 원은 프랑스 최고의 와인 명가와 당시 미국 최고의 와인 명가가 합작해서 만든 프로젝트 와인이다. 두 주인공은 프랑스 보르도 메독 그랑 크뤼 클라세 1등급에 빛나는 샤토 무통 로칠드와 지금은 고인이 되었지만 미국 와인 업계의 전설이 된 로버트 몬다비의 이름을 그대로 딴 로버트 몬다비 와이너리다. 두 와이너리의 프로젝트 와인은 1981년에 최초로 한 케이스만 소개되었고 '나파 밸리 와인 옥션'에서 무려 24,000달러에 낙찰되었다. 그때까지 이렇게 큰 금액에 미국 와인이 거래된 적은 없었다고 한다.

이후 1982년 두 가문은 본격적으로 오퍼스 원 프로젝트를 가동하기 위해 와인의 레이블을 함께 디자인했다. 이름의 경우 처음에는 Opus(클래식 음악에서 작품을 뜻하는 단어)로 로칠드 가문에서 제안했다가 이틀 뒤 ONE을 붙여서 최종적으로 오퍼스 원이 되었다. 오퍼스 원은 1984년에 1979년과 1980년 빈티지를 동시에 출시했고, 미국 프리미엄 와인의 효시가 되었다. 물론 슈퍼 프리미엄 와인답게 지금도 와인 가격이 만만치 않다. 10년 전만 해도 50만 원 이하로 구할 수 있던 이 와인은 근래에는 100만 원을 호가하는 와인이 되었다.

영화의 후반, 재기에 성공한 태수가 한강식을 노리자 그제야 한강식은 태수를 자신의 테이블로 초대한다. 처음으로 권력의 테이블에 자신만이 아닌 다른 이를 앉힌 것이다. 한강식은 태수에게 "자신이 역사고 나라다, 네가 나를 이길 수 있을 것 같냐"며 압박한다. 이에 태수는 "당한 것은 보복해야 한다. 그것이 정치의 엔지니어링"이라며 한강식을 통해 배웠던 철학을 읊으며 물러서지 않는다. 이제 태수는 한강식이 차린 권력의 테이블에서 온전히 떠나갈 수 있게 되었다. 지금껏 홀로 와인을 마시며 권력에 취했던 한강식에게 이런 말을 해주고 싶다.

"홀로 마시는 와인은 아무것도 남기지 않는 인생과 같다."

이 문장은 필자가 와인을 접했던 초기에 만난 문장이다. 아쉽게도 이 문장의 주인이 누구인지는 알지 못한다. 작가 미상의 원주인에게 필자의 와인 인생에 이 글귀가 얼마나 큰 영향을 주었는지 이 자리를 빌어 감사의 인사를 전하고 싶다.

# 「몽상가들」, 부르주아의 와인 셀러에서 훔친 와인

*The Dreamers*

**Director** 베르나르도 베르톨루치

**Cast** 마이클 피트(매튜)
에바 그린(이사벨)
루이 가렐(테오)
로빈 레누시(테오와 이사벨의 아버지)
안나 챈셀러(테오와 이사벨의 어머니)

**Wine** 샤토 라피트 로칠드 1955,
샤토 샤스 스플린 1959(프랑스 보르도)

### 부모님의 와인 셀러를 터는 몽상가들

1968년. 스무 살의 미국 청년 매튜는 영화와 불어를 공부하기 위해 파리에 온다. 파리에 머물면서 온갖 영화를 섭렵하던 그는 매일같이 드나들던 시네마테크에서 쌍둥이 남매 이사벨과 테오를 만나게 된다. 영화라는 공통분모로 엮인 세 사람은 깊은 교감을 하게 되고, 남매의 부모님이 한 달간 집을 비우게 되자 매튜는 그들의 집에 머물며 영화와 음악 이야기로 하루하루를 채워간다.

영화의 배경이 되는 1968년은 프랑스에서 학생과 노동자들 사이에서 일어난 사회 변혁 운동인 68혁명이 일어난 해다. 68혁명은 1968년 미국의 베트남 침공에 항의하며 파리의 '아메리칸 익스프레스' 사무실을 습격한 프랑스 대학생 8명이 체포되자 이들의 석방을 요구하는 학생들의 대규모 항의 시위가 번지면서 시작되었다. 여기에 노동자들까지 파업하면서 프랑스 전역에서 보수체제에 항거하는 운동이 일어났다. 학생들과 노동자들은 "금지된 것을 금지하라", "모든 권력은 상상력으로"라는 슬로건을 외치며 거리에 모였다. 이들은 기성세대의 권위에 저항하며 자유를 위해 투쟁했기 때문에 자유주의 혁명이라 불리기도 한다.

그러나 이들의 혁명은 2개월 만에 끝이 난다. 자유주의 혁명의 정신은 불같이 뜨거웠으나 혁명에 대한 구체적인 청사진이 없었다. 체계적인 지도층도 존재하지 않았다. 그래서 역사는 이들을 몽상가들로 기억하고 있고, 영화는 당시의 시대상을 보여주며 거리에 나왔던 젊은이들, 바로 몽상가들을 이야기하고 있다. 참고로 테오의 방에도 마오쩌둥의 포스터가 붙어있다. 테오와 이사벨은 자유를 꿈꾸지만 거리가 아닌 부모님의 아파트에 은둔하고 있고, 매튜는 쌍둥이 남매와 달리 관찰자적인 입장을 취하며 평화를 추구하는 인물이다.

영화는 원작이 있다. 원작의 제목은 『더 홀리 이노센츠*The Holy Innocents*』. '성스럽도록 순수한 그들'이란 의미이다. 영화에서는 주인공들의 외설적인 장면들이 연이어 나오는데, 감독은 인물들이 거리낌 없이 옷을 벗고 함께 목욕하고 나체로 잠이 드는 모습들을 통해 역설적으로 이들의 순수함을 표현하고자 했다고 한다.

테오와 이사벨은 부르주아층의 자녀로 보인다. 지성인 부모 사이에서 태어난 쌍둥이 남매는 부모의 집에서 부모의 돈으로 먹고 마신다. 결국 돈도 떨어지고 먹을 것도 없는 상태가 되자 부모님의 와인 셀러까지 털고 만다. 여기서 등장하는 와인 셀러는 우리가 익히 아는 전자 제품이 아니다. 프랑스 가정은 집마다 와인을 보관하는 장소가 있는데 대개는 집 지하실이고, 테오와 이사벨의 아파트에도 지하실이 와인 셀러의 역할을 하고 있다.

테오는 부모님의 셀러에서 샤토 라피트 로칠드 1955년, 샤토 샤스-스플린*Chateau Chasse-Spleen* 1959년, 그랑 뱅*Grand Vin* 1937년을 꺼내온다. 사실 불어인 '그랑 뱅'은 '위대한 와인'이라는 뜻으로 와인에 붙이는 미사여구에 불과하고 실제 와인 이름은 아닌 듯하지만, 앞선 두 와인의 명성에 비추어 봤을 때 좋은 와인이었을 거라고 생각된다. 샤토 라피트 로칠드는 영화 「킹스맨」과 「빌리어네어 보이즈 클럽」에서 자세히 다루었다.(각 66쪽, 305쪽)

샤스-스플린은 국내에서는 '슬픔이여, 안녕'으로 통하는 와인이다. 샤스-스플린의 정확한 의미는 '슬픔을 떨쳐버린다(쫓아낸다)'다. 프랑스의 유명 시인이자 작가인 샤를 피에르 보들레르가 이 와인을 마시고 우울함에서 탈출했다 하여 이 샤토에 헌정한 이름이 현재까지 이어져 내려오고 있다. 무엇보다 와인 애호가들에게 선풍적인 인기를 끌었던 만화 「신의 물방울」 7권에서 명품만 신봉하던 다카스기를 등급이나 명성을 떠나 와인의 본질을 파악하게 하고 과거의 슬픔으로부터 벗어나게 해준 와인으로 소개되면서 더욱 유명세를 얻었다.

로버트 파커는 이 와인을 두고 지난 30여 년간 꾸준히 그랑 크뤼 클라세 3등급에 필적할 만한 우수한 퀄리티를 지닌 곳이라고 평가했고, 와인의 출시 전 배럴 테이스팅을 통해 선구매할 수 있는 엉 프리뫼르*En Primeur* 시장에서 'must have' 와인으로 항상 꼽힌다. 메독 지역 그랑 크뤼 클라세의 등급 조정이 이뤄진다면 가장 먼저 승급될 와인으로 여겨지기도 한다.

와인 애호가라면 익숙한 이름의 이 와인들은 노동자 계급이 마실 법한 와인이 아니다. 그들은 부모님의 셀러를 털기 전에도 시종일관 집에서 와인을 마시는데 이것 역시 저가의 와인들이 아니었다. 그렇게 부모님 집에 은둔하며 와인을 털어먹던 세 사람은 시위가 거세지고 집 밖에 경찰들과 시위대가 대치하는 상황까지 오자 거리로 나온다.

매튜는 시위의 모순과 폭력성을 이야기하며 테오와 이사벨에게 돌아갈 것을 간곡히 부탁한다. 남매 역시 불안하고 두려운 것은 마찬가지지만 만류하는 매튜를 밀어내고 시위대에 합류하며 영화는 끝이 난다. 매튜는 영화를 통해 삶을 투영하는 인물이었다면, 테오와 이사벨은 영화 속에 사는 인물들이다. 역사를 통해 이 혁명의 결말이 어떻게 마무리되었는지 알고 있음에도 궁금해지는 것이 있다. 지금은 기득권이 되어 있는 이 시대의 젊은이들이 아직도 마오쩌둥을 선망하고 있는지 말이다. 그저 한 때의 몽상이었을 뿐이었는지 당사자들은 분명 알고 있으리라 생각한다.

# 「알렉산더」 대왕의 와인 잔

*Alexander*

**Director** 올리버 스톤
**Cast** 콜린 파렐(알렉산더)
안젤리나 졸리(올림피아스)
안소니 홉킨스(프톨레미)
발 킬머(필립)
자레드 레토(헤파이스티온)

## 그리스인이 연회장에서 쓰던 와인 잔

알렉산더 대왕은 마케도니아 왕국을 세운 역사 속의 위대한 왕이자, 평생 전쟁을 치르며 정복만을 꿈꾸다 33세의 젊은 나이에 짧은 생을 마감한 인물이다. 역사는 그를 위대한 정복자라 기록하고 있다.

영화는 알렉산더 대왕의 어린 시절부터 죽음에 이르기까지 33년의 짧고도 강렬했던 제왕의 삶을 담아내고 있다. 알렉산더는 어린 시절 아리스토텔레스의 가르침을 받으면서 그리스인들이 페르시아인들보다 우월한데 왜 그들을 지배하지 못하는지 반문하며 동방 정복을 꿈꾸게 된다. 그리고 아버지의 전철을 밟아 제국의 영토를 확장하고자 했다.

아버지 필립 2세는 정치적, 군사적 개혁을 통해 막강한 기병대를 만들어 견고한 마케도니아 통일 왕국의 틀을 만들어낸 인물이다. 필립 2세는 정략결혼을 통해 주변 국가들과의 결속을 다져나갔는데, 올림피아스는 필립의 첫 번째 왕비이자 알렉산더의 어머니였다. 그러나 올림피아스는 뱀을 지니고 다니며 밀교에 심취해 있었고 필립은 점점 아내를 멀리하게 된다.

이후 필립은 올림피아스 이외에도 주변국의 여러 공주와 정략결혼을 했지만, 그때까지만 해도 다른 여인들은 후궁에 머물렀고 왕비의 자리는 올림피아스 한 명뿐이었다. 그러나 필립 2세가 아탈로스 장군의 조카딸 에우리디케를 취하면서 상황은 반전된다. 필립 2세는 자신의 아이를 가진 에우리디케를 정식 왕비로 올리고 싶어 했고 올림피아스는 분노한다.

에우리디케와 자신의 아버지 필립 2세의 결혼식에 참석한 알렉산더 또한 화를 누르며 평정심을 유지하려 했지만, 아탈로스 장군의 도발에 화를 참지 못하고 자신의 와인 잔을 장군에게 던져버린다. 결혼식을 망친 것에 분노한 필립 2세는 알렉산더를 꾸짖는데, 이에 한마디도 지지 않고 맞서던 알렉산더는 추방당한다. 알렉산더는 아버지가 피살된 후에야 고국에 돌아와 왕위를 이어받고, 알렉산더 대왕으로서 마케도니아 제국의 확장을 시작한다.

필자는 이 결혼식에서 사람들이 손에 들고 있는 와인 잔에 주목했다. 당시 그리스인들은 암포라*Amphora*◆라는 대형 토기에 와인을 보관했기 때문에, 와인을 마시기 위해서는 몇 가지 옮겨 담는 용기가 필요했다. 와인을 담은 암포라가 연회장에 도착하면 먼저 크라테르*Krater*라 불리는 용기에 옮겨 담아 와인을 맛본 후 와인의 농도를 파악해 물과 희석시켰다. 물과 와인의 희석 비율은 주최자에 따라 달랐다.

입구와 볼이 넓은 크라테르에서 바로 와인 잔으로 옮길 때는 심풀룸*Simpulum*이라는 국자를 사용했고, 때로는 주둥이가 깔때기 모양으로 뾰족하게 생긴 오에노코에*Oenochoe*라는 토기에 옮겨 담아 사람들의 잔을 채웠다. 와인 잔의 모양도 여러 가지였는데 전통 찻잔처럼 손잡이가 없는 원형의 파테라*Patera*를 기본적으로 사용했고, 연회 자리에서는 하나의 다리와 두 개의 손잡이가 달린 칸타로스*Kantaros* 잔을 사용했다. 영화 속 인물들 손에 들려있는 잔이 바로 칸타로스다.

우리가 와인 잔을 부딪치며 건배하는 것도 그리스, 로마인들의 문화에서 비롯되었다. 당시에는 와인에 독을 타서 독살을 시도하는 일이 많았기 때문에, 서로의 잔을 부딪쳐 와인을 섞으면서 독을 타지 않았다는 것을 확인하고자 했다. 아이러니한 것은 똑똑한 그리스, 로마인들도 독살의 위협만 경계했지 와인 잔의 재료가 되는 납을 경계하지 않았다는 점이다.

칸타로스를 만드는 금속이나 흙의 재질은 각기 달랐지만, 이 당시 납은 잔을 만들 때 흔히 사용되는 재료였다. 그래서 많은 로마, 그리스인들은 독극물이 아닌 납 중독으로 생명을 잃었다. 놀라운 것은 납이 근래까지도 와인 잔을 만들 때 사용되었다는 점이다. 특히 크리스탈 와인 잔은 광택을 위해 소량의 산화납을 사용해 왔는데 장기간 음식물을 담아두거나 뜨거운 물로 세척할 경우 납 성분이 녹아내리는 위험요소가 있다. 그래서 요즘은 산화납 대신 산화칼륨, 산화아연을 사용한 무연 크리스탈로 대체되고 있다. 만약 무연 크리스탈 제품이 아닌 경우에는 사용 초기에 납 성분이 묻어날 가능성이 있기 때문에, 사용하기 전 하루 동안 식초에 담가두어 납 성분을 제거하는 것을 권장한다.

◆ **암포라**

고대 유럽에서 쓰이던 용기. 아래는 뾰족하고 위는 넓은 주둥이를 지녔는데, 양쪽에 손잡이가 달려 있다. 냉장고가 없던 고대에는 암포라에 다양한 물품들을 저장해 묻어서 보관했으며, 대개 와인을 담는 용도로 쓰였다. 도자기 형태가 대부분이었으나, 드물게 금속이나 다른 재료로 만들어진 것도 있다. 고대인들은 암포라에 자신들의 생활 모습이나 신의 형상을 그려 넣었다. 현재도 암포라 형태의 세라믹 재질 발효조에서 와인을 숙성시키는 내추럴 와인메이커들이 있다.

# 「포도밭의 후계자」, 와인 저장고가 위험한 이유

*You Will Be My Son*

**Director** 질스 레그랑

**Cast** 닐스 아르스트럽(폴 드 마르세울)
로란트 도이취(마틴 드 마르세울)
패트릭 체스네(프랑수아 아멜롯)
니콜라스 브리뎃(필립 아멜롯)
안네 마리빈(앨리스)

## 와이너리 지하 카브에 촛불을 켜두는 이유?

영화는 프랑스 보르도 생테밀리옹의 저명한 와이너리 주인 폴로부터 시작한다. 은퇴 시기가 한참 지난 노년의 폴은 여전히 포도밭에 출근하며 자신의 와이너리를 애지중지 아낀다. 그의 곁에는 와이너리의 양조 책임자이자 친구 프랑수아가 늘 함께했지만, 프랑수아가 암 선고를 받게 되고 양조 책임자 자리는 공석이 된다.

폴의 마음은 다급해진다. 양조 책임자의 자리는 응당 자신의 후계자 자리이기도 했다. 후계자라면 아들 마틴에게 그 자리를 물려주는 것이 마땅하지만, 폴은 마틴이 항상 부족하다고 여겨왔고 심지어 자기 아들인 것조차 탐탁지 않다.

그는 자식보다 더 소중한 와이너리의 명성을 위해 프랑수아의 아들 필립을 와이너리 양조 책임자로 점찍는다. 필립이 그의 아버지처럼 양조에 있어 출중한 능력을 갖추고 있기 때문이다. 폴은 마틴의 반대에도 불구하고 필립이 자신의 와이너리를 이어받는 것이 와이너리의 명성을 지켜낼 유일한 방법이라 생각하고 필립을 자신의 양아들로 입적시키려 한다. 이후 폴을 둘러싼 세 사람의 인생은 서서히 파국으로 향해간다.

아버지에게 인정받으려 노력했으나 결국은 아버지를 떠나가는 마틴. 뛰어난 양조 능력을 갖춘 실력자이면서 부모를 사랑하지만, 와이너리 후계자 자리에 마음이 흔들려 입양을 가기로 결심한 필립. 평생을 폴의 와이너리에 헌신했으나 시한부 인생을 선고받고 이제는 자기 아들마저 폴에게 뺏길 위기에 처한 프랑수아. 폴은 자신을 둘러싼 사람들의 인생을 송두리째 흔들어 놓는다. 그리고 프랑수아는 이 혼돈의 상황에서 비극적인 선택을 한다. 자신의 아들이 와이너리를 비운 사이 폴을 없애기로 한 것이다.

와인 양조에 있어서 모르는 게 없는 프랑수아는 아주 단순하고 명확한 방법으로 폴을 죽음에 몰고 갈 계획을 세운다. 한창 와인의 발효와 숙성이 진행 중인 지하 셀러에 폴을 들어가게 한 뒤 환풍 시설의 전원을 끄고 문을 잠그는 것이다. 이게 살인의 방법이 되는지 의아할 수 있다. 그런데 가능하다.

와이너리의 오래된 지하 셀러에 내려가본 경험이 있다면 셀러 안을 은은히 밝히고 있는 촛불을 본 적이 있을 것이다. 촛불이 켜져 있는 지하 셀러는 낭만적이다. 그리고 지하 셀러에서 와인을 시음할 때 촛불에 와인의 색을 비춰보기도 한다. 그런데 촛불의 진짜 기능은 따로 있다. 바로 셀러 내부 산소의 양을 측정하기 위한 것이다.

와인이 만들어지는 과정을 짧게 요약하면 포도의 수확, 파쇄 및 압착, 발효, 숙성, 여과, 병입이다. 이때 가장 변화의 폭이 크고 컨트롤이 필요한 과정이 발효와 숙성이다. 발효는 포도의 당분을 효모가 먹어 치우고 알코올과 이산화탄소가 만드는 과정을 말한다. 빵이 발효되면서 부풀어오르는 것, 그리고 술이 발효되면서 부글부글 끓어오르는 것도 다 이산화탄소 때문이다. 발효가 끝난 와인은 스테인리스 탱크 또는 오크통으로 옮겨 닮아 숙성을 시작한다. 이 또한 지하 셀러에서 특별히 주의해야 하는 시기다. 셀러로 옮겨진 오크통 속 와인들은 흔히 2차 발효라 부르는 젖산 발효를 거치고 이때도 이산화탄소가 발생한다.

근데 이산화탄소로 사람이 죽는다? 이게 가능하냐고 반문할 수 있다. 한 가지 조건이 갖춰진다면 가능하다. 바로 밀폐된 공간일 경우다.

지하에 만들어진 셀러는 창문이 없다. 그래서 환풍 시설을 따로 설치하거나 셀러와 지상을 연결하는 통로가 막히지 않도록 반드시 문을 열어둔다. 이때 환풍 시설을 차단하고, 통로를 잠근다면 지하 셀러는 밀폐 상태가 된다. 그렇기 때문에 와이너리에서는 지하 셀러 중간마다 촛불을 켜두고, 이산화탄소의 농도를 체크한다. 만약 와이너리 지하 셀러에 갔는데 촛불이 주변의 영향 없이 갑자기 꺼진다면 당장 그곳을 피해 지상으로 올라와야 한다.

지하 셀러에 갇힌 폴은 촛불에 의지하며 산소가 남아있는 공간으로 비집고 올라가지만, 결국 촛불은 꺼지고 폴은 사망한다. 영화의 결말이 비극적이긴 하지만 포도밭에서 이뤄지는 양조 과정이 궁금한 독자라면 흥미롭게 영화를 볼 수 있을 것이다.

실제 촬영이 이뤄진 와이너리는 영화 배경과 같은 지역에 있다. 생테밀리옹 프리미에 그랑 크뤼 클라세 B등급에 속한 샤토 클로 푸르테*Chateau Clos Fourtet*다. 20헥타르의 포도밭을 가진 이 와이너리는 와이너리가 설립된 18세기 중반부터 당대의 성공한 와인 가문들이 탐을 내는 와이너리였다. 생테밀리옹의 큰 손이라 할 수 있는 지네스테*Ginestet* 가문이 한때 이곳의 주인이었고, 이후 명망 있는 와인 가문 뤼통*Lurton*으로 바뀌었다가, 2001년 필립 쿠벨리에*Philippe Cuvelier*에게 매각된 뒤 지금까지 쿠벨리에 가문에서 와이너리를 이어가고 있다.

와인 양조 또한 샤토 페트뤼스*Chateau Petrus*에서 오랜 기간 와인 양조를 담당해왔던 장 클로드 베루에*Jean Claude Berrouet*의 컨설팅을 받으면서 꾸준히 좋은 품질의 와인을 만들어 내고 있다. 생테밀리옹으로 와인 여행을 떠난다면 마을에서 도보로 갈 수 있는 거리에 있으니 한번 방문해 보는 것도 좋을 것 같다. 물론 이 영화를 보고 난 뒤라면, 와인 발효가 한창인 10월과 11월 사이 지하 카브에서 오랜 시간 머물고 싶어 하는 사람은 없으리라 생각한다.

# 「밀레니엄: 여자를 증오한 남자들」과 마르틴의 디캔팅

*The Girl With The Dragon Tattoo*

**Director** 데이빗 핀처

**Cast** 다니엘 크레이그(미카엘 블롬)
루니 마라(리스베트 살란데르)
스텔란 스카스가드(마르틴 방예르)
크리스토퍼 플러머(헨리크 방예르)
알리 조버(리브)

**Wine** 샤토 클리네(프랑스 보르도)

## 와인에 숨을 불어넣는 디캔터

데이빗 핀처 감독의 스타일리쉬한 범죄 영화 「밀레니엄: 여자를 증오한 남자들」이 개봉되었을 때 필자는 흥분을 감출 수 없었다. 데이빗 핀처 감독의 초기작 「세븐」부터 그의 열혈 팬이었고, 그가 스웨덴의 베스트셀러 소설 『밀레니엄』을 영화화한다는 것만으로도 기대감은 충분했기 때문이다. 『밀레니엄』은 스웨덴의 언론인이자 소설가 스티그 라르손의 시리즈 범죄 소설이다. 2005년 출간된 이후 전 세계 9천만 부 이상의 판매고를 올리며

스웨덴 최고의 베스트셀러로 등극했다.

영화는 기자 미카엘 블롬이 스웨덴 재벌 헨리크로부터 40년 전 실종된 조카 하리에트 방예르 사건을 조사해달라는 의뢰를 받으면서 시작한다. 영화에는 미카엘의 수사를 돕는 천재 해커 리스베트가 등장하는데, 이 역에는 루니 마라가 열연했다. 영화를 본 이들은 다들 공감할 테지만, 루니 마라는 이 영화에서 실로 파격에 가까운 연기 변신을 이뤄냈다. 핀처 감독은 루니 마라가 「밀레니엄」의 오디션에 지원했을때 그녀를 만류했다고 한다. 하지만 그녀는 신들린 연기를 펼치면서, 모두의 걱정을 한번에 잠재웠다.

다시 영화로 돌아가보자. 미카엘과 리스베트는 하리에트 사건을 조사하며 연쇄 살인에 얽힌 방예르 가문의 추악함을 마주하게 된다. 그리고 그 추악함의 중심에는 마르틴 방예르가 있다. 영화의 중반 마르틴은 미카엘을 자신의 집으로 초대한다. 이때 미카엘은 언덕 위에 지어진 마르틴의 저택으로 향하면서 한 손에 와인을 들고 있다. 외국에서 누군가의 집에 초대되었을 때 의례 준비해가는 것이 와인이다. 마르틴은 선량한 얼굴로 미카엘을 반갑게 맞이한다. 마르틴과 그의 연인 리브, 그리고 미카엘은 마르틴이 직접 사냥한 야생 사슴고기 스테이크를 먹으며 와인을 마신다.

식사 도중 복도의 끝 방에서 소음이 들려오고 마르틴은 와인을 한 병 더 꺼내오겠다며 자리에 서 일어선다. 마르틴이 꺼내온 와인은 프랑스 보르도 포므롤의 명품 와인인 샤토 클리네 *Chateau Clinet*다. 그는 와인을 오픈해서 자연스럽게 디캔터 *Decanter*에 옮겨 담은 뒤 잔을 채워준다. 여기서는 와인을 옮겨 담는 용기인 디캔터를 살펴보려고 한다.

먼 과거 유리병을 만드는 기술이 없었던 고대에는 와인을 암포라나 큰 오크통에 담았기 때문에 와인을 마시기 위해서는 작은 용기가 필요했다. 이 용기를 고대 그리스에서는 크라테르라 불렀고, 이것이 디캔터의 시초라 할 수 있다. 이후 유리를 다룰 줄 알았던 고대 로마인들이 처음으로 유리로 만든 디캔터를 사용했고, 한동안 대가 끊겼다가 베네치안의 유리 장인들이 유리로 된 디캔터를 선보인 뒤 그 형태와 모양이 발전되면서 지금에 이르렀다.

디캔터의 역할은 4가지로 구분할 수 있다.

*1* 와인의 침전물 제거

*2* 산소와의 접촉을 통해 향과 맛을 더 나아지게 하기 위한 브리딩*breathing*

*3* 심미적인 효과

*4* 레이블에 대한 선입견을 없애주기 위한 목적. 즉, 블라인드 테이스팅

우선 와인의 침전물 제거부터 살펴보자. 과거에는 와인이 발효 및 숙성되면서 생기는 찌꺼기를 완벽하게 제거하는 기술이 없었기 때문에 침전물을 걸러주는 디캔터가 필수였다. 하지만 현대에는 완벽에 가까운 필터링 기술이 존재하기 때문에 찌꺼기 제거를 용도로 디캔터를 사용하는 일이 극히 드물다. 다만 예외적으로 빈티지 포트*Vintage Port*나, 올드 빈티지 와인, 일부러 필터링을 하지 않은 와인들은 디캔터가 필요하다. 특히 빈티지가 오래된 와인은 오랜 시간 병 안에서 숙성이 진행되면서 찌꺼기가 추가로 생길 수 있다. 또한 병 숙성 과정에서 생길 수 있는 이취들을 제거해주기 위한 용도로 디캔터를 사용한다.

그리고 어떤 와인메이커들은 와인의 지나친 필터링이 와인 고유의 캐릭터를 없앤다고 생각하기 때문에 일부터 필터링을 거치지 않기도 한다. 대표적인 것이 빈티지 포트와 내추럴 와인이다. 내추럴 와인은 와인을 만드는 과정에서 아무런 첨가물을 넣지 않고 필터링도 거치지 않기 때문에 찌꺼기가 있는 경우가 많다. 내추럴 와인메이커들은 침전물까지 같이 마시기를 권장하지만, 불쾌하다면 디캔터를 사용해서 걸러내도 무방하다.

두 번째 브리딩. 와인을 산소와 접촉시키는 것을 브리딩이라 부른다. 탄닌이나 산도가 많은 품종들로 만들어진 어린 빈티지의 와인의 경우 디캔터를 이용하면 짧은 시간에 많은 산소와의 접촉으로 마시기 수월하게 만들 수 있다. 어떤 와인을 땄는데 불

쾌한 향이 나거나 탄닌이 많아서 입안에서 텁텁한 느낌이 든다면 브리딩이 필요한 와인이라고 판단하면 된다.

세 번째 심미적인 이유. 단순히 디캔터가 예뻐서 그곳에 담아 와인을 마시고 싶은 것도 자연스럽다. 와인은 기호 식품이다. 즐기고 싶은 방법으로 마음껏 즐겨도 된다.

네 번째 블라인드 테이스팅. 수십 혹은 수백만 원의 가치를 지닌 와인을 마시면서 이 와인이 비싼 와인이라는 생각을 떨쳐버리는 것은 쉽지 않다. “비싸니까 향과 맛이 좋겠지”라는 선입견을 가지게 되는 것이다. 그래서 와인을 디캔터에 담아서 마시게 되면 그런 선입견을 훌륭하게 제거할 수 있고, 오로지 와인에만 집중해서 마실 수 있다.

극중 마르틴이 사용한 디캔터는 와인을 한 병 또는 반 병을 브리딩하기에 용이한 소형 디캔터다. 이런 디캔터는 브리딩의 역할이 너무 미미하지 않은가 의문을 가질 수 있다. 만약 오픈한 와인이 너무 파워풀하고 탄닌이 강렬해서 브리딩이 더 필요하다고 판단될 경우에는 더블 디캔팅을 진행해도 좋다. 더블 디캔팅은 와인병에서 디캔터로 옮긴 와인을 다시 와인병으로 옮기는 것을 의미한다. 이러면 공기와의 접촉을 극대화시킬 수 있어 와인의 향을 보다 빠른 시간에 발산시키고 질감을 부드럽게 만들 수 있다.

한 가지 더. 영화에서 미카엘이 선물로 들고 간 와인은 오픈하지 않고 주방 식탁에 올려져 있다. 선물로 와인을 챙겨가더라도 호스트가 준비한 와인을 먼저 마시고 후에 게스트의 와인을 오픈하는 것이 일반적이다. 호스트가 준비한 와인이 많을 경우 게스트의 와인은 그냥 선물로 보관해두는 경우가 많으니, 내가 가져간 와인을 그 자리에서 오픈하지 않는다고 해서 너무 서운해하지 말기를 당부한다.

# 「기생충」, 짜파구리에 스페인 와인을

**Director** 봉준호

**Cast** 송강호(기택), 이선균(동익)
조여정(연교), 최우식(기우)
박소담(기정), 이정은(문광)
장혜진(충숙), 박명훈(근세)
정지소(다혜), 정현준(다송)
박서준(민혁)

### 연교가 그때 와인을 한 병 꺼냈다면

2019년 영화가 개봉된 그 순간부터 2021년 오스카 작품상 수상까지, 필자는 한 명의 관객으로서 「기생충」의 여정에 행복함을 느꼈다. 필자는 대학 시절 영화학도였다. 영화과 학생들은 4학년이 되면 졸업 작품이라는 명목으로 사력을 다해 영화를 만든다. 그래서 이 시기에는 여러 감독의 단편 영화를 샅샅이 찾아보곤 하는데, 최고의 단편 영화로 꼽았던 세 편이 있었다. 봉준호 감독의 「지리멸렬」, 김종관 감독의 「폴라로이드 작동법」, 송일곤 감독의 「소풍」. 아마 그 당시 영화과 학생들이라면 이 세 작품을 안보고 넘어갈 수 없었을 것이다. 「지리멸렬」은 디테일과 재치에 있어 독보적인 작품이다.

봉준호 감독과 관련된 소소한 추억도 있다. 졸업을 앞두고 제2회 대한민국 대학영화제 기획팀으로 일했을 때다. 각 대학교의 영화과 학생들이 꼽은 올해의 감독상이 「괴물」의 봉준호 감독에게 돌아가, 그에게 수상 결과를 알려야 했다. 그 전화 한 통을 걸면서 몹시 떨었던 기억이 난다.

처음에는 연락이 닿지 않아 초조했었는데, 며칠 후 부재중 기록을 봤다며 봉준호 감독이 직접 연락을 주었다. 프랑스에서 오늘 귀국했다는 말과 함께 연락을 받지 못해 미안하다는 첫 인사. 그리고 감독상 수상 소식을 전하자, 영화학도들이 손수 뽑아준 감독상에 의미가 크다며 기꺼이 참석하겠다고 답하던 친절한 목소리가 기억에 남는다.

봉준호 감독에 대한 존경을 표하느라 서론이 길어졌으니 줄거리는 생략하고 본론으로 들어가보자. 연교가 짜파구리를 먹는 장면에서 연교는 등 뒤로 보이는 와인 셀러 안의 수많은 와인병을 두고 심플하게 짜파구리를 흡입한다. 봉테일이라는 애칭답게 이 한 시퀀스 안에서도 수많은 상징과 암시가 화면을 채우고 있다.

연교는 짜파구리를 먹으려 젓가락을 집어들고 제일 먼저 채끝살 한 조각을 짜파구리의 중앙에 올려둔다. 그녀는 서민적인 요리와는 어울리지 않지만 그녀가 처음 집어 든 최고급 한우 채끝살 한 점은 그녀가 이 음식을 어떻게 바라보고 있는지 보여준다. 그리고 짜파구리를 먹기 전 박사장이 계단을 올라온다. 이때 지하실에서 기생하며 박사장을 존경해온 근세가 계단 조명 스위치를 머리로 박아 모스 부호로 인사를 올린다. 하지만 박사장과 연교는 단 한 번도 이 신호를 알아차린 적이 없다. 하위 계층의 근세가 결코 상위 계층의 박 사장 부부와 소통할 수 없음을 보여주는 장면이다.

연교는 박사장을 올려 보내고 충숙을 말동무 삼아 아들이 겪었던 이야기를 꺼내며 짜파구리를 먹는다. 이때 두 사람이 앉아 있는 식탁의 의자 개수는 10개다. 처음 기우와 기정이 이 집에 들어올 때까지만 해도 의자는 8개였다. 식탁 의자의 개수는 이 집에 숨겨진 식구들, 즉 기생하는 사람들까지 보여주는 상징적인 도구인 셈이다.

연교가 짜파구리를 먹는 동안 이런 상징이 쏟아지다 보니 영화 전체의 상징을 다 찾아내면 책을 한 권 써야 할 판이다. 그것은 필자의 영역이 아니기에 본분으로 돌아가 연교가 먹는 짜파구리의 와인을 골라주려 한다.

달콤 짭쪼름한 짜파게티와 매콤한 너구리의 만남. 그리고 최고급 한우 채끝살이 어우러진 이 요리에 어떤 와인을 마셔야 할까? 만약 채끝살이 들어가지 않았다면 미디엄 바디의 스페인 템프라니요*Tempranillo* 품종의 와인을 골랐을 것이다. 그런데 고급 채끝살까지 더해져 음식의 질감이 무겁고 풍부하게 살아났으니 오크 숙성을 한 레세르바 급의 스페인 템프라니요 와인으로 바디감을 조금 더 높일 필요가 있어 보인다.

첫 번째 추천 와인은 스페인의 무가 레세르바*Muga Reserva*다. 와이너리 이름인 무가는 스페인의 보르도라 일컬어지는 리오하 와인 산지를 대표하는 곳이다. 1991년 와이너리에게 엄청난 명성을 가져다준 토레 무가*Torre Muga*와, 2000년 슈퍼 프리미엄 와인인 아로*Aro*가 평론가들에게 호평을 받으면서 세계적인 와이너리로 거듭났다. 둘 모두 스페인에서 가장 유명하고 비싼 와인 중 하나다. 토레 무가는 「와인 스펙테이터」가 매년 꼽는 세계 100대 와인에 꾸준히 랭크되기도 했고, 로버트 파커나 다른 저명한 와인 평론가들로부터 극찬을 받는 뛰어난 와인이다.

두 번째 추천 와인은 최고급을 선호하는 연교의 와인 취향까지 고려한 와인이다. 스페인의 리베라 델 두에로*Ribera del*

*Duero* 지역의 베가 시실리아 알리온*Vega Sicilia Alion*이다. 스페인 왕들을 위한 와인이었던 베가 시실리아는 1920년대에 세계적인 와인 행사에서 두각을 나타내며 유명해지기 시작했고, 이들이 탄생시킨 슈퍼 프리미엄 와인인 우니코 레세르바*Unico Reserva*가 세계 최고급 와인들과 어깨를 나란히 하면서 전설적인 와이너리로 거듭났다.

추천한 두 와인 모두 스페인을 대표하는 레드 품종인 템프라니요로 빚어낸 수작이다. 특히 간장 베이스의 짭조름하면서 약간의 달콤함을 가진 소스의 음식, 그러니까 짜파구리와 좋은 궁합을 가졌다고 생각한다. 물론 채끝살과의 페어링도 훌륭하다.

와인 상식 하나 더. 리저브*Reserve*, 리세르바*Riserva*, 레세르바(셋 모두 같은 단어다)라는 단어가 와인 레이블에 적혀 있다면 그 와인은 고급 와인일까? 결론부터 말하자면, 그럴 수도 아닐 수도 있다. 이렇게 애매하게 답할 수밖에 없는 이유는 이 단어들이 전 세계 와인 생산국에서 다양하게 활용되고 있기 때문이다. 구대륙에서는 대표적으로 이탈리아와 스페인에서 법적으로 이 용어를 규정하고 있다.

이탈리아의 경우 키안티 클라시코 지역에서 리세르바를 사용하는데, 오크통에서 최소 2년, 병에서 3개월 동안 숙성을 거친 와인이라는 뜻이다. 또한 리세르바 와인은 일반적으로 엄선한 포도밭 부지에서 나온 포도만 사용하고 최상급 빈티지에만 생산되는 와인에 붙인다.

구대륙에서 가장 빈번하게 이 용어를 쓰는 곳이 스페인이다. 레세르바가 붙은 와인은 레드 와인일 경우 최소 3년 숙성을 시키며 그중 1년은 오크통을 사용해야 한다. 한 단계 높은 그란 레세르바*Gran Reserva*도 있는데, 이 경우 레드 와인은 최소 5년 숙성해야 하며 이 중 2년은 오크통에, 3년은 병에서 숙성해야 한다.

이처럼 구대륙에서는 리세르바나 레세르바에 대해 분명하게 정의내리고 있는 반면, 신대륙의 와인 생산국은 딱히 제한이 없다. 말 그대로 와인 생산자의 마음이다. 즉, 이 단어가 레이블에 있다고 해서 고급 와인을 뜻하지는 않는다는 의미다. 하지만 보통은 레세르바나 리세르바 혹은 리저브가 붙으면 그 와인이 다른 와인보다 특별한 의미를 지녔다는 의미로 해석된다. 예를 들어 가장 좋은 포도밭에서 재배된 포도를 사용했다든지, 아주 좋은 빈티지의 와인이든지, 평균 숙성 기간보다 더 오래 숙성을 시켰다든지 등등. 일반 와인보다 뛰어나서 이 단어를 붙였는지, 그저 상술의 일종인지 병만 보고 판단할 수 있는 방법은 없으므로 와이너리가 제공하는 정보를 꼭 확인해야 한다.

# 「구름 속의 산책」, 나비의 날갯짓으로 포도를 지킨다

**Director** 알폰소 아라우

**Cast** 키아누 리브스(폴 슈턴)
아이타나 산체스 기욘(빅토리아 애러곤)
안소니 퀸(돈 페드로 애러곤)
데브라 메싱(베티 슈턴)
지안카를로 지아니니(앨버토 애러곤)
안젤리카 아라곤(마리아 호세 애러곤)

## 서리로부터 포도를 지키는 방법

영화는 2차 세계대전이 끝나고 고향으로 돌아온 젊고 매력적인 군인 폴 슈턴으로부터 시작한다. 단 4일밖에 만나지 못한 아내를 전쟁 내내 그리워했지만 마음이 통하지 않은 것인지 이제 막 제대한 그에게 아내 베티는 초콜릿 판매 일을 권한다. 착한 폴은 아내의 제안을 받아들여 초콜릿을 팔기 위해 새크라멘토로 향한다.

기차 안에서 폴은 청초한 매력의 빅토리아를 운명적으로 만난다. 운명이라고 표현했지만 사고에 가깝다. 속이 울렁거리는 빅토리아는 기차 통로에서 폴과 부딪혀 쓰러지는데, 이때 폴의 가슴팍에 속을 비워내 버리고 만다. 하지만 폴은 오히려 빅토리아를 걱정하며 이해해준다.

버스로 갈아탄 폴은 빅토리아를 또 마주하고, 이때도 빅토리아에게 작업을 거는 남자들을 제지하다 싸움이 나는 바람에 버스에서 쫓겨난다. 이제는 진짜 빅토리아와 헤어졌다고 생각했는데 이들은 숲길에서 다시 만난다. 그녀는 길에 주저앉아 울고 있다. 빅토리아는 가족들을 만나러 집으로 돌아가야 하는데 헤어진 남자친구의 아이를 가진 상태였던 것이다. 보수적인 아버지가 자신을 가만두지 않을 것이라며 울고 있는 빅토리아를 보며 폴은 자신이 그녀의 가짜 신랑 역할을 해주기로 한다.

멕시코에서 이민 온 빅토리아의 가문은 3대가 함께 사는 대가족으로, 스페인어로 '구름'이라는 뜻의 라스 누베스*Las Nubes* 와이너리를 운영하고 있다. 「구름 속의 산책」이라는 영화 제목도 이에서 비롯된 것이다. 폴을 경계하는 냉담한 아버지와 달리 빅토리아의 어머니와 할아버지는 폴을 따뜻하게 맞이해준다. 단 하루만 신랑 대역을 하고 떠날 예정이었던 폴은 계속해서 빅토리아의 가족들에게 발목을 잡히고 떠나지 못한다. 동시에 폴은 시간이 흐를수록 빅토리아에게 빠져드는 자신을 보며 죄책감에 괴로워한다. 물론 이 두 사람은 서로를 떠나보내야 한다는 것을 잘 알고 있다. 폴과 빅토리아의 사랑은 어떻게 흘러가게 될까?

두 사람이 사랑에 빠지는 과정을 지켜보는 것도 좋지만, 와이너리를 배경으로 포도의 수확부터 양조에 이르는 일련의 과정을 들여다볼 수 있다는 점도 이 영화의 매력이다.

실제 촬영은 캘리포니아에서 가장 인기 있는 와인 생산 지역인 나파와 소노마 밸리의 여러 와이너리에서 진행했다고 한다. 나파의 경우는 베린저*Beringer*, 덕혼*Duckhorn*, 마야카마스*Mayacamas*, 마운트 비더*Mount Veeder*, 레드우드 셀러 *Redwood Cellar*에서 촬영했고, 소노마에서는 해이우드 빈야드 *Haywood Vineyards*에서 촬영을 했다. 미국 와인 애호가라면 친숙한 이름일 것이다.

영화 속에서 인상적이었던 장면은 온 가족들과 포도밭의 일꾼들이 나와 포도밭의 서리를 막는 장면이다. 서리는 대기 중의 수증기가 얼어붙는 현상으로 포도밭에 서리가 발생하면 포도나무가 얼어붙어 치명적인 피해를 입게 된다. 그래서 이를 방지하기 위해 포도밭 중간 중간 불 피운 통을 놓아 대기 중의 온도를 올리는 곳도 있고, 현대적인 시설을 이용하기도 한다. 현대적인 방법은 프로펠러가 달린 기둥 모양의 기계를 설치하는 것이다. 이 프로펠러는 풍차처럼 돌아가면서 서리를 날리는 역할을 한다.

라스 누베스 와이너리의 빅토리아 가족들은 포도밭 중간 중간 불을 피운 통을 놓았다. 여기까지는 전통적인 방법이다. 이후 등장인물들의 행동이 인상적인데, 천사의 날개를 연상시키는 큰 날개를 양팔에 끼우고 나비처럼 팔을 위아래로 젓는 행위를 반복하는 것이다. 불의 열기가 대기 중에 잘 퍼지도록 돕는 날갯짓이다. 마치 성스러운 의식처럼 보이는 이 장면은 영화의 백미라 할 수 있다. 날개를 어떻게 사용하는지 모르는 폴에게 빅토리아가 다가가 날개를 사용하는 방법을 알려주는 장면도 로맨틱하다. 두 사람이 서로 교감하는 중요한 장면이다.

이외에도 포도를 파쇄하기 위해 사람들이 나무통에 들어가 신나게 포도를 으깨는 장면이라든지, 포도밭이 불타 절망에 빠진 상황에서 희망이 되는 포도나무의 새순을 발견하는 장면 등 와인 애호가들의 시선을 끄는 좋은 장면들이 많은 영화다.

# 「바베트의 만찬」, 복권에 당첨된 바베트가 선사하는 와인

Babette's Feast

Director 가브리엘 엑셀

Cast 스테판 오드랑(바베트)
버싯 페더스피엘(마티나)
보딜 카이어(필리파)
자를 쿨레(로렌스 로렌하임)
장 필립 라퐁(파핀)

Wine 아몬티야도 셰리(스페인 헤레즈)
뵈브 클리코 1860(프랑스 샹파뉴)
루이 라투르 클로 드 부조(프랑스 부르고뉴)

## 예술가는 가난하지 않아요

「바베트의 만찬」은 간단히 정리해서 복권에 당첨된 바베트가 마을 주민들을 한데 모아 최고의 만찬을 대접하는 이야기다. 그런데 영화는 그 안에 내포된 이야기가 더 많다. 영화의 배경은 덴마크 서해안의 청교도인이 모여 사는 작은 마을이다. 이 마을의 목사에게는 두 명의 아름다운 딸 마티나와 필리파가 있는데, 그녀들은 세속의 만남보다는 신앙심을 쫓으며 살아왔다. 물론 이 자매에게도 젊은 날의 사랑은 있었다. 그러나 세월은 속절없이 흘러갔고 자매는 노년의 할머니가 된다. 그리고 그녀들의 앞에 바베트라는 여인이 찾아온다. 그녀는 필리파가 젊은 시절 사랑했던 성악가 파판의 편지를 전해준다.

바베트의 사정은 이렇다. 파리에서 벌어진 내전으로 남편과 아들을 잃고 정부에 쫓기는 처지가 되자 도움을 청하기 위해 먼 길을 찾아온 것이다. 자매는 바베트를 따뜻하게 받아주었고, 바베트는 자매의 집에 머무는 대신 무보수로 가정부 일을 하겠다 자처한다.

이후 15년의 긴 세월 동안 묵묵히 자매의 집에서 가정부 일을 해오던 바베트에게 복권 당첨이라는 큰 행운이 찾아온다. 1만 프랑의 상금을 받게 된 바베트는 마을의 주민들에게 만찬을 대접하고 싶다는 특별한 제안을 한다. 바베트는 식재료를 구하기 위해 잠시 마을을 떠나고 마티나와 필리파 자매는 만찬이 끝나면 그녀가 복권 당첨금을 가지고 새로운 삶을 살기 위해 마을을 떠날 거라고 생각한다. 얼마 뒤 진귀한 식재료들을 구해 마을로 돌아온 바베트. 그녀는 마을 주민들을 위한 정통 프랑스 코스 요리를 준비한다.

이제부터가 영화의 하이라이트다. 독실한 신앙에 의지하며 금욕과 검소한 식사를 해오던 주민들은 대망의 만찬일을 맞이한다. 그리고 바베트는 온 열정을 다해 이들을 위한 코스 요리와 최고의 와인들을 서빙한다.

첫 번째 코스로 거북이 수프*Soupe de Tortue Geante*에 스페인 헤레즈 지방의 대표 식전주인 아몬티야도 셰리*Amontillado Sherry*를 매칭한다. 영화 「초콜릿」(378쪽)에서도 한 번 설명한 셰리는 드라이한 스타일의 주정 강화 와인이다. 알코올 도수가 높지만 오랜 기간 숙성을 거쳤기 때문에 조화로운 산미를 느낄 수 있다. 특히 아몬티야도 셰리는 일반 셰리보다 알코올 도수가 살짝 더 높지만, 더 길게 오크통 숙성을 거친 고급 셰리로 우아한 견과류 향이 매우 매력적이다.

두 번째 코스는 얇은 빵에 캐비아와 사워 크림을 올린 블리니스 데미도프 오 캐비아*Blinis Demidoff au Caviar*이다. 여기에는 샴페인 뵈브 클리코 1860년 빈티지가 페어링된다.(62쪽 참고) 무려 1772년에 설립된 뵈브 클리코는 샴페인의 역사 그 자체라고 해도 과언이 아니다. 와이너리를 지금의 위치로 끌어올린 마담 뵈브 클리코는 샴페인 제조에 있어서 혁신을 이루었고, 그녀의 공로는 지금도 회자되고 있다. 이미 여러 영화에서 캐비아와 샴페인이 얼마나 훌륭한 마리아주인지 이야기했으니 바로 다음 코스로 넘어가보자.

메인 코스는 푸아그라와 트러플을 넣어 오븐에 구운 메추리 요리 카이유 엉 사코파주*Caille en Sarcophage*다. 대망의 메인 와인은 루이 라투르 클로 드 부조*Louis Latour Clos de Vougeot* 1845 빈티지다. 포도밭의 이름인 클로 드 부조는 프랑스 부르고뉴의 정상급 포도밭만이 누릴 수 있는 영예인 그랑 크뤼 등급에 속해 있다. 이 와인을 만든 루이 라투르는 18세기에 설립된 부르고뉴 대표 브랜드로, 그랑 크뤼 등급의 밭을 가장 많이 소유하고 있는 거인이다. 이 와인이 얼마나 훌륭한지 궁금했는데 영화에서 클로 드 부조를 마신 바베트의 황홀한 표정에서 그 맛과 향을 짐작할 수 있었다.

디저트까지 즐긴 사람들은 거실에서 커피와 함께 마지막으로 준비된 술을 즐긴다. 비유 마르 핀 샹파뉴*Vieux Marc Fine Champagne*. 여기서 'Marc'는 '포도 찌꺼기'를 'Fine Champagne'는 프랑스의 꼬냑의 한 종류를 뜻한다. 즉, 샴페인을 만들고 남은 포도 찌꺼기를 증류해서 만든 꼬냑이라는 뜻. 프랑스에서는 보통 식사 후 커피와 함께 꼬냑을 즐기면서 담소를 나누고, 소화를 돕는 문화가 있다.

마을 사람들은 처음 만찬 자리에 앉으면서 소박하고 경건하게 음식을 대하기로 약속했지만, 클로 드 부조가 등장하자 입가의 미소를 도저히 참아낼 수 없어 보인다. 그들은 활기차게 대화하며 그들의 삶에 찾아온 행운을 마음껏 즐기기로 한다. 만찬에 참석한 로렌스 장군은 완벽한 식사에서 자신이 파리에서 맛보았던 최고의 레스토랑 카페 엉글레를 떠올린다. 그곳에는 천부적인 재능을 가진 여성 요리사가 있었는데 오늘 우리가 먹은 이 음식들이 결코 뒤지지 않는다며 칭찬한다.

그리고 만찬이 끝난 후 바베트는 놀라운 사실을 고백한다. 그녀가 바로 과거 카페 엉글레의 요리사였던 것이다. 마을 사람들은 훌륭한 만찬에 진심으로 감사해하며 자리에서 떠나고 마티나는 바베트에게 최고의 만찬을 대접해주어 감사하다며 바베트가 파리로 돌아가도 오늘을 결코 잊지 않을 거라 이야기한다.

여기서 바베트는 웃으며 말한다. 자신은 이 마을을 떠나지 않을 것이며 복권 당첨으로 받은 1만 프랑은 오늘 만찬을 준비하는 데에 모두 사용했다는 것이다. 미안함과 놀라움에 자매는 바베트에게 전 재산을 써버리고 남은 삶을 어떻게 버티려 하냐고 묻는다. 자매를 향해 바베트는 대답한다.

"예술가는 가난하지 않아요."

「바베트의 만찬」은 분명 종교적인 색채를 띤 영화다. 하지만 섣불리 종교 영화로 분류하기는 어렵다. 영화에서는 음식을 통해서 감사와 사랑, 용서와 화해를 이야기한다.

바베트의 만찬을 보며 깊은 생각에 빠졌다. 정말 아무것도 안 남기는 희생이 가능한 것일까? 정말 가난한 예술가의 마음에는 가난이 없을까? 바베트에게 묻고 싶은 어려운 질문과는 별개로 영화 속 음식과 와인 페어링은 훌륭하다. 바베트가 1만 프랑을 모조리 썼다는 말이 바로 수긍될 정도의 요리였고 완벽한 와인 페어링이었다.

# 「문라이트」와 셰프 스페셜

Moonlight

**Director** 배리 젠킨스

**Cast** 알렉스 R. 히버트(리틀)
에쉬튼 샌더스(샤이론)
트래반트 로즈(블랙)
마허샬라 알리(후안)
자럴 제롬(케빈)

## 안녕 낯선 그대여,
## 그대가 돌아온 걸 보니 정말 좋아요

"달빛 아래에서는 모두가 푸르다." 성 소수자의 이야기를 담담히 담아낸 영화 「문라이트」.

2017년 89회 아카데미 시상식으로 되돌아 가보자. 전 세계는 「라라랜드」의 마법에 빠져있었고, 필자 역시 사랑해 마지 않았던 작품이 아카데미 6개 부문을 석권하는 현장을 TV 앞에 앉아 지켜보고 있었다. 그리고 대망의 작품상을 발표하는 순간, 역시 「라라랜드」가 호명되었다. 여기까지는 완벽한 시상식이었다. 그런데 「라라랜드」의 연출진과 배우들이 무대에 올라와 소감을 말하는 도중에 사회자가 당황해하며 자신의 실수를 사과한다. 작품상은 「라라랜드」가 아닌 「문라이트」라는 것이다. 전 세계가 주목하는 아카데미 시상식에서 있을 수 없는 최악의 참사였다.

그때까지 「라라랜드」를 누르고 진짜 작품상을 거머쥔 이 영화의 정보가 전혀 없었다. 도대체 어떤 영화이길래? 하는 호기심으로 찾아본 영화가 「문라이트」다.

영화는 주인공 샤이론의 인생을 3부작으로 그려낸다. 1부에서는 왜소한 몸집 때문에 리틀이라고 불리며 괴롭힘을 당하는 작은 소년 샤이론. 2부에서는 청소년이 되었지만, 여전히 호모라고 놀림당하며 외롭게 지내는 샤이론. 3부에서는 블랙이라는 이름으로 불리며 소년원에서 나와 마약상으로 살아가는 샤이론을 그려낸다. 어떻게 착하고 약하기만 했던 샤이론이 마약상이 되었는가 하는 의문 뒤에는 샤이론의 친구이자 연정의 대상이었던 케빈이 있다.

케빈은 밝고 쾌활한 소년이었다. 학창 시절 유일하게 편견없이 샤이론에게 다가와준 친구다. 그러나 학교에서 외톨이였던 샤이론이 자신의 친구라는 것을 드러낼 용기는 없었다. 케빈은 학교에서 샤이론을 따돌리며 괴롭히는 무리에게 자신도 표적이 될까 두려워 폭력에 가담하게 되고 케빈의 배신에 모든 것을 포기해버린 샤이론은 극단적인 복수를 하지만, 오직 케빈에게는 아무것도 하지 못한다. 폭력으로 얼룩진 샤이론의 학창 생활은 결국 소년원으로 끝을 맺게 된다.

성인이 되어 거친 눈빛을 가진 마약상이 된 샤이론에게 케빈의 전화가 걸려온다. 케빈은 어떤 음악을 듣다 네가 생각났다고 말한다. 샤이론은 케빈을 찾아가고, 둘은 10년 만에 재회한다. 필자는 샤이론이 케빈이 일하는 식당으로 찾아가는 장면을 정말 좋아한다. 샤이론이 식당 문을 열자 문에 걸린 종이 울린다. 이 울림은 마치 마법의 신호처럼 기묘하다.

두 사람 사이에는 긴 시간 묻어둔 사건이 있다. 케빈은 샤이론의 마음속에 불을 지핀 애정의 대상이었고, 잔인한 배신자였다. 샤이론에게 진심으로 속죄하고 싶은 케빈은 무릎을 꿇지도 눈물로 사죄하지도 않는다. 그저 어린 시절 함께 웃고 떠들던 그때로 한 번은 돌아가고 싶었던 것처럼 보인다. 케빈의 속죄는 샤이론을 위해 주방에서 손수 요리를 하는 것으로 대신한다. 이름하여 셰프 스페셜.

젠킨스 감독은 이 장면에 꽤 많은 공을 들였다고 한다. 누군가를 위해 요리를 해준다는 것만큼 상대에게 애정을 담아낼 수 있는 행위는 없을 것이라 생각했단다. 케빈이 치킨을 굽고, 밥을 담고, 고수를 썰어 밥 위에 뿌리는 장면은 슬로우 모션으로 촬영되었다. 실제로 이 장면은 1분 안팎이지만, 관객들은 케빈이 아주 오랜 시간 정성을 들여 요리한 듯한 인상을 받게 된다.

그는 반 병 남짓 담긴 와인을 들고 샤이론과 테이블에 마주 앉는다. 탄산음료를 따라 마실 법한 플라스틱 컵에 와인을 콸콸 따라 시원하게 들이켜는 케빈과 샤이론.

마실 때 아무런 기교가 필요하지 않은 이 와인은 아마도 케빈의 가게에서 파는 저가의 와인이거나 요리에 쓰는 와인일 것이다. 무슨 와인이지 궁금해서 눈을 부릅뜨고 레이블 파악에 몰두하다가 이게 무슨 의미가 있나 하는 생각에 포기해버렸다. 샤이론과 케빈에게 무슨 와인을 마시고 있는가는 아무 의미가 없기 때문이다. 서로 마주할 수 있고 잔을 부딪치며 이야기를 털어놓게 해주는 역할. 와인은 그런 존재로 등장한다. 와인 몇 잔에 취기가 오른 샤이론을 바라보며 케빈은 샤이론을 떠올리게 했다는 그 음악을 다시 틀어준다. 바바라 루이스의 「안녕 낯선 그대여(Hello Stranger)」.

Hello, stranger
(안녕, 낯선 사람)
It seems so good to see you back again
(당신이 돌아온 걸 보니 정말 좋네요)
How long has it been?
(얼마 만이죠?)
It seems like a mighty long time
(정말 오랜만이에요)
Oh-uh-oh, I my, my, my, I'm so glad
(나는, 나는, 나는, 너무 기뻐요)

케빈이 정말 하고 싶었던 말. 그리고 샤이론이 너무나 듣고 싶어 했을 말.

"안녕 낯선 그대여, 당신이 돌아온 걸 보니 정말 좋네."

때론 노래 가사 한 줄이 백 마디 말보다 낫다. 그리고 때로는 와인 자체의 값어치보다 와인 잔을 부딪치는 순간의 가치가 더 중요하다.

# 와인이 있는 100가지 장면

영화 속 와인 안내서

1판 1쇄 펴냄 2021년 6월 10일
1판 7쇄 펴냄 2024년 3월 21일

글 | 엄정선, 배두환
그림 | 박이수

기획·편집 | 주소은
디자인 | Relish
제작 | 세걸음

펴낸곳 | 보틀프레스
주소 | 서울시 마포구 도화4길 41, 102동 3층
출판등록 | 2018.11.26. 제2018-000312호
문의 | hello.bottlepress@gmail.com



ISBN 979-11-966160-0-7 03680